1943
LE SOUFFLE
DE LA VICTOIRE

DU MÊME AUTEUR
CHEZ POCKET

MAX GALLO
de l'Académie française

1943
LE SOUFFLE
DE LA VICTOIRE

RÉCIT

XO ÉDITIONS

© XO Éditions, Paris, 2011
ISBN : 978-2-266-22609-7

PROPOS

Au fil de l'an 1943

« Il n'y a pas de compromis entre le Bien et le Mal. »

Roosevelt à la conférence de Casablanca
24 janvier 1943

« Êtes-vous, et le peuple allemand est-il déterminé, si le Führer l'ordonne, à travailler, dix, douze et si nécessaire quatorze et seize heures par jour et donner le maximum pour la Victoire ?

« Je vous demande voulez-vous la guerre totale ?

« Voulez-vous qu'elle soit si nécessaire, plus totale et plus radicale que nous ne pouvons même l'imaginer aujourd'hui ? »

Discours de Joseph Goebbels
au *Sportpalast* de Berlin
(La foule a hurlé : « *Heil ! Heil ! Totalkrieg !*
Ordonne, Führer, nous te suivrons ! »)
18 février 1943

« La guerre atteint son paroxysme. La nation française que l'ennemi s'acharne à vider de sa substance par la déportation, le pillage, les fusillades, tâche de garder et d'organiser ses forces vives pour les suprêmes efforts de demain. C'est avec angoisse qu'elle interroge l'horizon d'où devraient venir les secours. C'est avec anxiété qu'elle regarde vers son Empire. »

Charles de Gaulle,
appel lancé de la radio de Londres
12 mars 1943

« Les catastrophes qui s'abattent sur l'Allemagne et l'Italie ne doivent pas nous inciter

à considérer la guerre comme gagnée. Des batailles très dures attendent encore l'Union soviétique et ses alliés occidentaux ; mais le temps approche où l'armée Rouge et les armées de ses alliés briseront l'échine de la Bête fasciste. »

Joseph STALINE, *Ordre du jour*
Mai 1943

« Soldats du Reich !
« Vous participez aujourd'hui à une offensive d'une importance considérable. De son résultat peut dépendre tout le sort de la guerre. Mieux que n'importe quoi, votre victoire montrera au monde entier que toute résistance à la puissance de l'armée allemande est vaine. »

Message du FÜHRER à la veille
du déclenchement de l'offensive allemande
contre le saillant de Koursk
4 juillet 1943
La plus grande bataille de chars
de l'Histoire va s'engager.

« La question commence à se poser de savoir de quel côté nous devrions nous tourner en premier : les Moscovites ou les Anglo-Américains.
« D'une manière ou d'une autre, nous devons comprendre qu'il sera très difficile de faire la guerre avec succès des deux côtés à la fois. »

GOEBBELS, *Journal*
après la chute de Mussolini, et l'armistice
conclu par l'Italie avec les Alliés
10 septembre 1943

LE DÉBARQUEMENT EN SICILE EN 1943

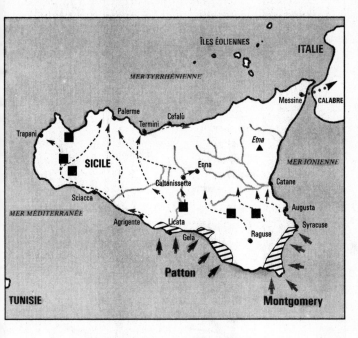

ÎLES ÉOLIENNES

ITALIE

MER TYRRHÉNIENNE

Messine

CALABRE

Palerme
Termini
Cefalù

Trapani

SICILE

Etna

MER IONIENNE

Enna

Catane

Caltanissette

Sciacca

Augusta

MER MÉDITERRANÉE

Agrigente
Licata

Syracuse

Gela

Raguse

Patton

Montgomery

TUNISIE

Zones de débarquement des Alliés le 10 juillet 1943

Territoires conquis le 11 juillet 1943

- - - - -> Axes de progression des Alliés

■ Positionnement des divisions de l'Axe le 10 juillet 1943

•••••> Opération d'évacuation des troupes allemandes

LA PROGRESSION DU FRONT RUSSE EN 1943

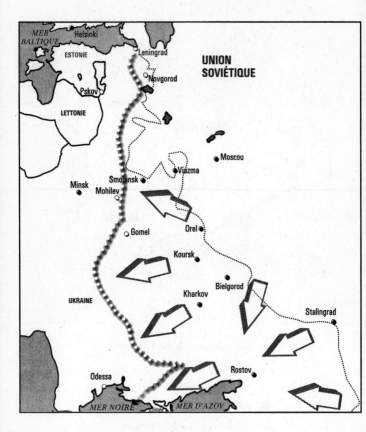

PROLOGUE

La porte du tombeau

Ce vendredi 1ᵉʳ janvier 1943, en Tripolitaine, le Feldmarschall Erwin Rommel a froid.

« On ne se sent bien au chaud qu'à midi lorsque apparaît un rayon de soleil. Voilà à quoi ne m'avait pas habitué l'Afrique. »

Mais tout a changé en 1942.

Il n'est plus Rommel le victorieux, roulant en tête de l'Afrikakorps et rêvant d'atteindre Le Caire, Suez, le Nil, et donc le cœur de l'Empire britannique.

Les derniers mois de l'année 1942 ont vu la situation militaire se retourner. Les Anglais de la 8ᵉ armée de Montgomery ont remporté en octobre la bataille d'El-Alamein.

Le général Montgomery en 1943.

Selon Rommel, parce que tout l'effort de l'Allemagne a été consacré au front de l'Est il n'a pu qu'organiser la retraite, jusqu'en Tripolitaine. Et, en ce début du mois de janvier 1943, s'il a réussi à reconstituer une ligne de défense, il sait qu'il ne pourra résister à la prochaine offensive anglaise.

Il se souvient d'avoir écrit à son épouse le 30 décembre 1942 :

« Je n'ai pas le moindre doute sur son issue, les forces sont trop inégales. Le ravitaillement est presque tari. L'essence manque. Il nous faut à présent nous rendre à l'inévitable et souhaiter que Dieu veuille encore une fois soutenir notre cause. Je suis allé hier sur le front et j'y retourne aujourd'hui.

« Sur le chemin a surgi notre dîner sous la forme d'une bande de gazelles. L'un des interprètes de l'état-major de l'armée blindée, Armbruster, et moi-même réussissons l'un et l'autre à en abattre une du haut de nos voitures en marche. »

Voilà de quoi faire un « ragoût de gazelle » pour les dîners de cette période de fêtes.

Fêtes ?

« Il fait froid et venteux ! »

Et Rommel ne peut chasser de son esprit l'inquiétude qui l'étreint.

Il y a eu la défaite d'El-Alamein puis le débarquement des Américains en Afrique du Nord, l'installation à Alger du général Giraud qui, après s'être évadé de son « oflag », avoir fait acte d'allégeance à Pétain, s'est rendu en Algérie, a rallié aux Américains les troupes françaises.

Heureusement, l'état-major allemand a réagi avec

promptitude, réussissant à débarquer des troupes en Tunisie.

Rommel envisage déjà d'être contraint de faire retraite de Tripolitaine et de Libye, jusqu'à la Tunisie.

Mais quel sera l'avenir des forces allemandes en Méditerranée ? Quel sera l'avenir du Reich, alors que plus de 100 000 hommes de la VIe armée du général Paulus sont encerclés à Stalingrad, et des centaines de milliers d'autres attaqués par les Russes au Caucase, dans la région du Don ?

« Je me fais beaucoup de souci pour ces violents combats qui se déroulent à l'est, à Stalingrad, écrit Rommel. Espérons que nous en sortirons au mieux. Ici, l'armée a un moral excellent.

« Il est bienheureux que les hommes ne sachent pas tout. »

Mais ces soldats croient-ils encore aux promesses du Führer ?

Hitler vient de proclamer dans son ordre du jour de ce vendredi 1er janvier 1943 : « Soyez sûrs d'une chose, il ne peut y avoir dans cette lutte aucun compromis... Après l'hiver, nous nous remettrons en marche. Le jour viendra où une puissance s'écroulera la première. Nous savons que ce ne sera pas l'Allemagne ! »

Rommel songe à ces propos alors qu'il visite en compagnie de quelques officiers de son état-major les ruines de la ville romaine de Leptis Magna, traces d'un empire brisé, envahi, effacé.

« Un professeur italien nous sert de guide et nous fait les honneurs de la place dans un excellent allemand. Mais à vrai dire, le cours de mes pensées va davantage à Montgomery, à la situation sur le front de l'Est qu'à ces vestiges du passé.

« De plus la tension nerveuse et le manque de sommeil des jours précédents commencent à faire sentir leurs effets et nous bâillons à qui mieux mieux. La palme revient à l'officier d'ordonnance du général Bayerlein, le lieutenant von Hardtdegen, qui tombe endormi entre deux statues de dames romaines… »

Cet épuisement que la volonté ne peut pas toujours contenir, Rommel le ressent.

Comme tous les survivants de la Wehrmacht présents sous les armes depuis le début des hostilités en septembre 1939, voilà quarante mois qu'il se bat.

Il n'a pas connu le front de l'Est, ses massacres et ses hécatombes. Ce vendredi 1er janvier 1943, la radio anglaise a annoncé qu'à Stalingrad, en six semaines, 175 000 soldats allemands ont été tués !

Et quel destin pour les 100 000 hommes qui demeurent encerclés dans les décombres de la ville ?

Mais la guerre dans le désert est aussi éprouvante. D'ailleurs, rien ne sert de comparer un front à l'autre : chaque défaite à El-Alamein ou à Stalingrad affaiblit l'Allemagne, non seulement parce que des positions ont été perdues, des centaines de milliers d'hommes sacrifiés en vain, mais encore parce que les peuples d'Europe ne croient plus à la victoire de l'Allemagne.

On court vers l'autre camp, souvent pour faire oublier la « collaboration » avec le nazisme, pour échapper à la débâcle et au châtiment.

L'année 1942 a été ainsi l'année tournante. Un officier anglais prisonnier, interrogé par Rommel, a d'abord répondu :

« 1942, c'est enfin l'année où le jour se lève. »

Et cela vaut pour tous les théâtres d'opérations : le front de l'Est d'abord, mais aussi l'Afrique avec le débarquement en Afrique du Nord des Américains.

Ce n'est pas encore le second front que réclame Staline à ses alliés, mais les Anglo-Américains ont montré qu'ils ont la maîtrise de la Méditerranée et que leurs convois ont réussi à traverser l'Atlantique en dépit des pertes que leur ont infligées les sous-marins allemands (les *U-Boote)*.

Ils ont aussi la maîtrise du ciel, écrasant sous les bombes lancées par des milliers d'avions les villes allemandes, les sites industriels ou les usines et les voies de communication des pays occupés par les Allemands.

Qui pourrait encore croire avec assurance à la victoire de l'Allemagne sinon ceux qui se sont trop engagés dans la collaboration pour espérer être « blanchis » et ceux qui ont ainsi lié leur destin à celui du fascisme et du nazisme ?

En France, Pierre Laval, revenu au pouvoir à la fin de l'année 1942, a fait ce choix en déclarant : « Je souhaite la victoire de l'Allemagne parce que sans elle le bolchevisme demain s'installerait partout. »

Laval analyse le conflit comme une véritable « guerre de religion entre la civilisation européenne et le communisme ».

En fait – et même si Churchill et à un moindre degré Roosevelt ne se font aucune illusion sur le caractère du régime soviétique – à la fin de l'année 1942, les dirigeants alliés savent que Hitler applique « la solution finale au problème juif » : c'est-à-dire l'extermination de millions de personnes – des nouveau-nés aux vieillards. Qui pourrait dans ces conditions s'engager dans des négociations avec l'Allemagne nazie, même si l'on connaît la violence souvent comparable du régime stalinien ?

On veut la destruction de l'Allemagne nazie.

On voit s'organiser partout en Europe des réseaux de résistance nourris par la fuite devant les rafles destinées à fournir de la main-d'œuvre aux usines allemandes (Service du Travail Obligatoire) ou, pire encore, celles qui visent à déporter les Juifs vers des camps d'extermination. Ainsi, la rafle du Vélodrome d'Hiver, à Paris, le 16 juillet 1942, voulue par les Allemands, organisée et réalisée par la police française.

Au vrai, l'évolution de la situation militaire allemande en 1942, le patriotisme des nations, le refus de partir travailler en Allemagne, le rejet de la persécution antisémite, et même les défaites « lointaines » des Japonais devant les Américains (Midway, Guadalcanal) font donc que l'année 1942 est celle où enfin *le jour se lève*, pour les adversaires de l'Allemagne de Hitler.

Ce vendredi 1er janvier 1943, cela est acquis.

Mais pour autant l'année qui commence sera-t-elle portée par le *souffle de la victoire* ?

Rien n'est encore gagné en ce mois de janvier 1943.

On connaît la détermination fanatique de Hitler et de son entourage. Goebbels exalte la *Totalkrieg* et on l'acclame.

Un officier aussi lucide que le Feldmarschall Erwin Rommel écrit à sa femme :

« Pour les combats qui se préparent nous ferons notre devoir comme le pays l'attend de nous. »

À Stalingrad, alors que dans ces premiers jours de janvier 1943 se déchaîne l'artillerie russe, un officier allemand, le colonel Selle, écrit :

« La porte du tombeau est en train de se refermer sur nous. »

Année 1943 : une seule certitude sur ce qui va advenir.

De mille façons, dans le cercueil d'acier qu'est un tank, sous l'amas des décombres d'un immeuble bombardé, pendu à un gibet, abattu d'une balle dans la nuque, tué par un éclat d'obus, brûlé vif, jeté vivant dans une fosse commune, étouffé dans wagon qui roule vers Auschwitz, ou asphyxié dans une chambre à gaz, et de mille autres façons encore, des millions d'humains vont mourir.

PREMIÈRE PARTIE

Janvier

février 1943

« *Un soleil d'hiver brille, à Stalingrad, au-dessus des tombes collectives, au-dessus des stèles improvisées, les morts dorment sur les hauteurs des collines, près des ruines des ateliers d'usine, dans des ravins et des combes, ils dorment là où ils se sont battus et leurs tombes se dressent près des tranchées, des casemates, des murs de pierre percés de meurtrières qui n'ont pas cédé à l'ennemi, comme un monument majestueux à la simple loyauté payée au prix du sang. Terre sainte... Cette ville avec des centaines d'hommes en vestes matelassées, en capotes, en chapkas à oreilles, des hommes occupés au travail de la guerre qui ne connaît pas le repos, qui portent des bombes comme on porte du pain, sous le bras, qui épluchent des pommes de terre auprès de la gueule pointée d'un canon lourd, qui se chamaillent, chantent à mi-voix, racontent un combat nocturne à la grenade. Tant ils sont grandioses, et tant ils sont quotidiens dans leur héroïsme même.* »

Vassili GROSSMAN,
article pour *Krasnaïa Zvezda*,
intitulé « Aujourd'hui à Stalingrad »
Janvier 1943

1.

En ces premiers jours de janvier 1943, les soldats de la VIe armée allemande du général Paulus, encerclés dans Stalingrad, savent qu'ils vont mourir.

Ils se souviennent de ces trois semaines d'espoir, en décembre 1942, quand une armée de secours commandée par le Feldmarschall von Manstein et le général Hoth s'est élancée pour briser l'encerclement russe.

Le télégramme que leur a envoyé von Manstein : « Tenez bon, je vais vous sortir de là – Manstein », « c'était mieux qu'un train bourré de munitions et qu'un avion Junker plein

Le général von Manstein.

de ravitaillement ! » s'est exclamé un jeune lieutenant.

Les soldats ont vu, à la mi-décembre, les signaux lumineux que leur adressaient leurs camarades parvenus à 50 kilomètres de Stalingrad. L'opération *Tempête d'hiver* semblait donc près de réussir.

Il fallait aller à leur rencontre !

Mais Hitler ordonne à Paulus de « tenir bon là où il est ». Il hurle, apostrophant son chef d'état-major le Feldmarschall Zeitzler : « Je ne quitterai pas la Volga, je ne me replierai pas. »

Zeitzler, accablé, insiste :

« Je conjure instamment le Führer d'autoriser, sans restriction, cette tentative de "sortie", notre unique chance de sauver les 200 000 hommes de Paulus. Le Führer refuse de céder. En vain, je lui décris les conditions sévissant dans notre pseudo-forteresse, le désespoir de nos soldats affamés, leur manque de confiance dans le commandement, les blessés expirant faute de matériel médical, des milliers d'autres mourant tout simplement de froid. Le Führer demeure aussi insensible à ces arguments qu'aux précédents. »

Les soldats allemands savent donc qu'ils vont mourir. Ils se terrent « à quinze dans un bunker, c'est-à-dire dans un trou dans le sol de la taille d'une cuisine ».

Le désespoir et des myriades de poux les dévorent.

« Peu à peu, on est pris de dégoût pour soi-même. On n'a aucune possibilité de se laver convenablement, de changer de sous-vêtements. Ces foutus poux consomment entièrement votre corps. »

On crève de froid et de faim.

« Nous vivons essentiellement de viande de cheval, écrit un soldat, et moi j'ai même déjà mangé de la viande de cheval crue, tellement j'avais faim. »

Ils n'osent pas regarder leurs camarades, afin de ne

pas se reconnaître dans les silhouettes enveloppées de hardes, hirsutes. Des abcès rongent leur corps. Ils se grattent sans cesse, « mort vivant », dit l'un, n'ayant que la peau et les os.

« On n'est plus qu'une épave, dit un autre, nous sommes tous complètement désespérés. »

On ne veut pas se rendre.

« S'il s'agissait des Français, des Américains, des Anglais, ce ne serait pas si mal mais avec les Russes on ne sait pas s'il ne vaut pas mieux se tirer une balle. »

Ils se souviennent de ce qu'ils ont vu, de ce qu'ils ont fait ; de ces prisonniers russes abattus parce qu'ils avaient une tête de commissaire bolchevik, de ces Juifs massacrés.

« Si tout tourne mal, mon amour, écrit un soldat à son épouse, ne t'attends pas à ce que je sois fait prisonnier. »

Le général Paulus, devant la multiplication des suicides, condamne, dans une adresse à ses soldats, cet « acte lâche et infamant ».

Mais ordre a été donné de laisser mourir de faim les malades et les blessés.

Il n'est plus possible de les soigner, de les abriter. Ils sont déjà plus de 20 000 entassés dans des caves transformées en hôpitaux souterrains. Des piles de cadavres gelés obstruent les entrées.

Les évacuations par voie aérienne ne concernent que quelques centaines d'hommes, et donnent lieu à de véritables ruées et à des violences : on veut embarquer à tout prix.

« Nous étions déjà une trentaine à l'intérieur de l'appareil, la plupart blessés, les grands blessés sur leurs brancards entassés les uns au-dessus des autres, raconte un soldat.

« Il y en avait d'autres aussi, de prétendus courriers et qui n'étaient pas le moins du monde blessés. Cette sorte de gens très astucieux qui se débrouillent toujours pour tirer leur épingle du jeu. »

L'avion roule, cahote, au milieu des nuages de neige que rejettent les hélices, puis il s'arrête, le pilote annonce qu'il faut alléger de 2 000 kg pour pouvoir décoller. Vingt hommes à sortir de là...

« Ce fut alors un vacarme absolument terrible, tout le monde criait en même temps, celui-ci hurlait qu'il avait un ordre de mission de l'état-major de l'armée, celui-là, un SS, qu'il était porteur de documents très importants sur le Parti... Seuls les hommes allongés sur les brancards restaient silencieux mais la terreur se lisait sur leur visage. »

Puis, l'un après l'autre, ces aérodromes – Pitomnik, Goumrak – qui sont déjà sous le feu des canons et des « orgues » de Staline – ces lance-fusées – tombent aux mains des Russes. On se bat entre Allemands pour embarquer sur les derniers vols de la dernière piste, celle de Goumrak.

Des officiers donnent de fortes sommes aux pilotes pour obtenir une place.

On entend les rafales des fusils-mitrailleurs des fantassins russes qui pénètrent sur les pistes.

Alors on fuit, on regagne son « trou », on attend l'ultime assaut.

On ne sait pas quel visage aura la mort. Balle, poignard, gangrène, froid, faim.

« On a un kilo de pommes de terre pour quinze

hommes. Pas de viande. On a mangé les chevaux à Noël. »

Vassili Grossman écrit dans *L'Étoile rouge* en ces premiers jours de l'année 1943 :

« Ces Allemands qui, encore en septembre, se ruaient dans les maisons au son grossier de leurs harmonicas, ces hommes qui roulaient tous phares allumés la nuit, et qui, le jour, chargeaient leurs obus sur des camions, ces Allemands se cachent aujourd'hui sous un chaos de pierres… Maintenant, il n'y a plus de soleil pour eux. Ils sont rationnés à vingt ou trente cartouches par jour, et ne tirent que s'ils sont attaqués. Ils ne touchent plus que 100 grammes de pain par jour, et un peu de viande de cheval. Tels des sauvages, ils se terrent dans leurs cavernes, rongeant un os de cheval… Nuit et jour, c'est pour eux la terreur. Là, dans les sombres et froides ruines de la cité qu'ils ont détruite, ils voient venir la vengeance ; ils la voient s'approcher sous les cruelles étoiles du ciel russe d'hiver. »

2.

« Stalingrad, c'est le moment décisif de la guerre »,
dit Staline, ce vendredi 1er janvier 1943.

Il montre le rapport du maréchal Vassilievski, chef
d'état-major général qui, ordre de Staline, a installé
son poste d'observation à Stalingrad même, à quelques
centaines de mètres de la ligne de front.

« Moment décisif », répète Staline.

L'atmosphère dans le bureau d'angle du Kremlin
se détend. Il y a là le général Joukov, les hommes
liges de Staline – Molotov, Mikoyan, Beria, ses trois
chiens de garde qui ne quittent jamais leur chef – et
quelques autres visiteurs, militaires et civils relégués
dans l'antichambre.

Le rapport de Vassilievski que Staline vient de lire
et qu'il brandit aurait dû arriver à midi et il est arrivé
à 16 heures. L'attente a été interminable. Staline ne
supporte pas les retards.

Durant ces quatre heures il a dévisagé chacun des
présents, s'attardant longuement, paraissant recher-
cher un responsable, se tournant vers Beria comme
s'il s'apprêtait à lui lancer un nom, celui du coupable

à jeter dans un camp, une cellule, à tuer d'une balle dans la nuque.

« Son regard tenace et perçant semble voir à travers l'âme des visiteurs », confiera Joukov qui se souvient de ces heures. Staline interroge les uns et les autres, menaçant. Il marche de long en large, mâchonnant le tuyau de sa pipe éteinte. Il la pose finalement dans le cendrier, signe qu'il va se laisser emporter par la colère.

« Ses crises de colère, dit Joukov, le métamorphosent littéralement. Il pâlit de rage et son regard se fait lourd et haineux. »

Staline se tourne vers le commissaire aux Transports qui vient d'être nommé.

« Les transports sont une question de vie ou de mort, dit-il. Garde ceci en mémoire : si tu n'exécutes pas les ordres, ce sera le tribunal militaire. »

Le jeune commissaire sort du bureau, en sueur.

« Essayez de ne pas cafouiller, lui murmure Alexandre Poskrebychev, chef de cabinet de Staline et général du NKVD – la police politique –, le patron est au bout du rouleau. »

Staline est insomniaque, travaillant, à soixante-trois ans, seize heures par jour, menant une vie recluse, imposant ses horaires à ses collaborateurs, régnant sur eux par la terreur.

Ils savent tous qu'ils peuvent être livrés à Beria, qui règne sur le NKVD, sur le Goulag, et fait travailler 1 700 000 détenus à la construction des chemins de fer et à la production d'armement. Plus de la moitié de ces « zeks » – déportés – sont voués à la mort tant les conditions du système concentrationnaire sont inhumaines.

Chacun se souvient – et d'abord les généraux – des « purges » de 1937, des séances de torture dans la prison du NKVD à Moscou, la Loubianka.

On ne veut pas « prendre le café avec Beria », comme le propose Staline, cynique-ment, semblant jouir de la terreur despotique qu'il uti-lise.

Mais c'est pourtant au général Rokossovski – tor-turé par le NKVD en 1937, puis libéré en 1941 – qu'il confie le soin de mener jusqu'à son terme la bataille de Stalingrad – la destruction de la VIᵉ armée

Lavrenti Beria.

allemande et la capture du général Paulus.

Cette nomination humilie le général Eremenko, commandant à Stalingrad : Staline fait une moue de mépris, se tourne vers Joukov qui a évoqué la décep-tion d'Eremenko.

« Ce n'est pas le moment de se sentir humilié, dit Staline, nous ne sommes pas des enfants mais des bolcheviks. »

Mais depuis l'attaque allemande de juin 1941, Sta-line se réfère presque toujours au passé glorieux – et « terrible » – de la Russie d'avant la révolution. Lui, le Géorgien, il se veut « grand-russe », héritier des tsars et de la tradition russe.

Il réunit le Comité national de défense, qui compte

autant de civils que de militaires, dans une salle où sont accrochés les portraits des vainqueurs de Napoléon – Koutousov et Souvarov – et des tableaux représentant Marx et Lénine.

Les civils du Comité sont assis face aux deux héros de la grandeur militaire russe, et les généraux du Comité ont devant eux les tableaux des « fondateurs du communisme ».

Ce vendredi 1er janvier 1943, Staline a donc attendu le rapport du maréchal Vassilievski sur la situation à Stalingrad. Il laisse libre cours à sa colère, terrorisant les présents, fixant à plusieurs reprises le général Joukov, puis tout en marchant de long en large, dicte un message à transmettre aussitôt à Vassilievski :

« Il est déjà 15 h 30 et tu n'as pas encore daigné envoyer ton rapport. Tu ne peux pas invoquer l'excuse que tu n'as pas de temps. Joukov abat autant de travail que toi au front et pourtant il m'adresse son rapport chaque jour. La différence entre vous deux est que Joukov, lui, est discipliné. Tu manques de discipline… C'est mon dernier avertissement : si tu négliges ton devoir encore une fois, je te limoge de ton poste de chef d'état-major et tu seras envoyé en première ligne. »

La terreur comme méthode de gouvernement. La mort comme châtiment. Chacun sait Staline impitoyable, brisant les vies, despote qui se donne tout entier à sa tâche de « généralissime », travaillant soit dans ce bureau d'angle du Kremlin, soit dans sa datcha de Kountsevo, située à quelques kilomètres de Moscou.

Il gagne alors le Kremlin – où il arrive au début de la soirée – dans un « convoi » de voitures Packard qui roulent à vive allure sur les routes qui ont été vidées de toute circulation.

Les « visiteurs » convoqués au bureau afin de comparaître devant Staline attendent dans l'antichambre, rongés par l'inquiétude.

Poskrebychev, qui les introduit, leur prodigue des conseils qui les paralysent.

« Ne vous énervez pas, dit-il, évitez de le contredire, le camarade Staline sait tout. »

Il se préoccupe de tout, contrôle l'exécution de chacun de ses ordres.

Il ne néglige rien.

L'un de ses interlocuteurs réguliers – Baïbakov, chargé des questions du pétrole – note :

« Quand il donne des instructions, il vous aide toujours à les remplir en vous donnant les moyens de le faire. Aussi, je n'avais pas peur de Staline, nous étions francs l'un vis-à-vis de l'autre. J'ai toujours exécuté mes tâches. Staline avait cependant le don de repérer les points faibles d'un rapport et tombait à bras raccourcis sur celui qui ne maîtrisait pas parfaitement son sujet en proférant d'une voix grave à dessein : "Eh bien, comment se fait-il que tu ignores cela ?"

« Et Beria derrière son lorgnon fixe le fautif. »

Puis Staline congédie sans un mot de plus le visiteur et aborde d'autres sujets, transmettant ses instructions, parlant au téléphone, signant des ordres, rédigeant un communiqué de presse, forgeant les slogans que la presse et la radio vont marteler. Ainsi « le sang appelle le sang ».

Il trouve le temps d'appeler le secrétaire du Parti d'une province géorgienne, lui demandant d'augmenter les envois de tabac.

« Nos soldats n'ont plus rien à fumer, dit-il. Les troupes du front ont absolument besoin de tabac. »

Un lien profond, contradictoire, se noue ainsi entre Staline et ceux qui le servent, et avec le peuple.

On l'admire, ce tsar « rouge », on le vénère et on le craint.

Il peut briser la vie d'un général, mais reconnaître les mérites de tel autre qu'en même temps il jalouse et fait surveiller, prêt à le démettre, à le livrer à Beria et aux bourreaux du NKVD.

Il marie le despotisme d'un grand tsar – il commande au cinéaste Eisenstein un film sur Ivan le Terrible – et la violence haineuse, sans retenue morale, d'un « bolchevik » qui a commencé sa vie en hors-la-loi, attaquant les banques.

Aucun scrupule ou principe de morale ne le retient. Il est le pouvoir absolu, prêt à faire exécuter des milliers d'hommes, ou à déporter des peuples entiers. La fin justifie les moyens. Et souvent les moyens barbares dessinent la fin.

Le révolutionnaire pillard se présente en homme d'ordre et de discipline qui ne quitte que rarement son uniforme de généralissime.

Car en ce début d'année 1943, comme pour souligner ce « moment décisif de la guerre » qui s'opère à Stalingrad, Staline rétablit les galons et les épaulettes dorés que portaient les officiers de l'armée tsariste.

Il élève Joukov au grade de maréchal et devient, lui-même, le maréchal Staline. La mue de Joseph Djougachvili, bolchevik géorgien, s'achève ainsi avec la bataille de Stalingrad, qui change le cours de la guerre[1].

1. Voir *Staline, la cour du Tsar rouge*, par Simon Sebag Montefiore, Paris, Éditions des Syrtes, 2005.

3.

Le vendredi 8 janvier 1943, à la fin de la matinée, alors que l'obscurité s'est dissipée, trois jeunes officiers de l'armée Rouge, brandissant un drapeau blanc, s'avancent vers les lignes allemandes et remettent le texte de l'ultimatum du général Rokossovski, commandant des armées russes du Don, au général Paulus, commandant de la VIe armée allemande.

Il a vingt-quatre heures pour répondre.

Paulus, terré dans son quartier général improvisé dans le sous-sol de l'Univermag – un grand magasin réduit à un amoncellement de décombres –, lit le texte ; puis le commente avec ses officiers. Paulus parle avec difficulté. Il est épuisé, exsangue, hirsute, il tremble.

« La situation de vos troupes est désespérée, écrivent les Russes. Elles souffrent de la faim, de la maladie et du froid. Le cruel hiver russe ne fait que commencer. Le gel, les vents polaires, les tempêtes de neige approchent. Vos soldats sont démunis de vêtements chauds et vivent dans des conditions inhumaines.

« Vous n'avez aucune chance de briser les cercles

qui vous entourent. Votre situation est sans espoir et il est désormais inutile de poursuivre la résistance.

« Pour toutes ces raisons et afin d'éviter d'inutiles effusions de sang, nous vous soumettons les conditions de capitulation suivantes. »

Elles sont traditionnelles et le général Paulus, comme s'il voulait convaincre ses officiers, lit lentement, s'arrêtant après chaque phrase.

« Les armes, le matériel et les munitions seront livrés aux Russes en bon ordre et en bon état.

« La vie et la sécurité seront garanties à tous les soldats et officiers qui cesseront le combat et, dès la fin de la guerre, ils retourneront en Allemagne ou dans tout autre pays où les prisonniers de guerre choisiront de se rendre.

« Tous les prisonniers peuvent garder leurs uniformes, leurs insignes, leurs décorations et leurs objets personnels ; quant aux officiers supérieurs, ils conserveront leurs armes blanches. Tous les prisonniers recevront une alimentation normale, et des soins médicaux seront fournis à ceux qui en ont besoin. »

La réponse doit être remise le lendemain, samedi 9 janvier, à 10 heures. Le lieu, les conditions – une voiture arborant un drapeau blanc – sont précisés.

Si l'ultimatum est rejeté, l'artillerie et l'aviation russes annihileront les troupes allemandes encerclées. Les chefs allemands porteront la responsabilité de cet anéantissement.

Silence d'abord dans ces sous-sols surpeuplés, puis des voix que Paulus ne cherche pas à identifier. L'une dit que les suicides se multiplient, que les Roumains se rendent déjà.

D'autres voix disent qu'on ne peut faire confiance aux Russes. Ils massacreront. Ils laisseront mourir.

Paulus se lève. Il va câbler l'ultimatum au Führer auquel tous les soldats allemands sont liés par le serment. Il ne l'oublie pas.

Chacun imagine la réponse du Führer. Mais Paulus précise qu'il demandera au Führer de lui accorder sa pleine liberté d'action.

La réponse est un *nein* brutal.

Mais le silence, le samedi 9 janvier, a enseveli Stalingrad.

Personne ne tire.

Des officiers russes s'aventurent dans le *no man's land*, s'adressent à quelques Allemands qu'ils conjurent de déposer les armes. En vain.

Le dimanche 10 janvier, cette trêve de fait cesse.

Sept mille canons et mortiers russes (170 par kilomètre dans certains secteurs) écrasent les positions allemandes.

La résistance est acharnée, mais les Allemands sont submergés, l'avance russe est irrésistible. En moins de six jours, la poche allemande est réduite de moitié.

Le dimanche 17 janvier, les Russes renouvellent leur offre de capitulation.

Des soldats allemands résistent jusqu'à leur avant-dernière cartouche puis se suicident ou achèvent les blessés pour qu'ils ne tombent pas aux mains des Russes.

D'autres sortent de leurs bunkers, s'avancent, chancelants, sans armes, et se rendent.

Le général Paulus câble au Führer :
« Commandement devenu impossible. Troupes sans

munitions ni vivres. Dix-huit mille blessés privés de secours médicaux, pansements, médicaments. Insensé continuer, résistance, écroulement inévitable. Requiers autorisation capituler immédiatement pour épargner destruction troupes survivantes. »

Le Führer répond aussitôt :
« Vous interdis capituler. La VIᵉ armée tiendra ses positions jusqu'à son dernier homme et sa dernière cartouche. Son héroïque endurance apportera une inoubliable contribution à l'établissement d'un front défensif et au salut du monde occidental. »

Le vendredi 22 janvier, les Russes lancent l'assaut final. Ils coupent en deux la « poche » allemande.

L'armée Rouge à l'assaut de Stalingrad
le 22 janvier 1943.

Le vendredi 29 janvier, Paulus adresse un télégramme au Führer, la veille du dixième anniversaire de la nomination de Hitler à la chancellerie du Reich.

« En ce jour anniversaire de votre prise de pouvoir, la VIᵉ armée salue son Führer. Le drapeau à croix gammée flotte toujours sur Stalingrad. Puisse notre lutte servir d'exemple à la génération présente et aux générations futures et leur apprendre que nous ne devons jamais capituler, même quand nous n'avons plus d'espoir. Alors l'Allemagne vaincra. *Heil* mon Führer ! Paulus, colonel général. »

Entre la demande d'autorisation de capituler et cette soumission à Hitler, il y a la personnalité ambiguë du général Paulus, son incapacité à trancher et peut-être ses calculs : ménager l'avenir, obtenir du Führer le grade de Feldmarschall.

Et avec son message d'anniversaire, il en a déjà payé le prix. La propagande de Goebbels célèbre l'héroïsme de la VIᵉ armée.

Goering s'écrie :

« Le combat de la VIᵉ armée appartient désormais à l'Histoire. À côté des noms de Langemark, d'Alcazar, de Narvik, symboles de folle audace, de ténacité, de bravoure, Stalingrad demeurera à jamais pour les générations futures celui du sacrifice de soi... Dans mille ans d'ici, le peuple germanique parlera de la bataille de Stalingrad avec un respect mêlé d'effroi... Au long des années à venir, évoquant l'héroïque campagne de la Volga, on pourra s'écrier : "Passant ! Va dire à l'Allemagne que tu nous as vus gisant à Stalingrad pour obéir à l'honneur, aux ordres de nos chefs et pour la plus grande gloire du Reich." »

Le samedi 30 janvier, Paulus envoie au Führer le message suivant :

« Effondrement final ne peut être retardé que de vingt-quatre heures. »

Hitler cherche à pousser au sacrifice – au suicide ! – les officiers et Paulus en multipliant les promotions ce 30 janvier 1943.

Cent dix-sept officiers montent en grade et Paulus est promu Feldmarschall !

Le dimanche 31 janvier, Paulus adresse un dernier message à Hitler :

« Fidèle à son serment et pleinement consciente de la grandeur de sa mission, la VIᵉ armée a tenu ses positions jusqu'au dernier homme et jusqu'à la dernière cartouche. Pour le Führer et pour la patrie… jusqu'au bout. »

Quelques minutes plus tard, à 7 h 46 du soir, l'opérateur radio ajoute :

« Les Russes sont à la porte de notre abri. Nous détruisons les appareils. » Il ajoute « CL » qui signifie dans le code international : la station n'émettra plus.

Un jeune lieutenant russe, Fidor Mikhaïlovitch Yelchenko, entre avec quelques hommes dans le sous-sol de l'Univermag et recueille la reddition de Paulus et de tous les Allemands – généraux, officiers, soldats – qui s'entassent dans l'abri.

C'est le général Schmidt, chef d'état-major de la VIᵉ armée, qui a parlementé avec Yelchenko.

Paulus, les yeux vides, est assis sur son lit de camp.

« N'avez-vous rien à ajouter, monsieur le maréchal ? » demande Schmidt.

Paulus ne répond pas.

On le conduira avec quelques officiers au siège de l'état-major de Rokossovski.

Mais à l'extrémité nord de Stalingrad, des Allemands continueront à combattre. Ils reçoivent le lundi 1er février un message du Führer :
« Le peuple allemand attend que vous fassiez votre devoir à l'exemple des soldats qui défendent encore la forteresse sud. Chaque jour, chaque heure de votre combat contribue à faciliter la création d'un nouveau front. »
Ils résisteront jusqu'au mardi 2 février :
« Avons combattu jusqu'au dernier homme contre un ennemi d'une écrasante supériorité. Vive l'Allemagne ! »

Un avion allemand de reconnaissance survole les décombres de la ville.
« Plus aucun indice de bataille », signale-t-il.

Ce jour-là, la température est descendue à 37 degrés au-dessous de zéro.
Quatre-vingt-onze mille soldats et 24 généraux forment dans la neige une colonne noire qui avance lentement.
Enveloppés de couvertures, ils ont souvent les membres gelés, ils sont blessés, affamés, hébétés.
Ces spectres sont ce qu'il reste d'une armée de 285 000 hommes. Ils marchent vers les camps de Sibérie, ils sont rongés par les poux, la gangrène, les abcès, les plaies purulentes.
Cinq mille d'entre eux seulement retrouveront un jour l'Allemagne.

Soldats allemands faits prisonniers par les Russes après la capitulation de Stalingrad.

Le général Rokossovski écrit à Staline :
« Conformément à vos ordres, les troupes du front du Don ont achevé le 2 février 1943 de mettre en déroute et de détruire les forces ennemies encerclées à Stalingrad. »

4.

« Ils n'ont pas été capturés », dit Hitler.

Son visage est secoué par des tics. Il ne parle pas, il grommelle, il gronde.

Il s'immobilise face à son chef d'état-major, le Feldmarschall Zeitzler.

« Ils se sont rendus volontairement, reprend le Führer. Sinon, ils auraient serré les rangs, formé un hérisson et se seraient fait sauter la cervelle avec la dernière balle de leur revolver. »

Il essuie d'un geste fébrile les gouttes de sueur qui coulent sur son front.

Il fait très chaud dans la grande salle de la *Wolfsschanze* – la « tanière du loup » – son quartier général situé au cœur de la forêt ukrainienne.

Il est un peu plus de midi, ce lundi 1er février 1943.

Paulus a capitulé hier soir, dimanche 31 janvier 1943, et Hitler a aussitôt convoqué cette conférence. Sans doute n'a-t-il pas dormi de toute la nuit. Son visage est comme boursouflé, gonflé, sa démarche est hésitante, il parle à bâtons rompus, se répète.

Voilà trois fois déjà qu'il raconte l'histoire de cette jolie femme, « une beauté de premier ordre », dit-il, qui, blessée par quelques mots de son mari, sort de la pièce, écrit des lettres d'adieu et se tue.

« Quand je pense, poursuit le Führer, qu'une femme a eu ce cran, je ne puis éprouver la moindre estime pour un soldat qui n'a pas eu le courage de se suicider et préfère aller en captivité. »

Le Feldmarschall Zeitzler murmure :

« Je trouve cela inconcevable, moi aussi.

— Paulus avait le devoir de se tuer à l'exemple des grands chefs de jadis qui, lorsqu'ils voyaient tout perdu, se transperçaient la poitrine de leur épée. Varus lui-même, après la perte de ses légions, ordonna à son esclave de l'achever : "Et maintenant, tue-moi !"

— Paulus gît peut-être quelque part, grièvement blessé », dit Zeitzler.

Le Führer secoue la tête.

« Non, la nouvelle est exacte. La suite est facile à imaginer. Paulus va être emmené à Moscou. On va l'emprisonner à la Loubianka où il sera dévoré par les rats.

« Les rats, les rats, répète Hitler.

« Paulus fera tous les aveux qu'on voudra, signera n'importe quoi, fera des proclamations à la radio, vous verrez. »

Le Führer marche de long en large.

« Comment ont-ils pu se montrer aussi lâches… Je n'arrive pas à comprendre. »

Il hausse les épaules.

« Qu'est-ce que la vie ? reprend-il. La vie, c'est la nation. L'individu est condamné à mourir mais, au-delà de l'individu, il y a la nation souveraine. Pourquoi redouter la mort puisque grâce à elle nous pouvons nous libérer de notre misère lorsque notre devoir ne nous tient pas enchaînés à cette vallée de larmes ! »

Il serre les poings :

« Et voilà que le geste de cet homme, Paulus, souille à la dernière minute l'héroïsme de centaines de milliers d'autres. Alors qu'il pouvait se délivrer des tristesses de ce monde et entrer dans l'immortalité, il a préféré aller à Moscou... »

Tout son visage, cette moue, ce rictus expriment son mépris.

« Ce qui me fait le plus de mal, personnellement, c'est de lui avoir donné le bâton de maréchal ! Je tenais à ce qu'il reçoive cette distinction avant de mourir. Cela prouve qu'il ne faut jamais vendre la peau de l'ours avant de l'avoir tué. Paulus sera en tout cas le dernier Feldmarschall que j'aurai nommé tant que durera la guerre ! »

Friedrich Paulus
après la bataille de Stalingrad.

Le mardi 2 février, dans la soirée, quand les combattants de la partie nord de Stalingrad ont à leur tour capitulé, la radio allemande diffuse sans interruption *La Marche funèbre de Siegfried*, des passages du *Crépuscule des dieux*, et, après Wagner, le chant *Ich Hatt einen Kamaraden – J'avais un camarade*.

Le mercredi 3 février, un roulement de tambour voilé précède la lecture d'un communiqué spécial du Grand Commandement de la Wehrmacht, l'OKW :

« La bataille de Stalingrad a pris fin. Fidèle à son serment de combattre jusqu'à son dernier souffle, la

VIe armée sous le commandement exemplaire du maréchal Paulus a succombé sous l'assaut d'un ennemi supérieur en nombre et en raison de circonstances défavorables auxquelles elle eut à faire face. »

Puis on entend le deuxième mouvement de la *Cinquième Symphonie* de Beethoven.

Le Führer a décidé, annonce le speaker, qu'un deuil de quatre jours sera décrété pendant lequel tous les théâtres, music-halls, cinémas seront fermés.

L'Allemagne se recroqueville, s'enferme, souffre, pleure, mais aussi, pour la première fois, murmure.

Les membres du Parti n'arborent plus leur insigne, renoncent à se saluer en lançant bras levé le traditionnel *Heil Hitler !*

On ose, même avec des inconnus, colporter des rumeurs, et répéter – signale le service de renseignements de la SS – « n'importe quelle histoire drôle sans avoir à prendre en compte le risque d'être rabroué et encore moins dénoncé à la police ».

En fait, les Allemands ne peuvent encore imaginer ce qui s'est passé à Stalingrad et que décrivent les journalistes russes, qui eux-mêmes n'osent pas toujours l'écrire.

« C'était littéralement jonché de cadavres, dit l'un, nous les avions proprement encerclés et nos Katiouchas avaient donné à plein… Des milliers de véhicules, de canons, et même les dépôts de vivres ont été saisis ! Et j'ai vu des milliers de prisonniers allemands qu'on emmenait sur le fleuve gelé. Seigneur, quelle mine ils avaient ! Sales, de longues barbes hirsutes : beaucoup avaient des ulcères et des furoncles, et leurs vêtements étaient des loques. J'en ai vu trois tomber et mourir, en quelques minutes, de faim, d'épuisement, de froid. »

« C'est l'artillerie qui a fait le principal travail, confie un soldat. On se rapprochait des blockhaus et on les écrasait avec nos Katiouchas à trente mètres. »

Le Führer qui reçoit von Manstein, le samedi 6 février, dans sa *tanière du loup*, semble pour la première fois conscient de ses responsabilités personnelles dans l'échec. Il manifeste même du remords, sachant aussi que c'est ainsi qu'il peut convaincre von Manstein.

Le Feldmarschall ne peut qu'être sensible au fait que Hitler déclare que « parce qu'il est le Führer, il porte seul la responsabilité entière de la fin tragique de la VIe armée ».

« J'ai l'impression, confie von Manstein, qu'il est profondément affecté par cette tragédie qui témoigne de l'échec criant de son système, et profondément accablé aussi par le sort de tous les soldats qui, parce qu'ils ont cru en lui, ont combattu jusqu'au bout et fait leur devoir avec tant de courage et de dévouement. »

Cette posture et cette stratégie – retourner le deuil et l'échec pour cimenter autour du Führer la nation allemande –, Goebbels les met en œuvre le 18 février lors d'une grande réunion au Sportpalast de Berlin.

Devant 14 000 personnes il prononce un grand discours qui sera radiodiffusé, imprimé dans tous les journaux et rediffusé plusieurs fois.

Ces 14 000 personnes, commence Goebbels, sont « un échantillon représentatif de toute la nation allemande, au front et dans la patrie. Ai-je raison ? »

La foule hurle « oui ! », applaudit longuement.

« Mais les Juifs ne sont pas représentés ici ! »

**Joseph Goebbels lors de son discours
sur la « guerre totale » au Sportpalast de Berlin.**

Le public tempête, se dresse. Et tout au long du discours, il interrompra deux cents fois Goebbels pour l'approuver, lui répondre.

« Êtes-vous, et le peuple allemand est-il déterminé, interroge Goebbels de sa voix exaltée, si le Führer l'ordonne, à travailler dix, douze et, si nécessaire, quatorze et seize heures par jour et donner le maximum pour la Victoire ? »

La salle se dresse, crie « oui ! », applaudit cependant que Goebbels semble accroché à son pupitre, comme un marin secoué par la tempête à la barre.

« Je vous demande, voulez-vous la guerre totale ? »

Il répète d'une voix aiguë : « *Totalkrieg !* »

La vague des « oui ! » déferle durant plusieurs minutes.

« Voulez-vous qu'elle soit, si nécessaire, plus totale

et plus radicale que nous ne pouvons même l'imaginer aujourd'hui ? »

« *Totalkrieg, Totalkrieg !* » scande, debout, la foule avant de marteler, frappant des pieds en cadence, faisant trembler le plancher du Sportpalast.

« Ordonne, Führer, nous te suivrons ! »

Mais une fois que les cris de la foule des nazis fanatiques ont cessé de retentir, il reste les doutes qui se répandent dans le peuple allemand.

Le service de sécurité SS écrit dans un rapport consacré à l'évolution de l'opinion après Stalingrad que les Allemands voudraient voir le Führer : « Une photo du Führer permettrait aux gens de vérifier par eux-mêmes que ses cheveux ne sont pas devenus entièrement blancs, comme le bruit en a couru. »

On s'étonne qu'il n'ait pas pris la parole pour honorer les combattants de la VIᵉ armée, laissant à Goebbels et à Goering le soin de célébrer leur courage, leur héroïsme.

La presse a beau répéter : « Ils sont morts pour que vive l'Allemagne », on murmure que « c'est le début de la fin », que la capitulation de Paulus « est le jour le plus noir pour l'Allemagne dans l'histoire de notre guerre ».

Les informateurs des SS rapportent qu'une plaisanterie se chuchote, circule : quelle est la différence entre le soleil et Hitler ? demande-t-on. Il faut répondre : « Le soleil se lève à l'est, Hitler se couche à l'est ! »

Le service secret SS souligne aussi que l'écoute des radios étrangères – suisses, notamment – est « devenue de loin plus courante au cours des dernières semaines ».

Le rapport des SS conclut :

« La conviction générale est que Stalingrad marque un tournant dans la guerre. »

En ces premières semaines de l'année 1943, c'est le sentiment du monde entier.

DEUXIÈME PARTIE

Janvier

mars 1943

« Il n'y a pas de compromis entre le Bien et le Mal... Ce qui permet de ramener les buts de la guerre à une formule très simple : la reddition inconditionnelle de l'Allemagne, de l'Italie et du Japon... »

Déclaration de Roosevelt – en présence de Churchill – à la conférence de Casablanca
24 janvier 1943

« Je vous recommande de parler toujours très haut et très net au nom de l'État. Les formes et les actions multiples de notre admirable Résistance intérieure sont les moyens par lesquels la nation lutte pour son salut. L'État est au-dessus de toutes ces formes et de toutes ces actions. Je mesure très bien les difficultés extrêmes de votre tâche du fait de l'ennemi et du fait des rivalités de tous ordres qui vous entourent. »

Lettre de De Gaulle à Jean Moulin, qui devient son seul représentant en France
Février 1943

« J'arrivai au Grand Quartier Général quelque part en Russie, dans l'après-midi du

10 mars. Le soir même, j'étais invité à prendre le thé avec Hitler, à qui je pus ainsi parler en particulier. Il paraissait encore sous le coup de la dépression causée par le désastre de Stalingrad. »

Carnet du maréchal Rommel
La Guerre sans haine
Mars 1943

5.

Stalingrad : ce nom, dans la France occupée de ce début d'année 1943, est sur toutes les lèvres.

Il n'est point besoin de le prononcer.

Parfois, il suffit d'un clin d'œil complice, d'une question prudente :

« Vous avez vu ? Qu'est-ce qu'*ils* prennent ! »

On cite le refrain d'une chanson satirique, diffusée par Radio-Londres : « C'est la défense élastique… »

On murmure le titre d'un livre qui commence à circuler sous le manteau, *Le Silence de la mer*, dont l'auteur qui use évidemment d'un pseudonyme est un certain Vercors.

Or, dans les états-majors des mouvements de résistance, on sait qu'il y a des plans pour faire du massif du Vercors une forteresse où pourraient être parachutés armes et combattants. Cette citadelle accueillerait ces jeunes « réfractaires » qui refusent de partir travailler en Allemagne, comme leur en fait obligation la loi du 17 février 1943 sur le Service du Travail Obligatoire qui concerne les jeunes gens nés en 1920, 1921, 1922.

Les trois « classes » – avec des exceptions pour les

agriculteurs – sont entièrement mobilisées pour une durée de deux années.

Le Gauleiter Sauckel, chargé de recruter ces travailleurs nécessaires à l'industrie du Reich, a reçu de son ministre Albert Speer des directives précises.

Selon Speer : « Le Führer a indiqué qu'il n'est pas nécessaire à l'avenir d'avoir des égards particuliers vis-à-vis des Français. »

Il faudrait que, avant la mi-mars 1943, « 150 000 spécialistes, 100 000 manœuvres, hommes et femmes, soient transférés en Allemagne ».

Le chef du gouvernement, Pierre Laval, placé devant ces exigences, veut à la fois répondre aux demandes allemandes et conserver aux yeux de l'opinion l'apparence du pouvoir et obtenir quelques concessions.

« Je vous prie de bien me comprendre, dit Laval à Sauckel. J'accepte votre programme. Je ne réclame rien qui puisse affaiblir la force offensive de l'Allemagne. Je prie le Gauleiter Sauckel de reconnaître pleinement les difficultés auxquelles je me heurte. »

Laval le dit et le redit :

« Comment voulez-vous que je fasse ? a-t-il tenté d'expliquer au Führer lors de leur dernière entrevue à la mi-décembre 1942. Où que je me tourne, je n'entends crier que "Laval au poteau !".

— J'ai confiance en vous, a répondu Hitler. Je ne traiterai qu'avec vous. Vous êtes le dernier gouvernement de la France. Après vous, ce sera un Gauleiter. »

Et Ribbentrop, le ministre des Affaires étrangères du Reich, développe le même argument, le 2 janvier 1943 :

« La France se trouve aujourd'hui à un carrefour. Elle doit choisir entre son adhésion sans réserve à l'Europe et sa disparition totale de la scène du monde. »

Laval cède, parce qu'il est allé trop loin dans la collaboration pour pouvoir se renier, et parce qu'il a besoin de l'illusion qu'il conserve à la France toutes ses cartes en collaborant avec les nazis.

L'un de ses proches confie :

« La souveraineté française est encore sauvegardée. Pierre Laval était parti à ce rendez-vous avec le Führer, investi par le Maréchal des pleins pouvoirs ; il revient de son voyage avec les pleines responsabilités. »

Et Laval ajoute :

« C'est un nouveau départ. On avait donné à la France sa chance, on lui en donne une nouvelle… »

Qui peut le croire ?

Il faudrait imaginer que l'Allemagne peut encore gagner la guerre. Et il suffit de ce nom, Stalingrad, pour que le doute détruise les illusions auxquelles s'accrochent les collaborateurs les plus compromis.

Mais l'atmosphère a changé à Vichy.

On ne voit plus le maréchal Pétain – et Pierre Laval – se promener sans escorte dans les rues.

Les intrigants, les ambitieux, les admirateurs du Maréchal ont déserté Vichy qui n'est plus la capitale d'un État qui conserve une part de sa souveraineté puisque la France est occupée depuis le débarquement américain au Maroc et en Algérie.

Les Allemands sont les maîtres de tout le territoire national et le « gouvernement français » – Pétain, chef de l'État, et Laval, chef du gouvernement – ne dispose plus que de quelques apparences de pouvoir.

Des « gardes mobiles » et la garde du Maréchal, soit quelques centaines d'hommes, assurent la protection de Laval et de Pétain.

L'hôtel du Parc est gardé comme une forteresse. Une porte blindée a été installée dans l'escalier qui permet de passer de l'étage Laval à l'étage Pétain.

Laval, qui passe ses nuits dans sa propriété de Châteldon, rejoint chaque matin Vichy en voiture blindée. Le long de la route, un garde armé est en faction tous les cent mètres. Des policiers, revolver au poing, attendent Laval devant l'hôtel du Parc.

**Pierre Laval quitte sa propriété de Châteldon
pour se rendre à l'hôtel du Parc,
ici en compagnie de sa fille Josée de Chambrun,
de René Bousquet et de son gendre, René Pineton,
comte de Chambrun.**

Vichy, jadis bruissant de rumeurs, de tensions et de conciliabules, n'est plus un lieu de pouvoir. N'y demeurent que les personnages « officiels » attachés à une fonction gouvernementale ou liés à Pétain ou à Laval.

Pour tous les autres, « Vichy n'est plus intéressant mais dangereux. Vichy est rejeté par les collaborationnistes comme par les gaullistes. La fidélité au Maréchal fond comme neige au soleil. Les vocations résistantes s'affirment, la onzième heure approche ».

C'est l'effet Stalingrad qui vient s'ajouter à l'effet El-Alamein et au basculement de l'Afrique du Nord après le débarquement américain du 8 novembre 1942.

Chacun pressent que le prochain « saut » conduira les Alliés en Europe. Débarquement en Sicile, en Italie, en Normandie, en Grèce, dans les Balkans ? On est sûr que l'un d'entre eux aura lieu.

Le temps n'est plus où l'on était fier d'avoir reçu des mains du Maréchal la « francisque », la décoration emblématique de la « Révolution nationale ».

« À Vichy, écrit Maurice Martin du Gard, chacun prépare son dossier. "Moi, dit tel ministre, j'ai sauvé tant de travailleurs ! "Moi, dit un chef de la police, j'ai planqué les fils de généraux gaullistes dans une école de gendarmerie." "Moi, dit un autre, j'ai sauvé tant de Juifs." »

Les collaborationnistes résolus – Marcel Déat, Jacques Doriot, Philippe Henriot, Joseph Darnand –, c'est-à-dire ceux qui savent que leur sort est déterminé par le destin du nazisme, dénoncent ce « cloaque » vichyssois, son attentisme.

Même s'ils critiquent Pierre Laval, s'ils espèrent – c'est le cas de Déat, de Doriot – lui succéder – avec l'appui allemand –, ils partagent l'analyse du chef du gouvernement lorsqu'il dit :

« Cette guerre est une guerre de religion. La victoire de l'Allemagne empêchera notre civilisation de sombrer dans le communisme.

« Il y a plusieurs routes à suivre, j'ai choisi la seule qui puisse conduire au salut de notre pays. Je ne me laisserai jamais égarer par l'opinion publique si elle doit me faire tourner le dos à l'intérêt de la France. Je renverrai impitoyablement tout ce qui, sur ma route, m'empêchera de sauver la France. »

Mais Pierre Laval, bien qu'enfermé dans le seul rôle qui lui reste à jouer, est aussi un homme lucide qui mesure les dérisoires moyens dont il dispose.

« Il est difficile, en toutes circonstances, de diriger la politique de notre pays, confie-t-il. Mais quand il se trouve sans armée, sans flotte, sans Empire et sans or, la tâche de celui qui est chargé de gouverner s'avère parfois insurmontable. »

Elle l'est en ce début d'année 1943, car la vie des Français devient de plus en plus difficile et ils savent bien que l'occupant allemand pille le pays.

Et les « bonnes intentions » des « ministres » de Laval, et de Laval lui-même, ne réussissent en rien – ou presque rien – à améliorer la situation de la plus grande partie de la population.

Il faut d'abord « nourrir » et « payer » la Wehrmacht.

Les officiers allemands et les « trafiquants », intermédiaires en tout genre à leur service, se gobergent dans les restaurants du marché noir : le prix d'un seul déjeuner dépasse le montant du salaire mensuel moyen !

Réduit aux seules denrées distribuées par le « ravitaillement légal », un Parisien ne peut vivre que cinq ou six jours par mois !

Chacun est donc contraint de se livrer au marché noir, et les plus humbles vivent avec la faim au ventre : 200 grammes de matières grasses et 300 grammes de viande par mois !

Les légumes frais sont rationnés… ail compris !

Quant au pain, sa ration varie selon les récoltes, mais lorsqu'elles sont abondantes, on relève de 25 grammes la ration attribuée !

Pour les travailleurs manuels, elle peut atteindre 350 grammes par jour mais elle sera au fil des mois réduite à 100 grammes, voire 50 dans certaines villes.

Le lait manque pour les nouveau-nés. Les mères ne peuvent allaiter pour cause de malnutrition.

En fait, la sous-alimentation est la cause immédiate de la mort de près de 150 000 Français.

Certes, agriculteurs, commerçants et privilégiés de la fortune peuvent échapper à la faim, mais le peuple souffre, épuisé, englouti par la recherche quotidienne d'aliments pour les enfants. Cette quête devient une « obsession » qui mobilise toute la volonté.

Or il faut de l'énergie physique pour vouloir et pouvoir se battre, et seuls les jeunes gens vigoureux s'engagent dans la Résistance.

Ils y sont poussés par la mise en œuvre du Service du Travail Obligatoire. Et les jeunes concernés, pour échapper à un départ vers l'Allemagne, se réfugient à la campagne, dans des villages, chez des paysans.

Ils sont ainsi au contact des « maquis » qui commencent à rassembler des « maquisards », ces partisans peu nombreux encore.

Ils reçoivent quelques armes parachutées. Ils sont l'émanation des mouvements de résistance : *Combat, Franc-Tireur, Libération*, et les *Francs-Tireurs et Partisans Français* (FTPF) liés au Parti communiste.

Ces maquis encore embryonnaires révèlent que la « guerre de partisans » conduite par les Russes devient une référence que confirme l'écho des batailles qui se livrent sur le front de l'Est. Stalingrad exalte ces jeunes combattants.

Pour les Allemands et les collaborateurs enrôlés dans le Service d'Ordre Légionnaire, le SOL, créé par Joseph Darnand, ces « réfractaires », ces « maquisards » sont des « terroristes », des « communistes », des « gaullo-communistes » voués, lorsqu'ils sont pris, à la déportation ou, si c'est au terme de combats ou d'une opération « antimaquis », au peloton d'exécution et souvent à la torture.

Les Allemands d'ailleurs ne cherchent plus à se montrer « *korrect* » : c'est ainsi que la population française les avait jugés dans les premières semaines de l'Occupation, dans l'été et l'automne 1940.

Aujourd'hui, en 1943, l'écrivain Jean Paulhan dit des Allemands, dans un article d'une publication clandestine, *Les Cahiers de la Libération* : « D'eux, il ne nous restera rien. Pas un chant, pas une grimace… Ils ne sont pas animés. Ils auront passé comme un grand vide. Comme s'ils étaient déjà morts. Seulement cette mort, ils la répandent autour d'eux. C'est même la seule chose qu'ils sachent faire. »

Ils ont pris en main le camp de Drancy jusque-là dirigé par les autorités françaises.

Le régime du camp sévère devient sous la férule des SS – et d'abord du *Hauptsturmführer-SS*, Alois Brunner – l'antichambre de la mort.

On y frappe, on y torture, on y tue. On y est poussé dans les wagons plombés qui partent pour les camps d'extermination et d'abord Auschwitz.

La Gestapo ne connaît plus aucune limite territoriale. Ses hommes envahissent l'ex-zone sud, interviennent en plein cœur de Vichy – ainsi un magistrat est-il arrêté dans le bureau du garde des Sceaux !

Ils se font ouvrir les portes des prisons, arrachent les détenus à leurs cellules et les conduisent à Paris où, le plus souvent, ils sont torturés, exécutés ou déportés.

Les bourreaux sont fréquemment des Français. Une Gestapo « française » est dirigée par un gangster, Laffont, et un policier révoqué, Bony.

Cette bande de la « rue Lauriston », composée de condamnés de droit commun que Laffont a fait libérer de prison grâce à l'appui des autorités allemandes, est plus cruelle encore que la Gestapo qui opère en plusieurs lieux et notamment rue des Saussaies. On dénombre plus d'une dizaine de centres de torture à Paris.

Les rafles visant les Juifs réfugiés dans l'ancienne zone « libre » se multiplient. La police française exécute les ordres des autorités allemandes. Les Juifs sont traqués. Ils fuient les villes de la côte méditerranéenne et d'abord Nice et Cannes, et gagnent les villages et les cités des Alpes.

Heureusement, les départements du sud de la France sont occupés depuis le 11 novembre 1942 par les troupes italiennes qui s'opposent à ces rafles, à ces déportations.

« Cela, remarquent les Italiens, a été fait non sans

rencontrer toutefois une certaine résistance dictée encore une fois chez les Français par le désir de voir se confirmer leur souveraineté. »

Pierre Laval et René Bousquet, le secrétaire général de la police française, sont en effet soucieux de la « souveraineté française », quitte à obéir aux nazis – comme lors de la grande rafle du Vélodrome d'Hiver le 16 juillet 1942 !

Paradoxe, aveuglément, on devient l'exécutant des ordres nazis afin d'affirmer qu'on est « souverain » !

Quand, le 3 janvier 1943, un attentat a lieu contre une « maison close » du quartier du Vieux-Port à Marseille fréquentée par les soldats de la Wehrmacht, le problème de l'attitude des autorités françaises se pose aussitôt.

L'attentat a provoqué la mort de plusieurs « clients » des prostituées, autant d'Allemands que de Français. Mais Hitler, au vu du rapport qui lui est transmis, est emporté par la colère. Il convoque Himmler :

« La ville de Marseille est un repaire de bandits, dit-il. Cela a existé de tout temps ; mais aujourd'hui, c'est l'Allemagne qui en supporte les conséquences. »

Il serre les poings, les brandit.

« Il n'y a qu'une mesure à prendre. D'après les renseignements qui me sont donnés, tous les bandits sont concentrés dans le quartier du Vieux-Port. Il y a dans ce quartier des souterrains ; il y a des moyens d'action exceptionnels. On me signale qu'un grand nombre de déserteurs allemands y sont cachés. Il n'y a donc qu'une solution : je donne l'ordre de raser tout ce quartier du Vieux-Port. »

Oberg, le représentant de Himmler en France, se

rend aussitôt à Marseille, fustigé par Himmler qui l'accuse de ne pas avoir signalé ce que le Führer vient de lui révéler. Les instructions du Führer doivent être exécutées sans délai.

Oberg annonce à René Bousquet que la police allemande va encercler le 1er arrondissement de Marseille, arrêter les 50 000 personnes qui l'habitent. Elles seront déportées. S'il y a des résistances, elles seront brisées à l'aide de tanks, puis le quartier sera détruit.

René Bousquet et le préfet régional Lemoine obtiendront que l'opération soit conduite par la police française.

Elle débutera le 24 janvier 1943 à 5 heures du matin. Les destructions seront moins étendues que celles prévues par les Allemands, et les « déportés » ne seront que… 20 000, dont la moitié seront internés dans un camp « français » à Fréjus et éviteront ainsi le départ pour le camp de Compiègne puis les camps de concentration en Allemagne.

**Le quartier du Vieux-Port après sa destruction
par les Allemands en janvier 1943.**

Moindre mal ?

Ce qui demeure, c'est que l'ordre du Führer a été exécuté par les forces de l'ordre françaises, que l'État français n'existe plus, que l'illusion entretenue de juillet 1940 au 11 novembre 1942 est morte.

La police de Pétain et de Laval n'a pas conduit à préserver la souveraineté française dans le cadre d'une « collaboration », elle a abouti – ainsi que de Gaulle le martèle depuis le 18 juin 1940 – à la soumission.

Et les Allemands exigent toujours plus.

Ils ont réussi à occuper la Tunisie où en novembre 1942 les Américains – étrange et grave oubli – n'ont pas débarqué. Les troupes françaises présentes dans le protectorat tunisien tentent en vain de s'opposer aux parachutistes allemands.

La Wehrmacht occupe la Tunisie. Mais le Grand Quartier Général allemand, installé à Tunis, semble ne pas vouloir s'emparer de la flotte française ancrée dans la rade de Bizerte.

Lorsque l'amiral Derrien, qui la commande, est convoqué à l'état-major allemand, il ne se doute pas – après plusieurs semaines de relations courtoises – que le général Nehring va lui donner trente minutes pour livrer intacts tous les vaisseaux français, la seule force militaire dont dispose Vichy.

Si l'ultimatum n'est pas exécuté, dit Nehring, « les équipages seront tués jusqu'au dernier officier et marin. On ne fera pas de prisonnier ».

Que faire ?
La Tunisie est entre les mains allemandes.

6.

C'est vers la Tunisie, désormais occupée par plus de 200 000 soldats allemands et italiens, que, en ces premiers jours de l'année 1943, se dirige Rommel.

Longue retraite depuis sa défaite à El-Alamein face à la VIIIe armée britannique du général Montgomery – « Monty ».

Rommel est sans illusions.

Il a installé son poste de commandement dans la ferme d'un colon, à la frontière nord de la Tripolitaine. Il lui faut atteindre le sud de la Tunisie, faire la jonction avec les forces allemandes et italiennes qui s'y trouvent.

Mais il est lucide et amer : il lui faudrait recevoir 50 tonnes de munitions et 1 900 tonnes d'essence par semaine et on lui en livre 30 et 800 tonnes !

Comment faire face au déferlement britannique ?

Il aperçoit dans un nuage de poussière une masse de 200 tanks anglais. Le ciel est, nuit et jour, occupé par des bombardiers et des chasseurs de la Royal Air Force.

La mer est parcourue par des vedettes rapides anglaises.

« Elles viennent de couler dix sur quatorze de nos chalands d'essence à l'ouest de Tripoli. »

« Terrible nouvelle. »

Rommel songe aussi à ce front de l'Est, à la VIe armée encerclée à Stalingrad. Tout semble s'effondrer.

« Paulus est encore plus mal en point que moi, note-t-il. Il a affaire à un adversaire plus inhumain. Nous ne pouvons plus mettre notre espoir qu'en Dieu qui ne nous abandonnera pas complètement. »

Il a besoin de se confier, de faire part à son épouse de ses doutes et de ses colères.

Car Mussolini le harcèle, lui demande de ne pas évacuer la Tripolitaine, symbole de l'*Impero*, cet Empire colonial italien que le Duce rêvait de bâtir.

« Vives réprimandes de Rome parce que nous ne résistons pas davantage à la pression ennemie, note-t-il. Nous voulons nous battre et nous nous battrons aussi longtemps que nous le pourrons. »

Mais comment le faire quand les munitions et l'essence manquent ?

Il faut évacuer Tripoli, faire sauter les installations du port, distribuer à la population misérable les stocks de vivres qu'on ne peut emporter.

« J'ai fait tout ce que j'ai pu pour tenir sur ce théâtre d'opérations malgré les difficultés indescriptibles. J'en suis profondément désolé pour mes hommes. Ils m'étaient infiniment chers. »

Il atteint enfin la frontière de la Tunisie, s'enfonce dans le pays d'une centaine de kilomètres, découvre cette ligne de blockhaus – la ligne Mareth – construite par les Français dans les années 1930-1940. Ils ne sont plus adaptés aux conditions de la guerre moderne. Rommel est épuisé, désespéré.

Il confie à sa « très chère Lu » :

« Physiquement, je ne vais pas trop bien. De violents maux de tête et les nerfs à bout, sans parler de quelques troubles de la circulation… Je suis si déprimé que j'ai de la peine à faire mon travail. Peut-être quelqu'un d'autre verrait-il plus clair dans cette situation et serait-il capable d'en sortir quelque chose. »

Mais il est déchiré par des sentiments contradictoires.

Quand il apprend qu'en raison de son état de santé il va être relevé de son commandement, et que son successeur sera le général italien Messe qui arrive directement de Russie, il s'emporte :

« Après l'expérience de cette retraite, je n'ai aucune envie de continuer à jouer le bouc émissaire de cette bande d'incapables ! »

Mais quelques jours plus tard, il ajoute :

« J'ai décidé de ne rendre mon commandement que sur ordre, sans tenir compte de mon état de santé. Dans une telle situation, je veux m'accrocher, même au-delà de toute limite, même contre l'avis des médecins. Vous comprendrez, très chère Lu, mon attitude. Le successeur qu'on m'a envoyé de Rome pourra bien attendre son tour. »

Il ne veut pas abandonner ses soldats.

On lui rapporte du Grand Quartier Général de Hitler « les plus chaudes congratulations du Führer dont j'ai encore toute la confiance ».

Mais il ne s'illusionne pas. Il écrit à son épouse :

« Les événements sont devenus très graves, ici en Afrique, et à l'Est aussi.

« Nous devons prévoir la mobilisation intégrale du travail pour tous les Allemands, sans considération de résidence, de condition sociale, d'âge ou de capacité. Pensez-y en temps opportun, chère Lu, pour trouver quelque chose qui vous convient. Notre fils lui-même devra bientôt prendre sa place devant un établi ou derrière un canon antiaérien. C'est, vous le savez bien, une affaire de vie ou de mort pour le peuple allemand.

« Je vous écris cela parce que je ne veux pas vous farder ce qui arrivera sans doute. C'est une idée à laquelle il vaut mieux se préparer de bonne heure afin de l'accepter plus facilement. »

On croit entendre en écho aux propos de Rommel le discours que prononcera Goebbels, le 18 février, dans lequel il martèlera l'idée qu'il faut conduire une guerre totale : la *Totalkrieg*.

Mais la lettre de Rommel précède de plusieurs semaines l'appel de Goebbels.

Rommel s'exprime non en nazi mais en soldat, en patriote qui croit encore à la nécessité de suivre le Führer.

Mais le désespoir ronge Rommel, alors même que la fidélité qu'il veut exprimer à ses hommes l'habite.

Le 7 février, il décide de rejeter les avis des médecins :

« Le docteur Horster est venu me voir hier et m'a conseillé de commencer mon traitement aussitôt que possible. Je me révolte de tout mon être contre l'idée de quitter ce champ de bataille tant que mes pieds peuvent me porter. »

Quelques jours plus tard, le 12 février, alors qu'il a décidé de ne quitter son commandement que « sur ordre », il dresse un bilan de son action.

« Deux ans aujourd'hui que je suis arrivé en Afrique. Deux ans de combats violents et tenaces, le plus souvent contre des ennemis très supérieurs.

« En ce jour, je pense aux troupes courageuses qui combattent sous mes ordres, qui ont loyalement fait leur devoir pour leur pays, et mis toute leur confiance dans leur chef.

Erwin Rommel sur le front de Tunisie en mars 1943.

« J'ai essayé, moi aussi, de faire mon devoir, non seulement dans ma propre sphère, mais aussi sur le plan plus général de notre cause.

« Nous devons faire l'impossible pour surmonter les dangers mortels qui nous assaillent. Malheureusement, tout n'est qu'une affaire de ravitaillement.

« J'espère qu'on approuvera ma décision de rester avec mes troupes jusqu'à la fin. Un soldat ne peut faire autrement. »

Mais lorsqu'il écrit à sa « très chère Lu », Rommel ajoute, dévoilant la cause profonde de ce choix :

« À vrai dire, tout ce qu'on peut souhaiter c'est de rester au front. »

Et d'y mourir si Dieu le veut.

« Je dois ma gratitude et mon admiration à mes troupes, conclut-il, qui, en dépit de la retraite, de la détestable nourriture, de la perpétuelle tension d'esprit, n'ont jamais faibli dans les pires circonstances, gardant jusqu'à la fin la même valeur combative qu'au jour où elles prirent Tobrouk. »

Grâce à ces qualités, « l'armée a pu faire face – selon Rommel – à toutes les difficultés, malgré le haut commandement germano-italien qui, confortablement installé en Europe, ne trouva jamais rien de mieux, comme remède à nos misères, que des ordres de résistance jusqu'au bout ».

Que s'est-il passé d'autre à Stalingrad ?

7.

Où est ce renard de Rommel ?

De Gaulle, dans son bureau de Carlton Gardens,
le siège de la France Combattante à Londres, a fait
déployer une carte de la Tunisie.

Il pointe du doigt le défilé de Faïd, au nord de
Gabès.

Là, le 2 décembre 1942, un bataillon du 7e régiment
de tirailleurs algériens, appuyé par des parachutistes
américains, a bousculé la Ve armée allemande, première victoire de l'armée d'Afrique depuis son entrée
dans la guerre.

Les tirailleurs avaient fait 120 prisonniers.

De Gaulle reste un long moment penché sur la carte,
puis d'un mouvement brusque il se redresse.

Il murmure : « Que de temps perdu ! »

Le général Giraud et l'amiral Darlan – ce dernier
« exécuté » le 24 décembre 1942 par le jeune patriote
Bonnier de La Chapelle qu'on a fait fusiller dans la
nuit – ont commencé par résister au débarquement
des troupes américaines.

Quel gâchis, que de souffrances vaines : 3 000 Français tués ou blessés, des pertes identiques du côté des Américains.

Et la Tunisie oubliée dans les plans américains ! Les Allemands et les Italiens ont occupé le pays et il faut maintenant les chasser.

Où est ce renard de Rommel ?

Il devra faire face aux troupes américaines venues d'Algérie, appuyées par les « giraudistes », et aux Anglais de Montgomery progressant du sud vers le nord, de la Tripolitaine à la Tunisie.

« Bientôt, dit de Gaulle d'une voix solennelle, la colonne du général Leclerc qui a conquis le Fezzan fera sa jonction avec les troupes britanniques. »

« Que d'années perdues ! » répète de Gaulle.

Si en 1940 l'Afrique du Nord avait refusé de suivre Pétain et Laval, le sort de la guerre, de la France eût été différent.

Or rien n'est réglé en ce début d'année 1943 !

« Ce qui se passe en Afrique du Nord, du fait de Roosevelt, est une ignominie, dit de Gaulle. Une sorte de nouveau Vichy, sans Pétain, est en train de se reconstituer sous la coupe des États-Unis. »

La législation antisémite de Vichy est maintenue. Les gaullistes qui ont préparé le débarquement américain sont menacés, poursuivis, certains incarcérés. La presse est censurée. Les prisonniers politiques, c'est-à-dire les partisans de la France Libre, continuent d'être parqués dans des camps de concentration.

« L'effet de cette situation sur la résistance en France est désastreux, reprend de Gaulle. Quelques gaffes de cette sorte commises par les Américains, et la Résistance ne croira plus à la capacité et à la pureté de la France Combattante. Ce sont les communistes qui se présenteront comme les durs et les purs alors qu'ils ont commencé la guerre en désertant le combat, alors qu'ils ont attendu l'entrée en guerre de l'URSS pour me faire un signe et ne plus m'attaquer. »

De Gaulle marche de long en large, bras croisés, buste penché.

Il sent, il sait que le moment est crucial.

Roosevelt, suivi par Churchill, veut se débarrasser de la France Combattante, s'appuyer sur ce général Giraud qui a fait acte d'allégeance à Pétain mais qui est aussi un adversaire résolu des Allemands.

De cette manière, on écartera de Gaulle et ses ambitions.

Ce de Gaulle, répète le président des États-Unis, personne ne l'a élu, « c'est un fanatique et une nature fasciste ! La légitimité, c'est Pétain qui l'incarne. Il faut briser ce général de coup d'État qui veut reconstituer l'Empire français ».

Mais Roosevelt en est persuadé, l'heure est à la fin des colonies. Maroc, Algérie, Tunisie, Afrique-Occidentale ou Équatoriale, tous ces territoires doivent accéder à l'indépendance ou la retrouver !

Quant à Churchill, dans un grand discours à la Chambre des communes réunie en comité secret, il a justifié les choix de Roosevelt.

Le Premier ministre anglais a déversé toutes ses rancœurs accumulées contre de Gaulle, évoquant le « caractère difficile du général », l'« étroitesse » des vues de cet « apôtre de l'anglophobie ».

« Je ne vous recommanderai pas de fonder tous vos espoirs et votre confiance sur cet homme, a-t-il dit aux députés. Il ne faut pas croire qu'à l'heure actuelle notre devoir serait de lui confier les destinées de la France, pour autant que cela soit en notre pouvoir… Nous ne l'avons jamais reconnu comme représentant de la France… Je ne puis croire que de Gaulle incarne la France. »

Qu'opposer à ce réquisitoire de Roosevelt et de Churchill ?

La vague patriotique qui en cette mi-janvier 1943 soulève la France se tourne vers de Gaulle.

À Londres, de Gaulle reçoit le socialiste Christian Pineau, d'autres résistants du mouvement *Libération* qui arrivent du pays occupé qui tous réclament la constitution d'un Comité national où se regrouperaient les représentants des partis et des mouvements de résistance.

Il écoute. On lui apporte, ce 16 janvier, une longue lettre de Léon Blum qui, de sa prison, insiste pour qu'il mette sur pied un « programme de rassemblement national ». Blum indique qu'il a écrit à Churchill et à Roosevelt : « On sert la France démocratique en aidant le général de Gaulle à prendre dès à présent l'attitude d'un chef. »

De Gaulle ferme à demi les yeux.

Il se souvient de ce jour de 1936 où Blum, président du Conseil, l'avait reçu, harcelé par les téléphones, impuissant à entreprendre la réforme de l'armée. De Blum, acceptant et même se félicitant de Munich. De Blum favorable, le 16 juin 1940, à la constitution d'un gouvernement Pétain. Et ce Blum aujourd'hui, homme honnête, soucieux de l'avenir du pays et apportant son concours à la France Combattante.

De Gaulle, allant et venant dans son bureau, fumant cigarette sur cigarette, médite longuement. Il se sent capable de gagner cette partie, parce qu'il ne joue que pour la France et en son nom.

Mais il faut être sur ses gardes à chaque instant.

Que veut Eden, le ministre des Affaires étrangères anglais, qui le convoque le 17 janvier 1943 à midi au Foreign Office pour une « communication hautement confidentielle » ?

Eden paraît gêné, lançant des coups d'œil à sir Alexander Cadogan, qui l'assiste, expliquant que le Premier ministre et le président Roosevelt sont au Maroc depuis quatre jours.

Puis il tend un télégramme de Churchill. De Gaulle lit en silence.

« Je serais heureux que vous veniez me rejoindre ici par le premier avion disponible – que nous fournirons. J'ai en effet la possibilité d'organiser un entretien entre vous et Giraud dans des conditions de discrétion complète... »

De Gaulle regarde Eden. Il ne lui remettra sa réponse qu'après réflexion, dit-il. Qui invite ? Churchill seulement, ou bien le Premier ministre et le président des États-Unis ?

Veut-on qu'il soit le « poulain » des Britanniques parce que Giraud est celui des Américains ? Est-ce ainsi que l'on traite la France ? Dans un territoire sous souveraineté française ?

À 17 heures, il est de retour au Foreign Office. Il lit à Eden sa réponse à Churchill.

« Votre message est pour moi assez inattendu... Je rencontrerais volontiers Giraud en territoire français où il le voudra et dès qu'il le souhaitera... mais l'atmosphère d'un très haut aréopage allié autour de conversations Giraud-de Gaulle et d'autre part les conditions soudaines dans lesquelles ces conversations me sont proposées ne me paraissent pas les meilleures pour un accord efficace. »

Il lève la tête. Eden paraît accablé. Sans doute Churchill a-t-il affirmé à Roosevelt qu'il convoquerait son « coq » puisque Roosevelt a le sien. Car Giraud, naturellement, a obtempéré. Le Premier ministre doit craindre de perdre la face devant le président des États-Unis. Il va donc réagir avec violence.

« Des entretiens simples et directs entre chefs français seraient, à mon avis, poursuit de Gaulle, les plus propres à ménager un arrangement vraiment utile. »

Il va à nouveau télégraphier à Giraud qu'il est prêt à le « rencontrer en territoire français entre Français ».

Que veulent les Alliés ? interroge-t-il. Une « collaboration » ? Un nouveau « Montoire » à leur profit ?

Il sort du Foreign Office en compagnie de son aide de camp, le capitaine Teyssot.

« Ils essaieront de me mêler à leur boue et leurs saletés en Afrique du Nord, dit-il. Ils veulent me faire avaler Vichy : il n'y a rien à faire, je ne marcherai pas. »

Il va quitter Londres demain, se rendre auprès des Forces navales Françaises Libres à Weymouth. Peut-être réussira-t-il à dire quelques mots à Philippe. En tout cas, il verra des combattants. Et il respirera l'air libre de la mer.

Il fait froid, ce 18 janvier 1943, sur l'appontement de Weymouth. Il bruine. De Gaulle aperçoit au dernier rang des marins et des aspirants qui l'entourent son fils Philippe. Un bref regard. Une émotion qu'il faut contenir pour s'adresser à ces hommes, leur expliquer en quelques mots qu'aucun compromis n'est possible entre la France Combattante, eux, et les anciennes autorités de Vichy. Puis un aspirant de grande taille lui prête son ciré. Car de Gaulle veut partager, ne fût-ce que quelques heures, la vie de ces marins, connaître l'existence que mène Philippe. De Gaulle monte à bord de la vedette du chef de patrouille.

Le vent, les embruns, l'horizon gris qu'il scrute avec des jumelles depuis l'étroite passerelle. La vedette creuse son sillon à grande vitesse. Et ce n'est qu'au bout de trois heures que de Gaulle donne le signal du retour. Il aperçoit, au moment où la vedette stoppe le moteur, Philippe qui, sur son navire, commande la manœuvre.

Mais il faut déjeuner à l'hôtel Gloucester, avec les autorités de la base. Et l'heure du départ approche.

De Gaulle s'isole un quart d'heure dans un petit bureau. Voici Philippe, enfin ! Si frêle d'apparence, mais qu'il sent vigoureux cependant. On n'échange que quelques phrases. Une accolade un peu plus longue qu'à l'habitude.

Charles de Gaulle et son fils Philippe.

Il regarde son fils s'éloigner. Quand le reverra-t-il ? À la grâce de Dieu !

Il s'attend, dès son retour à Londres, à recevoir un nouveau message de Churchill, qui sera, il en est convaincu, menaçant.

Mais la colère bouillonne en lui quand il lit, le 19 janvier, le texte du télégramme de Churchill : « Je suis autorisé à vous dire que l'invitation qui vous est adressée vient du président des États-Unis, aussi bien que de moi-même... Les conséquences de ce refus, si vous persistez, porteront un grave dommage à la France Combattante... Les conversations devront avoir lieu même en votre absence... »

Menace ! Chantage ! De Gaulle ne peut pas décider seul, le moment est trop grave. Il réunit le Comité national. Il est réticent, mais la majorité se prononce pour la participation aux conversations. Il grimace.

« J'irai au Maroc pour me rendre à l'invitation de Roosevelt, dit de Gaulle. Je n'y serais pas allé pour Churchill seul. »

Il lit lui-même à Eden, d'une voix sèche et méprisante, le texte de sa réponse :

« Vous me demandez de prendre part à l'improviste... à des entretiens dont je ne connais ni le programme ni les conditions, et dans lesquels vous m'emmenez à discuter soudainement avec vous de problèmes qui engagent à tous égards l'avenir de l'Empire français et celui de la France...

« Mais la situation générale de la guerre et l'état où se trouve provisoirement la France ne me permettent pas de refuser de rencontrer le président des États-Unis et le Premier ministre de Sa Majesté... »

De Gaulle s'installe dans l'avion. Le siège est étroit, le froid vif. Boislambert, l'un des premiers Français Libres, ne peut trouver place que sur un tas de cordages aux pieds de De Gaulle.

De Gaulle se retourne. La cabine est encombrée, le capitaine Teyssot est assis au fond, à même le plancher.

De Gaulle ne souffre pas physiquement de cet inconfort. Il ferme les yeux. Il somnole. Boislambert s'est endormi et appuie sa tête sur son genou. Mais cet avion glacé où les Anglais ont entassé des représentants de la France Combattante est le symbole de la faiblesse française, du mépris britannique.

À Gibraltar, dans la douceur du climat qui contraste déjà avec l'humidité londonienne, le général MacFarlane est aimable. Mais à l'arrivée, le 22 janvier, à l'aéroport de Fedala, de Gaulle se sent à nouveau humilié. Cette terre marocaine est sous la souveraineté française, et cependant il n'y a pas de garde d'honneur pour accueillir le chef de la France Combattante. Seulement le général américain Wilbur, que de Gaulle reconnaît. Wilbur était élève à l'École de guerre. Il y a un représentant de Churchill et le colonel de Linarès, qui transmet une invitation à déjeuner de Giraud. Et partout, des sentinelles américaines. Au moment où il monte dans la première voiture, de marque américaine remarque-t-il, de Gaulle voit Wilbur tremper un chiffon dans la boue et barbouiller les vitres du véhicule. La venue de De Gaulle doit demeurer secrète.

On arrive dans le quartier d'Anfa, situé sur une colline. De grandes villas sont dispersées dans un parc. De Gaulle descend. Il remarque les postes de garde américains, les barbelés, les sentinelles qui vont et viennent, empêchant quiconque de sortir ou d'entrer sans l'autorisation du commandement américain.

Il est sur une terre « française » et il se sent captif. On lui inflige une « sorte d'outrage ».

Donc, ici, plus que jamais, face à ce Premier ministre et à ce Président qui agissent en souverains, il ne faut pas céder d'un pouce. Question de dignité. Et choix politique : que serait demain la France libérée si elle avait commencé d'accepter la loi de deux « protecteurs » ?

Nous battons-nous pour changer d'occupants et de maîtres ?

Il salue Giraud, qui n'a pas changé depuis qu'ils s'étaient croisés à Metz, en 1938, avec sa vanité à fleur de peau, ce ton de condescendance et cette assurance presque naïve.

« Bonjour, Gaulle, lance Giraud.

— Bonjour, mon général, répond de Gaulle. Je vois que les Américains vous traitent bien ! »

Giraud ne paraît pas avoir saisi la critique. Soyons plus précis !

« Eh quoi, reprend de Gaulle, je vous ai par quatre fois proposé de nous voir et c'est dans cette enceinte de fil de fer, au milieu des étrangers, qu'il me faut vous rencontrer ! Ne sentez-vous pas ce que cela a d'odieux au point de vue national ? »

Boislambert s'approche, lui dit à voix basse que la maison est surveillée par des sentinelles américaines.

Inacceptable. Deux chefs français ne peuvent être gardés par d'autres troupes que celles qui relèvent de leur commandement. De Gaulle ne passera à table que lorsque des soldats français auront remplacé les Américains.

Une heure et demie d'attente. Enfin, voici la Légion qui prend position.

On peut commencer à déjeuner. Giraud raconte son « évasion extraordinaire » d'Allemagne.

« Mais comment avez-vous été fait prisonnier, mon général ? » demande de Gaulle.

Puis il se tourne vers Boislambert. Que le commandant raconte ce qu'il a vu dans les prisons de Vichy et en France occupée. Que Giraud comprenne ce qui se passe dans le pays.

Boislambert parle des cheminots, des masses ouvrières qui se soulèvent contre l'occupant. Giraud hausse les épaules. La Résistance, dit-il, ce sont les élites. Puis il évoque les gouverneurs des colonies, Boisson, Noguès, tous ces hommes de Vichy dont la collaboration lui paraît indispensable.

À quoi bon poursuivre ?

Dans l'après-midi, Churchill.

Le Premier ministre est tendu.

De Gaulle s'emporte. Il ne serait pas venu, dit-il, s'il avait vu qu'il serait « encerclé en terre française par des baïonnettes américaines ».

« C'est un pays occupé ! s'écrie en français Churchill. Si vous m'obstaclerez, je vous liquiderai. »

Puis il se calme, esquisse sa solution au problème français. Un triumvirat, de Gaulle, Giraud et le général Georges que l'on ferait venir de France.

Georges ! L'adjoint de Gamelin !

« Pour parler ainsi, répond de Gaulle, il faut que vous perdiez de vue ce qui est arrivé à la France… »

Il écoute silencieusement quand Churchill menace, prétend qu'il faut accepter la présence des hommes de Vichy, Noguès, Boisson, Peyrouton, ancien ministre de l'Intérieur de Vichy, Bergeret. Ils entreraient au Comité national.

« Les Américains les ont maintenant adoptés et veulent qu'on leur fasse confiance », conclut-il.

De Gaulle se lève.

« Je ne suis pas un homme politique qui tâche de faire un cabinet et tâche de trouver une majorité... », dit-il.

« Ce soir, reprend Churchill, vous conférerez avec le président des États-Unis et vous verrez que, sur cette question, lui et moi sommes solidaires. »

Qu'imaginent-ils ? Qu'il va céder ?

Il apprend que, avant de le recevoir, Roosevelt a donné un grand dîner en l'honneur du sultan du Maroc et laissé entendre que la France ne pourra plus être une grande puissance assumant un protectorat.

Que croit donc Roosevelt ?

De Gaulle parcourt à grands pas en compagnie de Boislambert les quelques centaines de mètres qui séparent sa villa de celle du Président. Il entre dans le salon, qu'il traverse de trois longues enjambées. Roosevelt, vêtu d'un costume blanc, est à demi étendu sur un vaste canapé qui occupe tout le fond de la pièce. Il ouvre les bras pour accueillir de Gaulle.

« Je suis sûr que nous parviendrons à aider votre grand pays à renouer avec son destin, dit-il.

— Je suis heureux de vous l'entendre dire », répond de Gaulle.

Il s'est assis près du Président. Il distingue des silhouettes derrière le rideau au-dessus de la galerie du living-room. Il lui semble même que ces hommes, sans doute les membres du service de protection, sont armés.

On le tient en joue, comme si l'on craignait qu'il n'agresse Roosevelt !

« Les nations alliées, reprend Roosevelt, exercent en quelque sorte un mandat politique pour le compte du peuple français. »

De Gaulle le dévisage. Roosevelt sourit, prononce quelques phrases aimables. Il veut séduire. Se rend-il compte qu'il « assimile la France à un enfant en bas âge qui a absolument besoin d'un tuteur » ?

« La volonté nationale a déjà fixé son choix », dit de Gaulle.

L'entretien est terminé.

De Gaulle rentre à pas lents avec Boislambert. Il fait beau. La vue est vaste et calme. De Gaulle s'assoit quelques instants sur un banc. « Il faut, dit-il à Bois-lambert, que vous franchissiez secrètement le réseau de barbelés et apportiez une lettre au commandant Touchon. »

Cet officier a été élève de De Gaulle à Saint-Cyr et il réside à Casablanca.

Dans la nuit, d'une tiédeur exceptionnelle pour ce 23 janvier 1943, de Gaulle écrit :

« Mon cher ami,

« Comme vous vous en doutez, je me trouve ici depuis hier, attiré par l'aréopage anglo-américain qui s'est enfermé dans cette enceinte… Il s'agit d'obliger la France Combattante à se subordonner au général Giraud… Le désir des Américains… vise à maintenir Vichy pour le ramener dans la victoire… et établir un pouvoir français qui ne tienne que grâce à eux et n'ait par conséquent rien à leur refuser... J'ai vu le général Giraud... dans l'ambiance qu'ils ont créée ici pour la circonstance et qui rappelle celle de Berchtesgaden. Giraud me fait l'effet d'un revenant de 1939... Je crains qu'on ne le manœuvre aisément en pesant sur sa vanité... Je n'accepterai certainement pas la combinaison américaine... Dans l'hypothèse extrême d'une rupture, Washington et Londres présenteront les choses à leur manière, c'est-à-dire en m'accablant. J'aurai alors peu de moyens d'informer la France et l'Empire. C'est pourquoi je vous écris cette lettre en vous demandant d'en faire et d'en faire faire état le plus publiquement possible si les choses se gâtaient tout à fait... Les bons Français d'Afrique du Nord pourront voir ainsi que je ne les aurai pas trahis. »

Il confie la lettre à Boislambert. Il se sent mieux. Demain, il verra Giraud.

Pénible discussion. Il montre à Giraud la déclaration de fidélité à Pétain que celui-ci a signée en 1942.

« C'est vrai, j'avais oublié », dit négligemment Giraud.

Et pourtant, cet homme est un patriote. Mais il est satisfait du plan anglo-américain : le triumvirat Giraud, de Gaulle, Georges, où naturellement il jouerait le rôle principal.

De Gaulle dit d'une voix ironique :

« En somme, c'est le Consulat, à la discrétion de l'étranger. Mais Bonaparte obtenait du peuple une approbation pour ainsi dire unanime... »

Il ne signera pas le communiqué que préparent le consul américain, Robert Murphy, et l'Anglais Mac-

Millan. Il ne se prêtera pas à cette « combinaison » dictée par l'étranger.

« Mais, dit-il, j'accepterai de revoir le Président et le Premier ministre. »

Dès les premiers mots, le 24 janvier, il mesure la véhémence de Churchill. Il reste impassible.

« Je vous accuserai publiquement d'avoir empêché l'entente avec Giraud, tempête Churchill. Je dresserai contre votre personne l'opinion de mon pays et j'en appellerai à celle de la France. Je vous dénoncerai aux Communes et à la radio. »

De Gaulle le toise.

« Libre à vous de vous déshonorer », dit-il.

Maintenant, il faut voir Roosevelt, refuser encore, malgré le ton énergique du Président, qui tout à coup se calme.

« Dans les affaires humaines, il faut offrir du drame au public, dit Roosevelt.

— Laissez-moi faire, dit de Gaulle, il y aura un communiqué, bien que ça ne puisse être le vôtre. »

Ce sont les derniers moments de la conférence. Churchill arrive en même temps qu'une foule de chefs militaires et de fonctionnaires alliés qui se rassemblent autour de Roosevelt.

Churchill est rouge de colère. De Gaulle le voit s'avancer, l'index levé. Churchill crie en français :

« Mon général, il ne faut pas obstacler la guerre ! » Pourquoi répondre ?

De Gaulle lui tourne le dos. Roosevelt est aimable, souriant.

« Accepteriez-vous tout au moins, dit-il, d'être photographié à mes côtés et aux côtés du Premier ministre britannique en même temps que Giraud ?

— Bien volontiers, car j'ai la plus haute estime pour ce grand soldat.

— Iriez-vous jusqu'à serrer la main du général Giraud en notre présence et sous l'objectif ?

— *I shall do that for you.* »

On sort dans le jardin. On installe des fauteuils. On porte Roosevelt, qui sourit, la tête levée.

Churchill, le chapeau enfoncé jusqu'aux sourcils, mâchonne son cigare, s'efforce lui aussi de sourire. Comédie.

De Gaulle serre la main de Giraud à l'invitation de Roosevelt, puis recommence à la demande des photographes.

L'essentiel est d'avoir su dire non.

Il reste, pour conclure la pièce, à rédiger un texte anodin. De Gaulle l'écrit, mais Giraud récuse l'expression « libertés démocratiques ».

Il marmonne : « Vous y croyez, vous ? »

Il propose « libertés humaines ». Va pour ces mots-là. Le texte est enfin rendu public.

« Nous nous sommes vus. Nous avons causé. Nous avons constaté notre accord complet sur le but à atteindre, qui est la libération de la France et le triomphe des libertés humaines par la défaite totale de l'ennemi. »

De Gaulle va et vient dans le jardin de la villa.

Il a demandé qu'on lui procure un avion pour se rendre auprès des troupes de Leclerc. La réponse tombe, sèche. Le seul appareil disponible pour quitter le Maroc est britannique et il a Londres pour destination.

C'est un premier signe. De Gaulle sait que Londres et Washington vont désormais entraver chacune de ses initiatives.

On lui rapporte déjà que Roosevelt raconte aux journalistes que de Gaulle lui a déclaré : « Je suis Clemenceau, je suis Jeanne d'Arc, je suis Colbert et je suis Louis XIV. »

On veut l'atteindre, le ridiculiser.

Alors, en cette fin janvier 1943, au moment où les Russes remportent la victoire de Stalingrad, où il est évident que la guerre est à terme gagnée, ce sont peut-être les jours les plus difficiles qui commencent pour la France Combattante.

Mais il se battra. Et la France l'emportera.

Rentré à Londres, de Gaulle, assis à son bureau de Carlton Gardens, parcourt les premières pages des journaux. Les photos de la conférence d'Anfa couvrent plusieurs colonnes des quotidiens américains parvenus avec quelques jours de retard à Londres.

Humiliation, colère, révolte.

La mise en scène photographique laborieuse dans les jardins marocains est devenue le symbole des prétentions et de la victoire américaines. Roosevelt, souriant, assis, paternel, est le maître qui oblige les deux généraux français à se réconcilier, tels deux garnements que l'on tire par l'oreille. Churchill, bougon, est à droite de la photographie, comme s'il était las d'avoir tenté, en vain, de rapprocher deux personnages insupportables, si ridicules, si démodés dans leurs uniformes d'un autre âge !

**La poignée de main des généraux Giraud
et de Gaulle en compagnie de Roosevelt
et de Churchill à la conférence d'Anfa.**

Voilà l'image que l'on veut donner de la France !

Il lit quelques lignes des correspondances des envoyés spéciaux. Les journalistes rapportent les bons mots de Roosevelt sur la « capricieuse lady de Gaulle », Jeanne d'Arc ! Le Président a dit à Churchill :

« J'ai amené le marié – Giraud –, où donc est la mariée ? »

Et comme de Gaulle se faisait attendre, le Président a poursuivi :

« Qui paie la nourriture de De Gaulle ?

— Eh bien, c'est nous, a répondu Churchill.

— Pourquoi ne pas lui couper les vivres ? Il viendra peut-être », a renchéri Roosevelt.

« La mariée est venue », conclut l'article.

De Gaulle a besoin de se calmer. Il se lève, fume devant la fenêtre. Londres est écrasé sous des nuages bas. Il se sent enfermé dans cette ville. La France Combattante est devenue trop grande pour y demeurer, entravée, calomniée. Car, avec les matières premières et les produits alimentaires venus d'Afrique, elle n'est plus dépendante des crédits de l'Angleterre. Mais on la tient pourtant serrée au cou. On veut la contraindre, l'étouffer.

Il convoque son aide de camp. Voilà des jours déjà qu'il a demandé au gouvernement britannique un avion afin de se rendre au Caire. Il veut inspecter les troupes qui combattent aux côtés de la 8ᵉ armée britannique au sud de la Tunisie. Aucune réponse ? Il faut donc attendre.

Il s'assied, découvre les journaux venus d'Afrique du Nord. Ils publient les mêmes photos, mais on n'y voit que Giraud ! De Gaulle a disparu des clichés. Effacé de l'Histoire, avec la France Combattante. Voilà l'intention. Il faut alerter tous les compagnons, écrire au général Leclerc et au gouverneur général Éboué. Il faut que tous sachent quel est l'enjeu : « Nous faire disparaître dans un système local africain… En outre, la chose française serait, comme Giraud lui-même, à la discrétion des Américains. »

Tout cela est si évident ! Et pourtant, ici même, à Carlton Gardens, de Gaulle perçoit chez certains des commissaires nationaux – ainsi René Massigli, un ambassadeur qu'il a nommé aux Affaires étrangères –, dans ce milieu français de Londres, André Labarthe, Muselier, Raymond Aron, les journalistes et certains des hommes politiques venus de France – ainsi le socialiste Félix Gouin – des réticences ou même une opposition. Massigli et, à Alger, le général Catroux sont pour la réconciliation. Et les autres, pour soutenir Giraud afin qu'il les débarrasse de De Gaulle, alimentent en ragots, en calomnies les services de l'ambassade américaine à Londres. De Gaulle n'est qu'un Bonaparte, susurre Raymond Aron. Il a exigé, dit-on, un serment d'allégeance personnelle, comme le fait le Führer pour ses fidèles, et le BCRA (Bureau Central de Renseignements et d'Action) agit comme la Gestapo, enlève, torture. Le service secret de la France Combattante serait un repaire de cagoulards ! Et le Tout-Londres politique bruisse de ces rumeurs, des propos de Churchill qui se dit « écœuré par le général de Gaulle ». Le Premier ministre répète qu'il a pris soin de De Gaulle « un peu comme on élève un jeune chien… qui mord maintenant la main qui l'a nourri ». « Tout en affectant des sympathies communistes, assure-t-il, de Gaulle a des tendances fascistes ! »

Supporter tout cela.

Heureusement, il y a les Français qui se battent. Et ces ralliements de plus en plus nombreux. Des marins par centaines – ceux du cuirassé *Richelieu*, de paquebots, de cargos, d'avisos – qui quittent le bord, à New York ou dans les ports d'Écosse, qui refusent d'être au service des autorités d'Alger et demandent à s'engager dans la France Combattante. Ils télégraphient : « Dès que vous en aurez donné l'ordre, la marque à croix de Lorraine sera hissée sur ce bâtiment. »

Et les autorités américaines emprisonnent ces marins, dénoncent la propagande gaulliste ! Et les Anglais hésitent à les accueillir !

Il faut tenir. Tout le visage de De Gaulle exprime la volonté. Il dit, les dents à demi serrées :

« Restons fermes. Marchons droit. Vous verrez qu'on reconnaîtra que nous fûmes les plus habiles parce que nous fûmes les plus simples. »

Mais jamais, depuis juin 1940, il n'a ressenti une telle pression. Il se souvient des semaines qui ont suivi Mers el-Kébir ou l'échec de Dakar, ou il y a quelques mois seulement le débarquement en Afrique du Nord. Chaque fois, la tempête était forte. Maintenant, c'est le cap Horn. Si la France Combattante le double, si Giraud la rallie, alors plus rien ne pourra empêcher le navire d'aller jusqu'à la victoire.

Mais pas d'union avec Giraud à n'importe quel prix. Pas de compromis avec l'« idéologie de Vichy ».

Il faut marteler à Catroux, qui se trouve à Alger, qui négocie avec Giraud, cette exigence.

« Nous n'entendons pas nous présenter en Afrique du Nord autrement que nous ne sommes… Le pays se fait de nous une certaine

Le général Catroux.

conception et met en nous une certaine confiance, non seulement pour le présent mais aussi pour l'avenir. Nous n'avons pas le droit de le priver nous-mêmes de cette foi et de cette espérance. »

Il hausse les épaules, il a un mouvement d'impatience.

« Ce n'est pas notre faute si la France est en crise politique et morale, autrement dit en révolution, en même temps qu'elle est en guerre. »

Catroux comprendra-t-il ? De Gaulle a confiance en ce général habile, diplomate-né, fidèle et qui connaît bien Giraud. Mais peut-être Catroux ne mesure-t-il pas qu'il faut parfois renoncer aux compromis, demeurer intransigeant.

« Rien ne serait plus fâcheux et, j'ajoute, plus douloureux qu'une discordance entre votre attitude et la mienne dans cette conjoncture capitale », lui écrit-il.

Car de Gaulle sent la tension monter. Chacun perçoit que c'est pour la France le tournant décisif. Si Giraud l'emporte – et derrière lui les Anglais et les Américains –, si l'union se fait selon le diktat de Roosevelt, alors c'en est fini de la souveraineté française.

On murmure que Roosevelt a un projet de partage du monde et que Churchill, à quelques nuances près, l'accepte. États-Unis, Russie, Grande-Bretagne constitueraient une sorte de directoire. La France et les petits pays européens – dont elle ferait partie désormais – y seraient soumis. On remodèlerait ses frontières.

« Roosevelt a préconisé la création d'un État appelé Wallonie, qui comprenait la partie wallonne de la Belgique ainsi que le Luxembourg, l'Alsace-Lorraine et une partie du nord de la France ! »

La nation, une fois les Allemands chassés et vaincus, resterait pour une année ou deux sous contrôle des armées d'occupation américaines !

Voilà ce qui est en jeu, voilà pourquoi on veut le faire céder.

8.

De Gaulle ne cédera pas.

Il a le visage fermé des jours de grande colère. Il sent la France humiliée par ces « deux empereurs », Roosevelt et Churchill.

Il a l'impression que sa bouche est remplie d'une salive amère.

Il a accepté à contrecœur de se prêter à cette mise en scène de la conférence d'Anfa, de la séance de photographie avec le général Giraud, mais la blessure qu'on lui a infligée, qu'il a subie, reste douloureuse.

« Le général de Gaulle est revenu à Londres, note un journaliste du *New York Times*, avec autant de soufre jaillissant de son nez et autant d'étincelles jaillissant sous ses talons que lorsqu'il était parti pour Anfa. »

Il confie, avec une moue de dégoût et d'une voix méprisante, hautaine :

« Je n'aurais jamais consenti à vivre à Anfa, dans cette maison sous la protection de barbelés et de baïonnettes américaines si je n'avais appris qu'elle appartient à un Danois et non à un Français. »

Et il rappelle qu'il a exigé que les sentinelles américaines soient relevées par des hommes de la Légion étrangère sous commandement français.

Il y a plus grave.

On lui a fait jouer les figurants. Toutes les décisions ont été prises par Roosevelt et Churchill, comme si la France, son Empire, cette Afrique du Nord française n'existaient plus !

Voilà la vraie blessure.

Pire encore.

Il voudrait se rendre en Algérie, voire en Syrie, et pourquoi pas à Moscou afin d'échapper aux pressions et à la surveillance anglo-américaines.

Mais on lui remet une lettre du Foreign Office qui est une interdiction de quitter l'Angleterre en le soumettant à un chantage : on lui fournira un avion après qu'il aura conclu un accord avec le général Giraud !

De Gaulle relit la lettre, dents serrées :

« Le gouvernement de Sa Majesté pense qu'il serait plus sage que le voyage du général de Gaulle ne soit pas entrepris, tant que les relations entre le Comité national – que de Gaulle préside – et l'administration d'Alger – aux mains de Giraud – ne sont pas encore réglées. Le gouvernement anglais regrette donc de ne pouvoir, pour le moment, accorder les moyens que le général de Gaulle a demandés. »

De Gaulle rejette la lettre, rugit :

« Alors, je suis prisonnier ! »

Il sort de son bureau à grandes enjambées.

Il fulmine, il peste parce qu'il sait bien que Churchill et Roosevelt ont pris des décisions majeures, vont déterminer les orientations de la guerre et donc le destin de la France.

« Je vois l'Afrique du Nord comme un tremplin et non comme un sofa », a dit Churchill et, bien que relégué par Roosevelt au rôle de second, il réussit à faire adopter par les Américains ses plans de guerre.

On bombardera l'Allemagne afin de briser la confiance de ce peuple en son Führer. On transformera les villes en champs de ruines.

Churchill ne se fait guère d'illusions sur les conséquences militaires de ces « bombardements stratégiques », mais ils font patienter… Staline attend toujours l'ouverture du second front en France. Et il faut satisfaire Staline, puisque le front de l'Est est le tombeau de la Wehrmacht, qui y déploie 185 divisions.

Alors Churchill appuie le maréchal « bomber » Harris, placé à la tête du *Bomber Command*.

Churchill fait aussi accepter par Roosevelt le choix de la Sicile comme objectif du prochain débarquement, à réaliser dès que les troupes germano-italiennes auront été chassées de Tunisie. C'est un général américain, Eisenhower, qui est placé à la tête des forces alliées, mais Churchill place autour de lui des Britanniques.

Ces décisions majeures sont préparées par les « experts » militaires, mais elles sont discutées, adoptées ou rejetées dans un tête-à-tête des « deux empereurs ».

« Roosevelt et Churchill se réunissent d'ordinaire tard dans la nuit », note le ministre anglais MacMillan qui, en résidence à Alger, suit toutes les questions d'Afrique du Nord et donc les relations avec de Gaulle.

« L'humeur du président Roosevelt est celle d'un écolier en vacances, ce qui explique la manière presque frivole dont il aborde certains des problèmes difficiles qu'il a à traiter », confie le diplomate américain Robert Murphy, lui aussi en poste à Alger et acteur majeur de la préparation du débarquement en Afrique du Nord, le 8 novembre 1942.

« Tout cela ressemble, confie MacMillan, à un mélange de croisière, de séminaire et de camp de vacances, au milieu de ce décor oriental incroyablement fascinant. La villa de Churchill *(Mirador)* est gardée par des Royal Marines, mais pour le reste, tout est assez simple. La curieuse habitude de Churchill de passer la plus grande partie de la journée au lit et de veiller toute la nuit éreinte quelque peu son entourage. [...] Il mange et boit énormément, à toute heure, règle d'énormes problèmes, joue constamment à la bagatelle et à la bézigue, bref il s'amuse beaucoup. [...] La villa de Roosevelt *(Dar es-Saada)* est difficile d'accès ; si vous l'approchez de nuit, vous vous retrouvez aveuglé par des projecteurs, et une horde de ce que l'on appelle des *G-men* – pour la plupart d'anciens gangsters de Chicago – dégainent leurs revolvers et les braquent sur vous. [...] Mais une fois à l'intérieur, tout devient simple. Les deux favoris de la cour, Harriman et Hopkins, se tiennent à la disposition de l'empereur, de même que ses deux fils, qui servent d'assistants et [...] presque d'infirmiers à ce personnage hors du commun. On joue beaucoup à la bézigue, on boit d'énormes quantités de cocktails, les entretiens se succèdent sans discontinuer, et tout cela dans une ambiance bon enfant tout à fait remarquable. »

En fait, Roosevelt règne, impose ses choix politiques, quitte à laisser les militaires britanniques convaincre les généraux américains que les solutions « anglaises » sont les meilleures. Churchill accepte cette domination américaine et cependant il sait bien que le général Giraud n'a pas la dimension d'un homme d'État et que de Gaulle ne peut se soumettre.

Le refus de De Gaulle ne le surprend donc pas, mais le blesse d'autant qu'il a mauvaise conscience face à l'homme du 18 juin, dont il comprend l'intransigeance et admire la ténacité, le patriotisme.

Aussi la rage saisit Churchill.

« Si vous m'obstaclerez, je vous liquiderai », lance-t-il.

De Gaulle répond, sachant qu'il va atteindre Churchill au cœur, dans son orgueil et son intelligence :

« Pour satisfaire à tout prix l'Amérique, vous épousez une cause inacceptable pour la France, inquiétante pour l'Europe, regrettable pour l'Angleterre. »

Churchill s'indigne mais il est décidé à suivre Roosevelt en toutes circonstances.

Quand le président des États-Unis déclare qu'« il n'y a pas de compromis entre le Bien et le Mal », Churchill partage cette vision morale et religieuse.

Mais autour de lui, certains conseillers regrettent qu'on n'envisage ainsi pour le Reich et le Japon qu'une *reddition inconditionnelle*.

Churchill s'y rallie pourtant quand, le 24 janvier 1943, lors d'une conférence de presse, Roosevelt, sans l'en avoir averti, déclare :

« Le Président et le Premier ministre, après avoir considéré l'ensemble des opérations de la guerre mondiale, sont plus que jamais persuadés que le monde ne peut retrouver la paix que par l'élimination totale de la puissance de guerre allemande et japonaise, ce qui permet de ramener les buts de la guerre à une formule très simple : la reddition inconditionnelle de l'Allemagne, de l'Italie et du Japon.

« La reddition inconditionnelle implique la ferme assurance de voir régner la paix dans le monde, pendant des générations.

« Elle n'implique pas la destruction du peuple allemand, pas plus que celle des peuples italien ou japonais ; mais elle implique la destruction en Allemagne, en Italie et au Japon d'une philosophie basée sur la conquête et l'asservissement des autres peuples. »

En ce début d'année 1943...

Alors qu'à Auschwitz, à Maidanek, et dans bien d'autres lieux, on extermine des centaines de milliers d'humains...

Alors qu'à Stalingrad des centaines de milliers d'hommes se sont entre-égorgés, massacrés, alors que les bombardements aériens livrent aux flammes des centaines de milliers de personnes, qu'on se bat du Pacifique à l'océan Glacial Arctique, que des millions d'hommes et de femmes sont traités comme des esclaves, la guerre mondiale tombe le masque, elle est une guerre totale.

Et c'est elle qu'au Sportpalast de Berlin exalte Goebbels : guerre totale, *Totalkrieg !*

9.

La guerre totale ?

La minorité de Français qui ont pris le nazisme et le IIIᵉ Reich pour idéologie et pour modèle la désirent.

Ils se proclament nationaux-socialistes.

Joseph Darnand – héros de 14-18 et de 39-40, ancien combattant donc, membre dans les années 1930 de la Cagoule, l'organisation secrète liée au fascisme italien –, ou Marcel Déat – qui fut socialiste –, ou Jacques Doriot – qui fut communiste –, ou Philippe Henriot – qui vient de l'extrême droite et fut député – ne cachent pas leur but : ils veulent préparer « l'avènement en France d'un État autoritaire et populaire ».

La guerre totale – la *Totalkrieg* –, ils la souhaitent.

Ils la vivent déjà et le désastre de Stalingrad rend urgente sa mise en œuvre.

Ils veulent en finir avec la « modération », les « prudences », les « précautions » et les calculs des « politicards de Vichy ».

Eux, à Paris, savent qu'ils sont déjà condamnés à mort par la Résistance.

Radio-Londres les accuse chaque jour de trahison. Des « tribunaux patriotiques » les ont jugés, leur ont fait parvenir les attendus du jugement et souvent un symbolique petit cercueil.

Ils lisent sur les murs leur nom, suivi de « au poteau » !

Pierre Laval, le chef du gouvernement, est proche d'eux. Il souhaite lui aussi la « victoire de l'Allemagne ».

Mais ce politicien retors est un manœuvrier. Il accepte la fin violente qu'on lui annonce. Il a déjà été victime d'un attentat. Mais il cherche aussi une issue, le moyen d'échapper à ce destin – « douze balles dans la peau, le poteau » – qu'on lui promet. Il est l'incarnation du double jeu.

Il a en juillet 1940 aboli la IIIᵉ République, mais il reste en relation avec des parlementaires qui en sont issus, avec le grand radical Édouard Herriot qui fut président de la Chambre des députés.

Cependant il croit aussi qu'il lui faut l'atout d'une « force militaire » qui permettrait d'endiguer la montée de la Résistance, la naissance des maquis.

Il juge ces manifestations suicidaires, produit d'une « folie collective entretenue par la propagande étrangère, soutenue par des espoirs illusoires chez trop de Français ».

La « force militaire » qu'il veut créer rétablira l'« équilibre », donnera au chef du gouvernement la possibilité de « manœuvrer » et de contrôler les nationaux-socialistes.

« C'est un avertissement très clair et très ferme, dit-il. Je souhaite qu'il soit entendu pendant qu'il en est temps encore. »

Mais la guerre totale ?

C'est aussi une autre façon de dire « guerre civile » !

Elle a commencé.

Les « gestapistes » allemands et leurs auxiliaires français, les policiers des « brigades spéciales », les juges des « sections spéciales » traquent les « communistes », les gaullistes, les saboteurs, les Juifs, les réfractaires, qu'ils désignent sous le nom de *terroristes*.

Et il est vrai que ces « partisans » tuent, organisent des attentats contre les Allemands, détruisent les sièges des partis de Doriot, de Déat, font sauter place de la Sorbonne, à Paris, la librairie « allemande », vitrine de la collaboration intellectuelle.

C'est là que Lucien Rebatet a dédicacé son livre *Les Décombres* qui remporte un immense succès.

Contre la Résistance – cette « armée du crime », comme disent les propagandistes de l'« Ordre nouveau » –, il faut mobiliser toutes les énergies « nationales » ouvertes à la Nouvelle Europe de Hitler, organiser une force « politico-militaire » qui agira aux côtés des « forces de l'ordre » mais conservera son autonomie, et sera une véritable armée, comme le sont les SS.

Cette milice affrontera les partisans communistes – qui sont souvent des immigrés regroupés dans la Main-d'Œuvre Immigrée (MOI).

Ce sera la guerre totale entre la Milice française et l'« armée du crime ».

Joseph Darnand a déjà créé, au sein de la Légion des combattants, un Service d'Ordre Légionnaire (SOL), qui réunit les anciens combattants décidés à se battre encore.

Mais le temps n'est plus aux demi-mesures. *Totalkrieg* !

Après Stalingrad, après le débarquement des Américains en Afrique du Nord, après la naissance des maquis, la multiplication des attentats et des sabotages, le refus du Service du Travail Obligatoire, il faut agir, les armes à la main.

Mort aux gaullo-communistes !

« Il serait vain, dit Darnand, de dénombrer toutes les causes de troubles et de désordre. Un danger domine tous les autres, le bolchevisme. »

La Milice française, et en son sein une unité d'élite les Francs-Gardes, feront face, sèmeront la terreur chez l'ennemi.

Guerre civile ? Pourquoi pas ? Comme en Espagne en 1936, et Franco l'a emporté !

Le chef de cette Milice française sera Pierre Laval, et son secrétaire général, Joseph Darnand.

Pétain donne son accord, dès le 5 janvier 1943.

Une loi du 30 janvier 1943 publiée au *Journal officiel* sous le numéro 63 définit les statuts et les buts de la Milice française. Le dimanche 31 janvier à l'hôtel Thermal à Vichy, a lieu la cérémonie de constitution, suivie des prestations de serment et des discours.

À la tribune, Abel Bonnard, ministre de l'Éducation nationale et académicien, deux secrétaires d'État, Darnand naturellement, puis arrive le chef de cette milice, Pierre Laval.

Les nouveaux miliciens prêtent serment avant d'entonner le refrain de la Milice :

« À genoux nous fîmes le serment
Miliciens de mourir en chantant
S'il le faut pour la nouvelle France,
Amoureux de gloire et de grandeur
Tous unis par la même ferveur
Nous jurons de refaire la France
À genoux nous fîmes ce serment. »

Darnand prend la parole, fixe les buts de la Milice et, en son sein, du corps d'élite les Francs-Gardes.

« C'est le salut de la France que nous poursuivons à travers cette révolution que nous portons en nous », dit-il.

Tourné vers Pierre Laval, Darnand conclut :

« Monsieur le président, une force s'est levée. Vous en prenez le commandement. Cette force n'a jamais manqué à ses chefs. Elle ne vous manquera pas.

« Donnez-nous les moyens et vous ne serez pas déçu. »

« Vous n'êtes qu'une minorité, répond Laval. Mais je préfère la qualité au nombre... Je serai votre chef... »

Il rappelle l'effroyable péril que représente pour la civilisation européenne le bolchevisme.

« Nous devons tout faire, par tous les moyens, pour empêcher que notre pays connaisse ce malheur. Je voudrais que la France comprenne qu'elle devrait être tout entière avec l'Allemagne pour l'empêcher. »

Encore quelques mots, puis une ovation salue le discours de Laval, et l'assistance debout chante *La Marseillaise*.

Laval avait dit : « Je voudrais que vous vous montriez très sévères dans le recrutement de vos membres. »

Vœu pieux.

Aucune vague d'adhésion ne marque en ces premières semaines de l'année 1943 la naissance de la Milice, dont les effectifs ne dépasseront jamais 15 000 hommes.

Et très vite les « jeunes gens » à l'esprit de croisade, les étudiants maurrassiens, des adolescents, laissent la place à des repris de justice qui espèrent, protégés par l'uniforme, réaliser en toute impunité des opérations frauduleuses : larcins, extorsions de fonds, chantage.

Les Juifs traqués, les familles des réfractaires sont des proies faciles.

On dissimule, sous les mobiles politiques affichés, des actes de délinquance.

On spolie, on torture, on assassine, on fusille. On mène aux côtés des troupes allemandes des opérations contre les maquis.

Les chefs sont à l'image des miliciens qu'ils recrutent.

« Patriotes dévoyés » comme Darnand, ou fanatiques comme Joseph Lécussan ; cet officier de marine alcoolique au physique de colosse brutal est anglophobe, anticommuniste, antisémite.

Dès 1941, à Toulouse, comme responsable régional du Commissariat aux questions juives, il a sévi.

Certains de ses séides, étudiants en médecine, lui offriront une étoile de David, en peau humaine tannée, découpée sur un cadavre.

Le 29 avril 1943, le maréchal Pétain s'adresse aux chefs régionaux de la Milice.

« La Milice a pour priorité, dit le Maréchal, le maintien de l'ordre, la garde des points sensibles, la lutte contre le communisme… »

Le Maréchal poursuit avec solennité :

Le maréchal Pétain en 1943.

« N'oubliez pas non plus que l'une de vos principales préoccupations doit être de gagner le cœur de la population. Vous devez pour cela montrer au pays l'exemple de la discipline et d'une vie privée sans tache.

« Éloignez de votre sein les éléments douteux… Préférez la qualité au nombre… Évitez l'esprit partisan et les représailles inutiles, sources de conflits et de vengeance.

« Basez au contraire votre propagande sur les réalités en faisant appel au bon sens de chacun… »

Quelles « réalités » connaît le Maréchal, en cette année 1943 où il va célébrer son quatre-vingt-septième anniversaire ?

En 1943, le chef régional de la Milice à Lyon se nomme Joseph Lécussan.

10.

Comment la Milice française, avec des « chefs » tels que Joseph Lécussan et des miliciens qui sont, à son image, gens « de sac et de corde », prêts à toutes les violences, rêvant de rapines et de crimes, pourrait-elle, selon le vœu de Pétain, « gagner le cœur de la population » ?

Elle organise pourtant des distributions gratuites de marchandises saisies – vivres, vêtements – chez ceux qu'elle appelle les « profiteurs », les « trafiqueurs », et où les miliciens perquisitionnent, mais on ne se presse pas autour de ses étals !

Qui peut croire qu'elle veut pratiquer l'« entraide sociale » ?

Qui peut imaginer, comme le dit le ministre et académicien Abel Bonnard, qu'elle est « formée d'hommes nourris de la moelle des lions » ?

On voit les miliciens briser les portes des appartements où se terrent des Juifs.

On les voit traîner des « réfractaires » aux visages tuméfiés, roués de coups.

On sait qu'ils torturent et fusillent.

Ils portent un uniforme bleu-noir, sur lequel tranche un brassard orné de la lettre *gamma*.

On lit dans les documents de la Milice qu'elle « a pris pour insigne le *gamma* dont la double valeur symbolise très heureusement la mission révolutionnaire ».

« Troisième lettre de l'alphabet grec, le *gamma* est la représentation zodiacale du bélier, symbole de force, mais aussi symbole de renouveau, car le monde entre au printemps sous le signe du Bélier.

« La Milice française a pris le *gamma* pour insigne parce qu'elle est la force française garante du renouveau français. »

Qui peut prêter attention à ces élucubrations ?

Ce signe *gamma*, dit-on, c'est la croix *gammée* de la Milice !

On craint ces « salauds », ces « voyous », cette pègre, dont le béret est la seule marque française !

On sait – et au fond d'eux-mêmes les miliciens savent aussi – que leurs jours sont comptés, et ils sont d'autant plus violents et cruels qu'ils n'ont plus rien à perdre, et que cette année 1943 qui commence, marquée au sceau de Stalingrad, est emportée par le *souffle de la victoire*.

Tout le monde écoute Radio-Londres.

On y apprend que le président Roosevelt a déclaré devant le Congrès des États-Unis : « Cette guerre est une lutte entre ceux qui croient à l'homme et ceux qui n'y croient pas. »

À Anfa, Roosevelt a exigé de l'Allemagne, du Japon, de l'Italie « une reddition inconditionnelle ».

Mussolini peut bien continuer de parader en proclamant que « le peuple qui tiendra un quart d'heure de plus que l'adversaire est celui qui vaincra », on ricane.

Tripoli est aux mains des Anglais de Montgomery, le Fezzan est conquis par Leclerc. Il n'y a plus d'*Impero* italien !

On mesure l'ampleur du désastre subi par la Wehrmacht sur le front de l'Est aux cérémonies de deuil qui ont enveloppé de voiles noirs et de musique wagnérienne tout le Reich allemand.

Alors Goebbels peut bien hurler « le mot "capitulation" n'existe pas dans notre vocabulaire », et le Führer dire « 1943 ne sera pas 1918 », on écoute de Gaulle qui, à Radio-Londres, le 4 février 1943, dresse avec lucidité le bilan de la guerre.

« Les récents discours de Berlin, dit-il, étalent aux yeux et aux oreilles du monde l'angoisse qui étreint l'ennemi.

« Ce recul entre la mer Blanche et le Caucase, ces corps d'armée encerclés, ces généraux qui capitulent, cette retraite ininterrompue depuis le Nil jusqu'au Mareth, et depuis les confins du Tchad jusqu'au golfe de Gabès, voilà qui est inquiétant pour l'Allemagne et pour ses alliés. Comment pourraient-ils maintenant imaginer la Victoire ? »

Mais de Gaulle évoque aussitôt « la force et la ruse des dictatures qui ont encore assez de ressources pour balancer le destin ! Dans le drame terrible de cette guerre comme dans les grandes tragédies classiques, l'issue demeurera douloureuse jusqu'à la scène du dénouement ! ».

Alors, il faut agir.

« Pour ce qui le concerne lui-même, le peuple français, conclut de Gaulle, entend se libérer par le sang et par les armes... »

Ces armes ne peuvent être des pavés.

À Montluçon, à Roanne, dans d'autres villes, les gares sont envahies par des manifestants qui veulent empêcher les wagons pleins de « requis » du Service du Travail Obligatoire de partir pour l'Allemagne.

Les gardes mobiles, les policiers – auxquels se sont joints des miliciens – tentent d'empêcher la foule d'occuper les voies, les halls de gare. Ils chargent, crosses levées. Ils mettent en joue.

Les manifestants répondent à coups de pavés.

Les wagons sont détachés des locomotives.

Les manifestants chantent *La Marseillaise* et *L'Internationale*.

Dans la foule, les communistes crient « Vive l'URSS », mots que recouvrent les « Vive de Gaulle », « Vive la France », « Pas de Français pour l'Allemagne », « Pas de soldats pour Hitler ».

Une compagnie de la Wehrmacht, baïonnette au canon, charge et dégage la gare de Montluçon, mais sur 160 requis, seulement 20 partent. Les autres ont dû passer au « maquis ».

Le 11 février 1943, dans l'Alsace annexée au Reich, 183 jeunes gens venant de plusieurs villages, convoqués pour s'inscrire sur le « rôle » de la Wehrmacht, se rassemblent et réussissent en cheminant dans la neige, par les champs et les bois, à franchir la frontière suisse.

La répression s'abat sur leurs familles.

Et quand les jeunes gens du village de Ballesdorf tentent eux aussi de gagner la Suisse, les Allemands sont sur leurs gardes. Les jeunes gens se défendent. Ils sont repris. Et 14 d'entre eux sont fusillés au camp de concentration du Struthof.

Les autorités allemandes organisent systématiquement des déportations massives : dans l'arrondissement d'Altkirch, sur une population totale de 46 000 personnes, 2 364 sont déportées.

Et pour combler les vides, les Allemands installent dans les fermes des ouvriers polonais et ukrainiens.

Rien n'y fait : ni la répression, ni les trahisons, ni les aveux de ceux qui parlent sous la torture.

La vague de la Résistance enfle au fil des jours de cette année 1943 dont chacun sent qu'elle est décisive.

À Londres, autour de De Gaulle, on s'interroge.

Faut-il, sans attendre un débarquement en France, inciter les résistants à l'« action immédiate », à ces attentats contre les officiers et les soldats de la Wehrmacht, qui se paient d'exécutions d'otages ?

Passy, le chef du Bureau Central de Renseignements et d'Action (BCRA), se rend en France en compagnie de Pierre Brossolette, brillant journaliste socialiste, qui a rejoint de Gaulle et agit au sein du BCRA.

« Nous avons reçu avant notre départ de Londres, confie Passy, la consigne d'essayer de freiner dans la mesure du possible l'*action immédiate* », si coûteuse en hommes.

Tous les groupements de résistance sont persuadés de la justesse de cette position.

Mais les *Francs-Tireurs et Partisans*, liés au Parti communiste, déclarent qu'ils poursuivront leurs actions, leurs attaques contre « le matériel et le personnel ennemi ».

« Ils prétendent, note Passy, tuer plus de 500 Allemands par mois et s'emparer à chaque fois de leurs armes... Ils ont de nombreuses pertes mais chacune de leurs attaques leur amène des adhérents au décuple. Ils considèrent aussi que c'est seulement en entraînant leurs troupes continuellement qu'ils arriveront à les aguerrir. »

**André Dewavrin,
dit le colonel Passy.**

Passy et Brossolette voient bien quelles sont les intentions communistes : frapper l'Allemand et s'imposer comme la force principale de la Résistance, et donc contrôler, entraver de Gaulle qui vise à l'unité dans la France Combattante de tous les ennemis de l'occupant.

Mais en dépit de la création des Mouvements Unis de la Résistance (MUR), les communistes maintiennent leur autonomie tout en rejoignant les MUR. Ils sont « dedans et dehors ».

Et les Anglais, directement, font passer des armes aux « organisations communistes de la ceinture rouge de Paris ». « Des Allemands sont abattus tous les jours dans les rues de Paris, écrit au début de 1943 un membre des réseaux anglais qui opèrent en France, et 90 % de ces attentats sont effectués à l'aide d'armes fournies par nous aux communistes. »

Est-ce pour les Anglais une « manière d'empêcher de Gaulle d'unir *toute* la Résistance – communistes compris – sous sa direction ?

Le soupçon existe.

En ces premières semaines de l'année 1943, on l'a vu en Afrique du Nord, Churchill et Roosevelt envisagent d'écarter de Gaulle en le privant de moyens.

« De Gaulle est un fanatique et je crois qu'il a pratiquement tout du dictateur », répète Roosevelt, et Churchill approuve.

Les deux hommes d'État – et d'abord Roosevelt – soutiennent le général Giraud.

Ils rêvent d'une transition négociée, sous leur direction et leur patronage, entre Vichy et ceux qui ont refusé la collaboration.

Exit de Gaulle, et entente entre Pétain et Giraud !

La France serait mise sous tutelle anglo-américaine. De Gaulle ne l'accepte pas.

Mais il ne dispose que d'un atout maître : cette unification – de toute la Résistance – autour de lui.

C'est l'enjeu décisif de 1943.

De Gaulle sait qu'il peut compter, pour réaliser cette unité, sur Jean Moulin, que l'on connaît dans la clandestinité sous les noms de Max, de Rex, de caporal Mercier.

Le 9 février 1943, il lui fait parvenir un message.

« Mon cher ami,

« [...] L'ensemble de mes informations me confirment, s'il en était besoin, dans l'opinion que votre immense tâche est en excellente voie... Je suis sûr qu'une autorité accrue vous permettra de développer encore plus votre action.

« Vous avez toute ma confiance. Nous approchons du but, voici l'heure des plus durs efforts.

« Croyez, mon cher ami, à mes sentiments les plus profondément dévoués.

« Charles de Gaulle. »

Le 21 février, de Gaulle rappelle que Rex est son seul représentant permanent pour l'ensemble du territoire métropolitain.

Rex a autorité sur Passy et Brossolette et sur les chefs des mouvements de résistance (Frenay, d'Astier de La Vigerie, Jean-Pierre Levy…).

Le général Delestraint qui commande l'Armée Secrète est placé lui aussi sous son autorité.

De Gaulle précise le but à atteindre :

« Il doit être créé dans les plus courts délais possible un Conseil de la Résistance unique pour l'ensemble du territoire métropolitain et présidé par Rex, représentant du général de Gaulle. »

Moulin, alias Rex, Max, caporal Mercier, va se vouer à cette tâche : constituer le CNR, *Conseil National de la Résistance.*

La guerre que mène Moulin est celle d'un soldat de l'« armée des ombres » ; craignant d'être identifié, suivi, arrêté.

Il passe d'une « planque » à l'autre, sachant qu'il lui faut se convaincre qu'il résistera à la torture s'il est pris.

Ce peut être à n'importe quel moment : un contrôle inopiné alors qu'on attend un train, le soupçon d'un policier, d'un Feldgendarme plus méfiant que d'autres.

Le risque existe du « retournement » d'un responsable qui connaît toutes les boîtes aux lettres, les adresses, et qui craint tellement la souffrance qu'il livre tout aux agents de la Gestapo avant même qu'on l'ait giflé.

Et rien ne laisse présager que cet homme efficace, ce patriote, ce résistant courageux, qui fait partie de l'état-major du mouvement *Combat*, se briserait, livrerait tout ce qu'il sait, permettant à la Gestapo de dresser un organigramme presque complet des mouvements de la Résistance, et de l'Armée Secrète, dans ce qui était la zone sud – « libre » – de la France jusqu'au 11 novembre 1942.

Ce traître, un certain Murton, a ainsi parlé de ce « grand chef », représentant de De Gaulle dont l'un des pseudonymes est Max.

Ce prénom, les Allemands l'écrivent au centre de l'organigramme.

De lui partent tous les fils qui relient les réseaux et les hommes qui les composent.

Si Max est arrêté, si on réussit à le faire parler, toute la Résistance sud s'effondre.

Il faut arrêter Max. Mais qui est Max ?

C'est un homme maître de lui, d'une rigueur implacable dans le respect des règles de la vie clandestine.

Il se rend souvent à Londres.

La nuit, un Lysander de la Royal Air Force se pose en quelques dizaines de mètres sur un terrain de fortune dans le Jura ou le Massif central. Les résistants l'ont balisé. Le pilote n'arrête pas les moteurs. Des hommes – un, deux, trois – qui arrivent de Londres sautent à terre. L'un d'eux reconnaît Moulin, qui s'apprête à monter dans le Lysander. Il veut le retenir et tente de le convaincre de ne pas partir cette nuit pour Londres.

L'un des résistants saisit Moulin aux épaules et le précipite dans l'avion en lui disant :

« En avant. J'ai reçu l'ordre de vous faire partir, vous partirez. J'ai cette mission à accomplir. »

Moulin laisse faire. Il sait qu'une « armée des ombres » ne survit que si chacun respecte, applique les consignes, les ordres reçus.

Et puis ces voyages à Londres sont indispensables.

Max-Rex a de longues conversations en tête à tête avec de Gaulle.

Le général Delestraint.

Il lui fait part des oppositions qu'il rencontre.

Les fondateurs des mouvements de Résistance veulent garder leur autonomie. Ils s'élèvent contre le fait que Max-Rex compose le CNR en prenant directement contact avec les personnalités qu'il juge représentatives. Même attitude, même réserve à l'égard de l'Armée Secrète. Pourquoi Max a-t-il choisi le général Delestraint ?

Henri Frenay, le fondateur de *Combat*, est le plus hostile.

« Je ne m'associerai pas à cette mauvaise action, a-t-il dit à Moulin. Jamais je ne siégerai dans votre *Conseil National de la Résistance.* »

Les chefs de mouvement sont aussi opposés à l'idée que des représentants des partis politiques siégeront en tant que tels au CNR.

Ils envisagent – comme aussi Pierre Brossolette – dans la France libérée, la disparition de ces partisans qui ont sombré avec la IIIe République en 1940.

De Gaulle a été lui aussi hostile aux partis, mais Jean Moulin est persuadé que dans le CNR ils ont leur place.

Sans eux, enracinés dans l'histoire française, de Gaulle ne pourrait rassembler. Une longue lettre de Léon Blum va dans le même sens.

Léon Blum écrit :

« Un État démocratique ne peut pas vivre ou ne peut pas être conçu raisonnablement sans l'existence de partis politiques...

« Rendez-vous compte bien clairement, je vous en conjure, que les organisations de Résistance qui sont sorties du sol français à votre voix ne pourront à aucun degré se substituer à eux. [...]

« Je ne verrais pour ma part que des dangers à ce que les organisations de Résistance, une fois accomplie la tâche en vue de laquelle elles ont été créées, se survécussent sous leur forme actuelle. »

Et Blum évoque ce qu'elles pourraient devenir.

« Syndicats d'intérêts égoïstes et surannés comme les associations d'anciens combattants de l'autre guerre, ou bien milices paramilitaires, redoutables à toutes les républiques...

« Vous, dont le nom est désormais identifié avec la restauration de la démocratie en France, vous devez sentir mieux que personne l'évidence de ces vérités... »

De Gaulle se rallie à cette thèse. C'est le grand tournant en février 1943.

Il y aura des représentants des partis politiques au CNR.

Mais les tensions deviennent encore plus vives entre Max et Henri Frenay. Les confrontations sont dures : les deux hommes s'accusent mutuellement d'être des ambitieux.

De plus, Frenay a pris contact en Suisse avec Allen Dulles.

Ce chef des services de renseignements américains (OSS) est disposé à fournir des fonds au mouvement *Combat*.

Or la force de Max, c'est qu'il est le dépositaire et le répartiteur des sommes importantes que la France Libre verse à la Résistance. C'est sa force, son moyen de pression.

Frenay s'émancipe donc au moment où, pour résister aux pressions anglo-américaines, de Gaulle a besoin d'une Résistance rassemblée autour de lui.

Les représentants des partis politiques français sont d'autant plus nécessaires au sein du CNR.

De Gaulle a eu raison d'écrire à Max-Rex :
« Vous avez toute ma confiance. Nous approchons du but, voici l'heure des plus durs efforts. »

Max, à son retour de Londres, retrouvant son secrétaire Daniel Cordier, mesure à quel point de Gaulle a vu juste.

Max apprend que Pierre Brossolette – alias Brumaire – mène une « campagne de dénigrement systématique contre lui ».

Il accuse Max-Rex d'être un ambitieux sans scrupules, cherchant à imposer une politique personnelle pour laquelle il n'a reçu de De Gaulle aucun mandat.

Brossolette incite les chefs des mouvements à s'opposer à ses initiatives.

Et Brossolette-Brumaire – Max le sait – est un gaulliste de la première heure, un patriote prêt à sacrifier sa vie.

Mais Brumaire – avec Passy – veut prendre de vitesse Moulin, créer un comité de coordination pour la zone nord, rendant impossible la création du CNR.

« Je m'y attendais, dit Moulin. Ils me le paieront ! »

Février 1943.

L'ennemi tue des Français chaque jour.

L'issue de la guerre est encore incertaine et lointaine, mais on se déchire déjà pour le pouvoir futur ! Brossolette explique son projet de création d'un grand parti autour du général de Gaulle, intégrant les débris des anciens partis, à l'exception du Parti communiste et des nationalistes d'extrême droite.

Moulin sait que cette perspective écarterait du CNR ces personnalités qu'il a sollicitées.

Comment Brossolette et Passy ne mesurent-ils pas les coups qu'ils portent à de Gaulle, qu'ils veulent pourtant servir ?

« Ils me le paieront », répète Moulin.

Il arrive de Londres.

Il est dans sa chambre à Lyon, en compagnie de Daniel Cordier, qui se souvient[1] :

« Jean Moulin pose sa valise sur le lit. Quand il l'ouvre, un papier de soie apparaît, protégeant une sorte de tissu bleu. Il le saisit et se tourne vers moi :

1. *Alias Caracalla*, Paris, Gallimard, coll. « Témoins », 2009.

"J'ai pensé que vous en auriez besoin pour vous protéger du froid toujours vif à Lyon."

« Je déplie le papier : c'est une écharpe en cachemire tricolore, bleu marine d'un côté, bleu ciel de l'autre, mes couleurs préférées. De ma vie je n'ai reçu un cadeau aussi somptueux, ni aussi émouvant. Plus que l'objet, c'est le bonheur de découvrir que, durant son séjour encombré, il a pensé à moi et pris le temps de choisir un cadeau pour marquer son attention à ma santé.

« J'ai envie de l'embrasser pour le remercier de tout : son présent, son retour, l'homme qu'il est. Mais Rex n'est pas quelqu'un que l'on embrasse. En dépit de son sourire et de sa gentillesse, son regard creuse un abîme entre nous.

« Il ne laisse d'ailleurs aucun temps aux effusions et enchaîne : "Voici les instructions de Londres. Rapportez-les décodées demain matin." La récréation est terminée. »

Dans les jours qui suivent, en ce mois de février 1943, Max réussit, jour après jour, à convaincre les représentants de la Résistance de la nécessité de créer, comme le veut de Gaulle, un *Conseil National de la Résistance* : le CNR.

Le patriotisme l'emporte face à Roosevelt et à Churchill, la position de De Gaulle en sort renforcée.

En Algérie, le général Giraud s'apprête à publier huit ordonnances qui rétablissent la législation républicaine et abrogent toutes les mesures prises sous l'« inspiration de l'ennemi ». L'Algérie va cesser d'être encore, près de trois mois après le débarquement américain, un « Vichy sans Pétain ». Et de Gaulle peut annoncer sa prochaine visite à Alger, pour y rencontrer le général Giraud, « grand soldat et noble figure ».

L'horizon s'éclaircit.

Jean Moulin et les états-majors des mouvements de Résistance s'apprêtent à quitter Lyon pour Paris, puisque c'est dans la capitale que doit siéger le CNR.

Mais Moulin va d'abord gagner Londres pour rendre compte au Général de l'accomplissement prochain de sa mission.

Il est surpris que, à son arrivée à Carlton Gardens, Passy lui annonce qu'il doit le conduire, dans la voiture personnelle du Général, jusqu'à la maison de celui-ci à Hampstead.

Dans le living-room qui donne sur un parc aux arbres décharnés, Moulin retrouve quelques hommes, le général Delestraint, le colonel Billotte et André Philip, commissaire à l'Intérieur.

De Gaulle entre, serre la main de Jean Moulin.

« Veuillez vous mettre au garde-à-vous », dit de Gaulle.

Puis, haussant le ton, il ajoute d'une voix solennelle :

« Caporal Mercier, nous vous reconnaissons comme notre Compagnon pour la Libération de la France dans l'Honneur et par la Victoire. »

Il épingle la croix de la Libération sur la poitrine de Jean Moulin.

11.

Jean Moulin s'en va. Il doit regagner la France et de Gaulle est inquiet.

Il suit des yeux la silhouette frêle de celui qui organise l'avenir de la nation et qui, dans quelques heures, sera au milieu des périls. Redevenu Max ou Rex, recherché par toutes les polices allemandes, il sera à la merci du hasard, d'une imprudence, d'une trahison, du non-respect des consignes, des rivalités, des ambitions.

« Ah, je le sais, dit de Gaulle. Du drame atroce que nous traversons tous ensemble, sont sorties, parmi les Français, des divisions passionnées et même parfois des luttes fratricides. Hélas, une fois de plus, nos malheurs dans la guerre étrangère s'accompagnent de luttes intestines. »

Moulin est l'un des Français les plus exposés. Survivra-t-il ?

La libération tant espérée ne peut se réaliser que dans plusieurs mois et « la guerre atteint son paroxysme ».

En dépit des succès des Alliés sur tous les fronts – même les Japonais ont dû reculer, ils ont évacué

Guadalcanal –, c'est avec angoisse et anxiété que de Gaulle regarde l'horizon.

Il l'a déjà dit : l'Allemagne nazie est encore mena- çante, décidée peut-être à entraîner dans sa défaite ceux qui la combattent.

Et cependant l'offensive russe a, en moins de deux mois, déplacé le front de plus de trois cents kilomètres vers l'ouest.

« C'est presque à en pleurer, écrit un soldat allemand à son épouse, le 16 février 1943, quand on pense à ce que la conquête de ces territoires a coûté de sacrifices et d'efforts ; il ne faut pas y penser. Il semble qu'il y a une crise réelle en ce moment et l'on perdrait presque courage si l'on n'avait pas un cœur de croyant. »

La foi demeure donc, en dépit du fait que ces sol- dats du front sont inquiets pour leurs familles, dont ils savent qu'elles sont écrasées et décimées sous les bombes.

Mais les femmes qui, survivantes, errent parmi les ruines de Cologne, d'Essen, de Lübeck, de Hambourg, de Berlin, acceptent leur sort, ne manifestent même aucune haine pour ces Anglais et ces Américains qui les bombardent.

« Nous n'avons plus le contrôle de notre destin, écrit l'une d'elles. Nous sommes forcées de nous lais- ser emporter par lui et de prendre ce qui vient sans confiance ni espoir. »

Elle marche, serrant son enfant contre elle, au milieu des décombres encore brûlants. L'air vibre de chaleur, des explosions font tomber dans un nuage de poussière des pans de mur.

Femme et enfant dans les ruines de Hambourg après les bombardements de juillet 1943.

Un soldat en permission, qui parcourt les rues du quartier ouvrier de Hambourg, près du port, note :

« Silence de mort. Ici, on ne voit personne chercher des objets personnels parce que ici les gens aussi gisent sous les décombres. Ici, la rue n'est plus carrossable. Je dois porter mon vélo sur l'épaule et escalader les gravats. Les maisons ont été aplaties. Partout où se pose mon regard, champ de ruines immobile comme la mort. Personne ne s'en est sorti. Ici, les bombes incendiaires, les mines aériennes et les bombes à retardement sont arrivées en même temps. On voit encore l'ancienne surface de la rue, sous les décombres. »

Il espère que « Londres l'arrogante sentira les effets de la guerre et ce sera beaucoup plus dur que ce qui s'est passé aujourd'hui à Hambourg ».

Il est persuadé que la ville sera reconstruite « quand nous aurons gagné la guerre, dit-il. Quand nous pourrons à nouveau faire notre travail en Allemagne sans être dérangés. Quand nous aurons donné un coup d'arrêt à la cupidité des étrangers ».

Goebbels tient de tels propos !

Certes la confiance dans le Führer commence à s'effondrer, mais on ne voit pas d'autre issue que d'accepter son sort, puisque si l'on capitulait on ne sait pas à qui on serait livré.

Les Anglais et les Américains n'exigent-ils pas une reddition inconditionnelle ? Et il y a ces Russes barbares qui voudront se venger !

Alors au lendemain d'un bombardement, on peut lire sur le mur demeuré debout d'un magasin un écriteau :
« Ici, la vie continue. »

Pourtant jamais les bombardements n'ont été aussi fréquents, aussi féroces.

La maîtrise de l'air des Alliés est si grande que les « Forteresses volantes » B17 de l'US Air Force inaugurent le 27 janvier 1943 à Wilhelmshaven les bombardements de jour sur les villes allemandes.

Le 30 janvier 1943, à 11 heures du matin, des *Mosquito* de la Royal Air Force bombardent Berlin, interrompant la cérémonie marquant le dixième anniversaire de la venue de Hitler au pouvoir.

Les bombardiers arrivent par vagues successives, de jour et de nuit. Les flottes de *Lancaster*, de *Halifax*, de *Liberator*, de *Forteresses volantes B17* sont composées de plusieurs centaines d'appareils.

Elles sont précédées par des avions *Pathefinders* chargés, à l'aide de bombes incendiaires, de localiser les cibles.

Mais les bombardiers, pour éviter les barrages de la *Défense Contre Avions* (DCA), lâchent leurs bombes loin de leurs cibles, si bien que les villes sont frappées dans tous leurs quartiers, qu'ils soient éloignés ou non des usines, des ports, des gares.

En fait, pour le Bomber Command, le but n'est pas seulement « la destruction et la dislocation progressive du système militaire, industriel et économique allemand », mais aussi l'ébranlement du moral de la population jusqu'au point où sa capacité de résistance armée sera affaiblie définitivement.

« On veut terroriser. »

Des dizaines de milliers d'Allemands sont tués et blessés par ces bombardements qu'aucune DCA, aucune escadrille de chasse ne peut arrêter.

Les bombardiers lâchent des leurres métalliques, ce qui les rend moins vulnérables parce que les radars de la DCA ne sont plus efficaces.

Les bombes, de plus en plus lourdes, tombent en formant un « tapis » de flammes. Le sol « fond ». Les corps se concassent.

C'est l'enfer, que l'on tente de fuir.

On évacue les enfants, les femmes vers les villages,

Fritz Sauckel, en 1943.

mais en même temps Goebbels, Speer – ministre de l'Armement – décrètent la mobilisation « pour le travail de tous les Allemands » – de 16 à 65 ans pour les hommes, de 17 à 45 ans pour les femmes.

Cela ne suffit pas. Des millions de travailleurs étrangers sont requis, déportés en Allemagne, traités en esclaves, sous-alimentés, battus, exécutés. Les femmes sont vouées, en plus de leur travail, à la prostitution.

Le Gauleiter Sauckel exige que les SS, la Gestapo, les polices, la Wehrmacht lui livrent les travailleurs étrangers indispensables aux usines d'armement allemandes.

« Je parle au nom du Führer, dit-il, vous pouvez être certains qu'en aucun cas je ne me laisserais guider par le sentiment ou par quelque vague de romantisme.

« L'effort sans précédent que nous impose cette guerre EXIGE que nous mobilisions des millions d'étrangers pour travailler en Allemagne à notre économie de guerre totale et que nous tirions d'eux le maximum de rendement. »

Scènes atroces : mères que l'on sépare de leurs enfants, jeunes filles que l'on prostitue, gardiens qui tuent avec sadisme, frappent à grands coups de fouet.

Dilemme : les autorités allemandes, les SS, sont tenues de fournir de la main-d'œuvre, et en même temps d'exterminer les populations !

Ainsi les généraux SS doivent justifier leur faible rendement : ici, dans telle partie de l'Ukraine, ils n'ont tué que 42 000 Juifs sur un total de 170 000 ! Ils répondent : « Dans la région, il n'y a pratiquement que les Juifs comme main-d'œuvre spécialisée. On est bien forcés de les ménager, faute d'autres ressources. »

Mais la pression de Himmler est constante. La logique de l'extermination s'oppose à celle des « recruteurs de main-d'œuvre ».

Les SS massacrent, les représentants de Sauckel s'élèvent contre ces « expéditions » des *Einsatzgruppen* qui ne laissent que ruines et cadavres.

« Le résultat de tels procédés sur une population paisible est désastreux, en particulier la fusillade de tant de femmes et d'enfants... Ne devrait-on pas tenir compte, dans ces expéditions, de l'âge et du sexe des gens et de la situation économique, par exemple les besoins de la Wehrmacht en spécialistes pour son matériel d'armement ? »

Les commissaires du Reich – dépendant de Sauckel – entrent ainsi en conflit avec les SS « exterminateurs » qui arguent des nécessités de la guerre anti-partisans et de la « solution finale ».

Parfois, on réussit à « exterminer » en « ménageant les ressources ».

« Dans les dix dernières semaines, écrit un officier SS, nous avons liquidé environ 50 000 Juifs... Dans les campagnes autour de Minsk, la "juiverie" a été éliminée, sans compromettre la situation en matière de main-d'œuvre. »

Mais le plus souvent, Sauckel rencontre l'hostilité des SS, de la Wehrmacht.

« Mon Führer ! écrit-il, je vous demande d'annuler ces ordres qui s'opposent au recrutement régulier de main-d'œuvre masculine et féminine dans les territoires soviétiques occupés, et ce afin de permettre de remplir ma tâche. »

Il irrite les autres dignitaires nazis : Speer, Goering, Himmler.

« Sauckel est atteint de paranoïa, écrit Goebbels dans son *Journal*. Il a rédigé un *manifeste* pour tous ses subordonnés. Il est écrit dans un style baroque, pompeux et excessif. Il termine son papier par ces mots : "Écrit en avion le jour de l'anniversaire du Führer et en survolant la Russie." Il est grand temps de lui rabattre son caquet. »

Mais ces divergences ne freinent pas la machine à tuer, à déporter, à exploiter nazie.

Elle a créé au cœur de l'Europe, et pour des millions d'hommes et de femmes, des conditions de vie et de travail qui avaient disparu depuis près de deux millénaires.

Elle massacre dans les camps d'extermination des millions d'autres humains avec une *efficacité* technique inégalée dans l'histoire barbare des hommes.

Là où cette « machine » est passée, la mort règne.

Les Russes – femmes, vieillards – qui ont survécu, cachés dans les forêts, dans les caves, témoignent de la barbarie nazie. Ils montrent, racontent aux soldats de l'armée Rouge qui les ont libérés ce qu'ils ont subi.

« Les Allemands, écrit un journaliste russe qui parcourt ces régions abandonnées par la Wehrmacht, incendient les villages, scient les arbres des vergers, font disparaître toute trace d'occupation humaine. Dans les fermes, ils prennent charrues, moissonneuses et faucheuses, ils en font des tas et les font sauter. »

Dans la plupart des bourgs, il n'y a plus âme qui

vive ; les uns ont été exécutés ou sont morts de faim, les autres ont été déportés pour le travail forcé. Les maisons ont été détruites.

La Wehrmacht a laissé derrière elle une « terre brûlée », des cadavres par dizaines de milliers. Elle a pendu en masse, exécuté, violé ; détruit là toutes les églises, ici, dans la ville de Viazma, sur 5 500 immeubles, il n'en reste que... 51 !

Les prisonniers russes ont été exterminés ou sont morts de faim ou de froid.

La colère, le désir de vengeance emportent souvent les Russes qui tuent à leur tour les blessés allemands et les rares soldats qui ont été faits prisonniers.

On les maltraite avant de les tuer. On les interroge. Ils disent que le Feldmarschall von Manstein prépare pour la fin du mois de février 1943 une contre-offensive vers le Donetz, en direction de Kharkov et de Bielgorod, deux villes que les Russes viennent de libérer.

Est-ce possible ?

Staline le craint.

Il est sombre, plus impitoyable que jamais, comme si la victoire que vient de remporter l'armée Rouge à Stalingrad, puis en repoussant les Allemands de plus de 300 kilomètres vers l'ouest, était déjà effacée.

Aux généraux qui expliquent que le dégel va commencer, que les tanks allemands ne pourront que s'enfoncer dans la boue, Staline répond par quelques phrases méprisantes.

Savent-ils, comme il sait, que von Manstein dispose d'un nouveau char lourd, le *Tigre*, dont les chenilles sont si larges que le char peut avancer sur n'importe quel terrain ? Son blindage, son canon de 88 le rendent redoutable. Et comme le Donetz est encore gelé, les chars allemands pourront le franchir.

Staline maugrée :

« Nous soutenons seuls le poids de la guerre, dit-il.

« Qu'est-ce que cette guerre que livrent Américains et Anglais en Afrique du Nord, comparée aux batailles qui se déroulent ici, sur notre front !

« Qu'attendent-ils pour débarquer en Europe, en France ? »

Staline lit l'ordre du jour dont il a minutieusement choisi les termes. Il sera publié le 23 février 1943.

En écoutant les premières phrases, les généraux russes se rengorgent. Staline fait l'éloge de la nouvelle armée Rouge, de ceux qui la commandent. Et il conclut :

« L'expulsion en masse de l'ennemi a commencé. »

Mais il ajoute aussitôt :

« L'armée allemande a essuyé une défaite mais elle n'est pas encore écrasée. Elle traverse maintenant une crise mais rien n'indique qu'elle ne puisse pas se ressaisir. La lutte véritable ne fait que commencer. Il serait stupide d'imaginer que les Allemands abandonneront sans combat, ne serait-ce qu'un kilomètre de notre pays. »

Or, l'armée Rouge est épuisée par des semaines d'offensive. Ses lignes de communication s'étirent. Les routes commencent à être des fleuves de boue. Il faut les recouvrir de troncs d'arbres pour pouvoir les emprunter.

Et le 21 février, les premières attaques allemandes de l'offensive de von Manstein sont lancées. Les divisions de l'armée Rouge se désagrègent, se transforment en une masse confuse de petites unités qui, isolées les unes des autres, reculent individuellement, sans coordonner leur retraite et leurs actions.

Les divisions SS – la *Grossdeutschland* – bien équipées, attaquent au nord, avancent vers le Donetz.

Les Russes évacuent vers Kharkov, le 13 mars 1943, et Bielgorod le 16.

Est-ce possible ?

Le cauchemar des printemps 1941 et 1942 va-t-il recommencer ?

Pour les Allemands, cette offensive Manstein, c'est le « miracle du Donetz ».

Déjà, au grand état-major de la Wehrmacht, on retrouve l'assurance dans l'invincibilité allemande que le désastre de Stalingrad avait mise en cause.

Et les généraux et maréchaux du Führer commencent à envisager une nouvelle offensive d'été.

12.

Hitler se redresse.

Il était voûté, le visage inexpressif paraissant en ces premiers jours du mois de mars 1943 ne pas écouter les exposés des officiers de son grand état-major.

Mais lorsqu'ils ont évoqué le « miracle du Donetz », les projets d'une offensive d'été, il a semblé s'arracher à la lassitude dans laquelle il est enfermé depuis le désastre de Stalingrad.

Il a serré sa main gauche dans sa main droite comme s'il voulait contenir le tremblement de ses doigts, ces symptômes de la maladie de Parkinson, qui parfois font sursauter l'une ou l'autre de ses jambes.

Il se lève, marche de long en large, s'approche de la table des cartes, parle d'une voix saccadée, énergique :

« Offensive d'été ! Bien sûr. »

Un officier lui lit un message du Feldmarschall von Kluge, dont le quartier général est situé dans la région de Smolensk. Kluge l'invite à son quartier général.

Le Führer accepte aussitôt, fixe la date et l'heure.

Les officiers autour de lui ne peuvent dissimuler leur étonnement et leur enthousiasme.

Le Führer rendant visite à Kluge, aux soldats du front, personne n'osait plus l'espérer.

Voilà des semaines que le Führer refuse de quitter son Quartier Général de Rastenburg, comme s'il ne pouvait plus supporter la réalité, le désastre de Stalingrad, les reculs sur tous les fronts, la retraite de Rommel vers la Tunisie, et la capitulation de Paulus, désormais prisonnier des Russes.

Ceux-ci viennent de créer un Comité pour l'Allemagne Libre, animé par des communistes allemands.

Ce comité s'adresse par radio, par des tracts parachutés sur les lignes allemandes, aux soldats, les appelant à la désertion ! Et des officiers capturés à Stalingrad interviennent sur cette radio.

Et Paulus, Feldmarschall, se prête à cette vilenie, trahit son serment de fidélité.

Le Führer, enfermé dans son Grand Quartier Général, apostrophe les officiers, les accuse d'être des lâches. « La formation des officiers de l'état-major, répète-t-il, est une école du mensonge et de la fourberie. »

Il laisse libre cours à des colères qui l'épuisent.

Il n'a que cinquante-quatre ans, mais déjà la silhouette et la démarche d'un vieil homme. Ses cheveux sont gris. Son médecin, le docteur Morell, a diagnostiqué une affection cardiaque, et sans doute un ulcère, une propension à l'indigestion chronique. Mais Hitler est un patient difficile qui refuse tout régime alimentaire autre que le végétarien.

Plusieurs fois par jour, Morell lui administre des cachets et pratique des injections.

Sans doute est-ce pour dissimuler ce vieillissement et cette dégradation que Hitler refuse d'apparaître en public, et passe des semaines au Berghof.

Goebbels tente de l'arracher à cet isolement.

« Je juge de la plus haute nécessité, dit-il, que le Führer parle au peuple allemand pour expliquer la situation actuelle. »

Hitler se dérobe, ne prononçant qu'une très brève allocution, le 21 mars 1943, parlant si vite, d'un ton monocorde, que les auditeurs se demandent si c'est le Führer qui s'exprime ou s'il craint d'être interrompu par une alerte aérienne !

Et il a toujours refusé de rendre visite aux habitants des quartiers bombardés et ce, malgré l'insistance de Goebbels.

« Déjeuner avec lui, dit Albert Speer, est un supplice. Son berger allemand est le seul être vivant au Quartier Général qui lui apporte une diversion. »

Car Hitler ne supporte pas les mauvaises nouvelles, or elles déferlent. Alors on lui cache cette vérité qu'il ne veut pas connaître.

Speer, qui voyage dans le train spécial du Führer, constate que Hitler fait régulièrement baisser les stores des fenêtres donnant sur le quai. Autrefois, il saluait la foule. Maintenant, il craint de voir des réfugiés, des ruines, des blessés.

Angoisse, le train spécial s'est arrêté à une heure tardive sur une voie de garage. Albert Speer témoigne :

« Nous sommes réunis avec Hitler autour d'une table richement garnie dans le wagon-salon lambrissé de palissandre, lorsqu'un train de marchandises s'arrête le long de notre train, sans que personne d'entre nous y prête attention. Dans les wagons à bestiaux se trouvent des soldats allemands qui reviennent du front de l'Est ; dans un état lamentable, blessés pour certains, ils regardent hagards l'assemblée des convives. Hitler a un haut-le-corps en apercevant à deux mètres de sa fenêtre ce lugubre spectacle. Sans esquisser un salut, sans même manifester la moindre réaction, il ordonne à son domestique de baisser les stores au plus vite. »

Lui qui a été un « soldat du front » de 1914 à 1918 ne peut supporter de voir ces hommes qui lui rappellent ses souffrances et ses responsabilités.

Mais ce 13 mars 1943, il se rend au quartier général de von Kluge, proche de Smolensk, parce que le « miracle du Donetz », la perspective d'une offensive d'été lui font espérer un renversement de la situation militaire.

Mais c'est un piège.

Parmi les officiers qui l'y attendent, certains sont persuadés qu'il faut se débarrasser de Hitler avant que sa folie n'entraîne la fin de l'Allemagne.

Les conjurés espèrent que, Hitler disparu, le Reich pourra conclure une paix de compromis avec les Anglo-Américains et peut-être débouchera-t-elle sur un retournement des alliances : tous contre le bolchevisme.

Et ces généraux, ces colonels, qui sont souvent de fervents chrétiens, des aristocrates qui n'ont suivi Hitler que parce que ce Führer – dont tout les séparait – paraissait s'être mis au service de la grandeur de l'Allemagne, craignent que les nazis ne cherchent à conclure avec Staline une paix séparée. Ribbentrop serait en contact avec des agents soviétiques. Il faut donc agir vite.

Les services secrets de l'armée – l'Abwehr, dirigé par l'amiral Canaris – sont au centre de la conspiration animée par les officiers supérieurs – les généraux Olbricht et von Tresckow.

Des liens ont été noués à Stockholm avec des banquiers suédois, Marcus et Jakob Wallenberg.

D'autres ont été établis en Suisse avec Allen Dulles qui dirige les services secrets américains, l'OSS.

Mais les officiers, qui voient se poser, le 13 mars 1943, l'avion du Führer sur la piste proche du quartier général de von Kluge, savent qu'ils doivent d'abord réussir à tuer Hitler.

C'est la condition nécessaire à toute ouverture diplomatique.

« Nous sommes prêts, le moment est venu pour l'opération Flash », dit le général Olbricht.

Les conjurés disposent de bombes fabriquées par l'Abwehr sur le modèle d'explosifs anglais, à mèche lente.

Ce 13 mars, ils pensent les faire exploser dans le Quartier Général, puis au mess.

Mais le Führer, entouré de gardes du corps SS, ne s'attarde jamais.

Il faut donc introduire les explosifs dans son avion.

Les bombes – présentées comme deux bouteilles de cognac – sont confiées au colonel Brand de l'état-major de l'armée qui consent à se charger de ce « cadeau » destiné à un général en poste à Berlin.

Mais les bombes n'exploseront pas.

Les conjurés Olbricht, von Tresckow, un officier subalterne, Fabian von Schlabrendorff, attendront en vain l'annonce de la destruction de l'avion du Führer et donc de la mort de Hitler.

Un message annonce au contraire que le Führer a atterri à Rastenburg.

« Nous fûmes comme assommés », raconte l'un des conjurés.

Il faut récupérer les deux « bouteilles de cognac » car la découverte des bombes entraînerait la mort de dizaines d'officiers. Ils y parviennent.

Le 21 mars 1943, ils font une nouvelle tentative lors de la cérémonie en l'« honneur des héros » qui doit rassembler à Berlin, au musée de l'Armée, le Führer, Himmler, Goering.

Défilé des soldats devant Hitler, le 21 mars 1943.

Le colonel von Gersdorff, de l'état-major de von Kluge, prêt à mourir, emporte dans chacune des poches de son manteau une bombe. Mais une fois de plus c'est l'échec. Hitler ne passe que quelques minutes au musée, délai trop court pour la mise à feu des bombes.

Les conjurés découvrent à cette occasion que le Führer change à la dernière minute son programme, ce qui lui permet de déjouer les attentats. En outre, les SS l'entourent et il porte un képi doublé de plaques d'acier !

Pourtant, l'échec de ces deux tentatives conforte les conjurés dans leur détermination et d'autant plus que, pour la première fois depuis la guerre, ils constatent un frémissement dans l'opinion.

À l'université de Munich, des étudiants – Hans Scholl et sa sœur Sophie – rédigent des tracts, les diffusent, et créent un petit groupe qui s'intitule « Les lettres de la Rose blanche ».

Le Gauleiter de Bavière, Giesler, les convoque, les menace, les insulte.

Les étudiants inaptes au service armé seront affectés à des travaux utiles à la patrie. Quant aux étudiantes, dit-il, « si certaines de ces demoiselles manquent du charme suffisant pour attirer un compagnon, j'assignerai à chacune d'elles un de mes adjoints et je puis leur promettre une expérience des plus plaisante ».

Giesler est hué. Des étudiants manifestent dans les rues de Munich, Hans et Sophie Scholl jettent des tracts du haut du balcon de l'université.

Le 19 février, ils sont dénoncés et arrêtés.

Ils comparaissent devant le Tribunal du Peuple présidé par Roland Freisler qui vocifère emporté par sa haine et sa rage de fanatique.

Hans et Sophie Scholl ont osé écrire dans un de leurs tracts : « Avec une certitude quasi mathématique, Hitler conduit l'Allemagne dans un gouffre, il ne peut pas gagner la guerre alors il la prolonge. Sa responsabilité morale et celle de ses séides ont passé toute mesure. Le banditisme ne peut donner une victoire à l'Allemagne. Séparez-vous, alors qu'il en est encore temps, de tout ce qui est nazi. »

L'enquête de la Gestapo a permis d'arrêter un professeur, Kurt Huber, maître à penser des étudiants. Certains d'entre eux sont en contact avec des proches de l'« Orchestre rouge », le réseau de renseignements soviétique.

L'interrogatoire par la Gestapo est brutal. Les étudiants et le professeur Huber reconnaissent les faits. Ils ont en effet rédigé et distribué des textes – dont certains, parvenus à Londres, seront imprimés à des dizaines de milliers d'exemplaires et largués au-dessus de l'Allemagne par les... bombardiers de la Royal Air Force.

Le 22 février 1943, le Tribunal du Peuple juge Hans, Sophie Scholl et Kurt Huber coupables de trahison et les condamne à être décapités.

Sophie Scholl, qui a eu la jambe brisée lors des interrogatoires, déclare, appuyée sur ses béquilles, face au président du Tribunal, qu'elle est fière d'avoir écrit sur les murs de l'université « Liberté », « Hitler massacreur ».

**Hans Scholl, Sophie Scholl, Christoph Probst,
en juillet 1941.**

Au président Freisler, qui l'interrompt, elle lance :
« Vous savez aussi bien que moi que la guerre est
perdue ! Comment pouvez-vous être assez lâche pour
ne pas l'admettre ? »

13.

Rommel n'est pas un lâche, mais il ne peut penser, comme Sophie Scholl, que la guerre est perdue. Pas encore, mais il le craint.

Voilà trois ans qu'il se bat à la tête de ses troupes.

Sa gloire, sa croix de fer, son titre de Feldmarschall, il les a gagnés non dans les antichambres du pouvoir nazi, mais face à l'ennemi, en première ligne, aux côtés des « soldats du front ».

Il n'imagine même pas ce qu'est l'atmosphère du Grand Quartier Général.

Il a prêté serment au Führer, il lui reste fidèle, mais il remet en cause l'entourage de Hitler, ce Goering qu'il a côtoyé lors d'un voyage dans le train spécial du Reichmarschall.

Il n'a rien de commun avec cet homme-là, dont un témoin, en ce début de l'année 1943, lui a décrit la vie.

Goering, dans sa résidence « princière » de Karin-hall, se met en scène.

« Le matin, il est en pourpoint avec des manches de chemise bouffantes et blanches ; pendant la journée, il change d'habit à plusieurs reprises ; le soir, à table, il est en kimono de soie bleue ou violette et en pantoufles de fourrure. Dès le matin, il porte un poignard en or au côté ; au cou il a une agrafe avec des pierres précieuses changées souvent. Chacun de ses doigts est bagué. Son gros abdomen est soutenu par large ceinture ornée de nombreuses pierres. »

Rommel éprouve du dégoût, un sentiment de répulsion pour cet homme qui conseille le Führer !

Lui, Rommel, en Tunisie, il se bat.

Il doit faire face aux troupes américaines – venues d'Algérie – et aux troupes anglaises qui comptent dans leurs rangs les Français du général Leclerc.

« Je me creuse le cerveau pour essayer de trouver une solution, écrit Rommel. Malheureusement aucune des conditions nécessaires n'est remplie. Tout dépend du ravitaillement comme il en a toujours été depuis des années. »

Dans cette lettre à sa « très chère Lu », il ajoute :

« Ma santé s'est maintenue jusqu'ici, mais le cœur, le système nerveux et les rhumatismes me causent une foule d'ennuis. Je suis cependant décidé à tenir aussi longtemps qu'il sera humainement possible. »

Mais le même jour – 26 février 1943 – l'aide de camp de Rommel écrit :

« Chère madame Rommel,

« Au début du mois de février, l'état physique et nerveux de votre mari était devenu tel que le professeur Horster considérait qu'une période de traitement de deux mois lui était indispensable… Lui pour sa part avait pris sa décision que nous semblâmes ignorer de ne jamais se faire porter malade.

« Il appartenait à ses hommes. »

En ce mois de février, il a, dans la passe de Kasserine, remporté un succès sur les troupes américaines.

Il a été comme à son habitude au contact de l'ennemi.

« Le long des routes, nous dépassons des véhicules américains, leurs chauffeurs morts au volant... D'autres soldats ennemis sont faits prisonniers par petits groupes... Refoulée contre le flanc de la montagne, une unité américaine est taillée en pièces... Nous avons pris quelque 70 chars, 30 véhicules blindés, la plupart remorquant un canon de 75 antichar. L'équipement américain est prodigieux. »

« Le long des pistes de ce Sud tunisien gisent des soldats anglais à côté de leurs pièces antichars, entièrement dépouillés de leurs vêtements par les Arabes. Il est impossible de retrouver ces détrousseurs de cadavres, heureusement pour eux... »

Rommel ne s'illusionne pas : le succès qu'il vient de remporter dans la passe de Kasserine, il ne peut l'exploiter. Les forces anglo-américaines bénéficient d'une supériorité matérielle écrasante. Ils ont aussi la maîtrise du ciel.

Et Rommel ne sous-estime pas la valeur militaire des Américains.

« La conduite tactique de l'adversaire s'est révélée de premier ordre. » Comment les battre quand, dernière faiblesse, les initiatives de Rommel sont contestées, entravées par le *Comando Supremo* de l'allié italien. Le Duce Mussolini ne veut pas perdre Tunis !

Et le maréchal Kesselring « voit tout en rose » alors que Rommel pense que la Tunisie est perdue.

Il faudrait évacuer les troupes italo-allemandes et les déployer en Sicile et dans la péninsule italienne afin d'empêcher toute tentative de débarquement.

Lorsqu'il évoque cette perspective, le *Comando Supremo* et Kesselring poussent de hauts cris ! Que Rommel aille se faire soigner en Europe et ne revienne jamais en Afrique !

« Le Führer s'inquiéterait de moi, note avec satisfaction Rommel… Mais je reçois à tout instant des ordres de Rome, alors que la responsabilité repose sur moi. C'est intolérable !

« Il m'arrive souvent de penser que ma tête va éclater. Nous sommes continuellement obligés de suivre des chemins qui mènent au bord de l'abîme, alors que si les choses venaient à aller mal, les conséquences seraient terribles. »

Il regarde autour de lui.

« C'est déjà le printemps de ce côté de la mer, arbres en fleur, prairies, soleil… Le monde pourrait être si beau pour tous les hommes ! Il y aurait de telles possibilités de pourvoir à leurs besoins et de les rendre heureux ! Il y aurait tant à faire surtout sur cette terre d'Afrique aux espaces illimités ! »

Il veut tenter de plaider la cause auprès de Hitler. Il va se rendre en avion au Grand Quartier Général du Führer. Avant de partir, il délègue ses pouvoirs au général von Arnim.

À Rome où il fait escale, il voit les généraux italiens du *Comando Supremo* et il comprend que personne n'imagine qu'il retournera en Tunisie. Le Führer l'enverra en convalescence.

Mussolini le reçoit pendant vingt-cinq minutes. Le Duce, qui parle allemand, est cordial.

« La perte de Tunis produirait un choc considérable en Italie », dit-il.

Rommel l'observe.

Ce Duce est un grand comédien, mais sûrement pas un Romain, comme il cherche à s'en donner l'apparence.

**Mussolini (à droite) en compagnie de Rommel
et de Rudolf Rahn en 1943.**

Il ajoute :

« À ce moment, le Duce voit s'écrouler tous ses rêves. C'est pour lui une heure cruelle, dont il est à peu près incapable de supporter les conséquences. J'aurais peut-être dû lui parler autrement sur la fin, mais j'étais si profondément écœuré de ce faux optimisme perpétuel que je ne peux simplement pas le faire. »

Puis Rommel, refusant de prendre place dans le train spécial de Goering qui est à Rome, rejoint le Grand Quartier Général de Hitler en avion. C'est l'après-midi du 10 mars 1943, quelque part en Russie.

« Le soir même, je suis invité à prendre le thé avec Hitler, à qui je peux ainsi parler en particulier. Il paraît encore sous le coup de la dépression causée par le désastre de Stalingrad. Il me dit qu'on est toujours sujet à considérer le mauvais côté des choses après une défaite, tendance qui peut conduire à des conclusions fausses et dangereuses.

« Il se montre complètement fermé à mes arguments, qu'il élimine les uns après les autres, persuadé que je me suis laissé envahir par le pessimisme.

« Je déclare pourtant, avec toute la fermeté dont je suis capable, qu'il faut rééquiper l'armée d'Afrique en Italie et la mettre en état de défendre nos frontières méridionales d'Europe. Je vais même jusqu'à lui donner l'assurance – ce qui n'est pourtant pas dans mes habitudes – que je me fais fort, avec ces troupes, de repousser toute invasion par le sud de l'Europe.

« Mes efforts répétés sont vains.

« Je reçois la consigne de prendre une permission de convalescence et de me remettre sur pied, pour pouvoir prendre un peu plus tard le commandement des opérations vers Casablanca... »

Ainsi donc, le Führer imagine une contre-offensive rejetant les Anglo-Américains hors de l'Afrique du Nord.

Un tel aveuglement, une telle capacité à s'illusionner laissent Rommel accablé.

Le lendemain, le Führer lui remet les « feuilles de chêne avec glaives et diamants ».

Brève satisfaction !

« Mes efforts pour sauver mes hommes et les ramener sur le continent se sont révélés inutiles.

« Je reprends l'avion pour Wiener-Neustadt d'où je me rends à l'hôpital de Semmering. »

Il sait que « son » armée, puisqu'on refuse de l'évacuer et qu'elle n'a plus ni armes ni munitions, sera contrainte de se rendre en mai 1943.

On sera surpris et désespéré quand on apprendra la nouvelle au Grand Quartier Général du Führer.

Rommel avait pourtant averti le Führer. Mais le Feldmarschall sait désormais que dans l'entourage du Führer certains « mènent une lutte personnelle pour le pouvoir sur le dos des troupes combattantes ».

« Goering en particulier, accuse Rommel, s'acharne contre l'armée, essayant de lui damer le pion. »

Il a créé des divisions de campagne de la Luftwaffe. Il choisit de les faire intervenir en Afrique du Nord, imaginant que la victoire serait aisée.

Ce sera l'échec, la capitulation de toutes les forces allemandes et italiennes présentes en Tunisie.

« N'est-il pas chargé de sens, écrit Rommel, que l'on retrouve la trace de Goering dans l'affaire de Stalingrad ?

« On m'a raconté que, lorsque le Führer a décidé d'envoyer au commandant de la VIᵉ armée – Paulus – l'ordre de se frayer un chemin vers l'ouest, Goering lui a dit : "Mais, mon Führer, vous n'allez tout de même pas faiblir. Nous ravitaillerons Stalingrad par avion." »

TROISIÈME PARTIE

Mars

juin 1943

« ... *Si les Juifs ne veulent pas travailler, ils sont abattus ; s'ils ne peuvent pas travailler, ils doivent aussi mourir. Il faut les traiter comme les microbes de la tuberculose susceptibles d'infecter un corps sain. Ce n'est pas cruel si l'on considère qu'il faut tuer même des êtres innocents comme des cerfs ou des lièvres pour éviter des dégâts. Pourquoi épargner ces bêtes qui ont voulu nous apporter le bolchevisme ?... Les peuples qui ne se sont pas défendus contre les Juifs ont péri... La force motrice [du capitalisme et du bolchevisme] est en tout état de cause la haine éternelle de cette race maudite qui, depuis des milliers d'années, châtie les nations comme un vrai fléau de Dieu jusqu'à ce que sonne l'heure pour ces nations de reprendre leurs esprits et de se redresser contre leurs bourreaux...* »

Propos de Hitler,
Vassili Grossman, article pour
Krasnaïa Zvezda, intitulé
« Aujourd'hui à Stalingrad »
Mars-avril 1943

14.

En ce printemps de l'année 1943, alors que les villes du Reich sont écrasées sous les bombes, que les morts, les disparus de Stalingrad hantent les mémoires allemandes, Hitler passe de l'abattement à l'exaltation ou à la colère.

Il a choisi de nouveaux favoris, Martin Bormann d'abord, devenu le « secrétaire du Führer ».

Le Reichmarschall Goering aux tenues extravagantes est en disgrâce.

Goering n'a tenu aucune de ses promesses, et Hitler ne l'oublie pas. Il s'emporte, furibond, contre celui qui est encore son héritier désigné. Le Führer lui tourne le dos et, quand il s'adresse à lui, il ne parle pas, il aboie, déroulant un réquisitoire que Goering, servile, subit.

« La Luftwaffe n'a pas ravitaillé Stalingrad, hurle le Führer. Elle n'a pas exterminé les Anglais à Dunkerque, en mai 1940. Elle devait briser l'Angleterre, terroriser et écraser les villes anglaises, contraindre Churchill à la démission, à la capitulation. »

Le Reichmarschall avait promis de fournir à Rommel « armes, munitions, carburant ! Et il n'y a plus un soldat allemand en Afrique du Nord. L'armée de Rommel a dû déposer les armes ! ».

Hitler s'avance vers Goering, comme s'il allait le frapper, mais il se détourne, s'adresse à Bormann.

Puis, épuisé, Hitler s'assied, ferme les yeux.

Goering, d'une voix doucereuse qui enfle peu à peu, s'engouffre dans le silence du Führer.

Goering affirme, répète :

« Churchill et Roosevelt sont des drogués et des malades mentaux qui s'agitent au bout des ficelles tenues par des Juifs… Cette guerre est une grande guerre des races qui décidera si les Allemands et les Aryens survivront ou si les Juifs domineront le monde. »

Hitler se lève, parle avec exaltation. Il semble avoir oublié la Luftwaffe, repris par ses obsessions.

« La force motrice [du capitalisme et du bolchevisme] est en tout état de cause la haine éternelle de cette race maudite qui, depuis des milliers d'années, châtie les nations comme un vrai fléau de Dieu jusqu'à ce que sonne l'heure pour ces nations de reprendre leurs esprits et de se redresser contre leurs bourreaux. »

Le Führer soliloque.

« L'antisémitisme, poursuit-il, tel que nous l'avons retenu et propagé antérieurement dans le Parti, doit redevenir le cœur de notre combat. »

L'approbation de Goering, de Goebbels, de Bormann le grise. Il exhorte Goebbels à développer une « propagande antisémite agressive ».

Il marche de long en large, penché en avant.

« Des bactéries antisémites, dit-il, sont naturellement

présentes dans toute l'opinion publique européenne, il nous suffit de les rendre virulentes. »

Il cite *Le Protocole des Sages de Sion* qui, affirme Hitler, n'est pas comme on le prétend un faux, mais un texte « absolument authentique » où l'on voit que les Juifs se servent de la guerre pour se défendre du processus d'extermination imminent.

Il s'interrompt, cherche des yeux Himmler.

« Les peuples, dit-il, qui ont été les premiers à reconnaître le Juif et les premiers à le combattre s'élèveront à la domination mondiale à sa place », conclut-il.

Goering, Goebbels, Bormann, Himmler, mais aussi le général Keitel approuvent avec ferveur.

« Nous avons pleinement conscience de ce que nous risquerions si nous faisions preuve de faiblesse autour de cette guerre, note Goebbels. Nous nous sommes tellement engagés, surtout dans la question juive, qu'il n'est plus possible de reculer désormais. Et cela vaut mieux ainsi. Un mouvement et un peuple qui ont coupé les ponts derrière eux combattent, l'expérience le prouve, plus résolument que ceux qui ont encore une possibilité de retraite. »

Le 3 mai 1943, Goebbels, ministre de la Propagande, communique – dans une circulaire confidentielle – ses instructions à la presse du Reich, inspirées par le Führer.

« Les possibilités d'exposer la véritable nature des Juifs sont infinies, écrit Goebbels. Désormais, la presse doit utiliser les Juifs comme cible politique : les Juifs sont responsables, ont voulu la guerre, les Juifs font empirer la guerre, et encore et toujours les Juifs sont responsables. »

Il faut convaincre les Allemands que, comme l'a dit le Führer, « il ne reste pas d'autre choix aux peuples modernes que d'exterminer les Juifs ».

Leur mort doit venger celle des soldats allemands. Il faut que la puissance diabolique suscite une haine meurtrière qui permettra de refouler l'angoisse.

Et Goebbels, en tribun, sait jouer de la peur sourde des Allemands pour leur faire accepter – pire, désirer – l'extermination.

À la tribune du Sportpalast, il martèle :

« Derrière la ruée [protestations exaltées], derrière la ruée des divisions soviétiques, nous entrevoyons déjà les escadrons de liquidation, embusqués derrière la terreur, le spectre de millions de gens plongés dans la famine et celui d'une anarchie totale en Europe. Ici, la juiverie internationale, une fois de plus, montre qu'elle constitue le facteur de décomposition *démoniaque* [...]. Nous n'avons jamais craint la juiverie, et nous la craignons aujourd'hui moins que jamais ! [cris de *"sieg heil"*, longs applaudissements]. [...] Le but du bolchevisme est la révolution mondiale des Juifs [...]. L'Allemagne, au moins, n'a pas l'intention de fléchir devant cette menace juive ; elle compte plutôt y faire face par l'*exter*... [se reprenant] l'*élimination* si nécessaire totale et plus radicale de la juiverie. »

La foule, debout, applaudit avec frénésie, crie « *sieg heil* », entonne des chants nazis – le *Horst Wessed Lied* –, l'hymne du Reich – *Deutschland Über Alles* !

Les bras se lèvent pour le salut nazi. On rit, on a compris que le lapsus de Goebbels était calculé.

Il n'a pas dit *extermination* mais il l'a suggéré
– *Ausrott* – et personne n'est dupe de ce que signifie
l'*élimination* – *Ausschaltung* – totale et radicale.

Et des millions d'Allemands qui ont écouté ce discours de Goebbels retransmis plusieurs fois par toutes
les stations de radio se sont esclaffés, se sont félicités
de cette astuce : dire et ne pas dire, tuer et ne pas
avouer le meurtre tout en le revendiquant.

Tout un peuple ainsi s'enfonce dans la complicité
avec les bourreaux.

Et Goebbels a conclu ce discours par un vers publié
en 1814 par le poète Körner, pour dresser tous les
Allemands contre Napoléon dans un grand soulèvement patriotique :

« Et maintenant, peuple, lève-toi, et toi, tempête,
déchaîne-toi. »

La « tempête » a déjà tué – selon un rapport remis
à Himmler le 31 mars 1943 – 2 millions et demi de
Juifs. Le document est intitulé « La solution finale de
la question juive européenne ».

Derrière cette comptabilité criminelle, il y a l'in-
descriptible et infinie souffrance de chaque humain :
enfant, vieillard, malade, femme, homme.

L'enfer commence dans le wagon où l'on meurt
d'épuisement, de soif, d'étouffement. La panique
d'être entassés à cent. Les cris. La folie qui pose ses
griffes sur quelques déportés, les luttes à mort pour
s'approcher de l'étroite ouverture qui permet de res-
pirer, l'odeur d'urine et de merde.

**Prisonniers transportés vers un camp de concentration
en Pologne en 1943.**

Puis l'arrivée à Auschwitz, Treblinka, Sobibor, Maidanek, Belzec.

C'est l'effroi : les chiens, les coups, les hurlements, la sélection, le déshabillage, la « douche », les chambres à gaz. Ce gaz Zyklon B, fabriqué par l'industrie allemande.

Les membres du *Sonderkommando* tirent les corps hors de la chambre à gaz et les enfournent dans les crématoires après avoir dépouillé les cadavres de leurs dents en or, de leurs bijoux, de tout ce qui a pu être récupéré, fondu pour devenir lingot d'or.

Avant, on avait trié les vêtements, expédiés en Allemagne, distribués ou vendus aux enchères.

À Hambourg, en 1942-1943, arrivent ainsi 27 227 tonnes de « marchandises » ayant appartenu à des Juifs, soit 45 cargaisons.

Cent mille habitants de Hambourg bénéficient de ces « arrivages ».

« De simples ménagères portent soudain des manteaux de fourrure, trafiquent avec du café et des bijoux, s'équipent de meubles et de tapis anciens venant de Hollande ou de France. »

« *Schneller, schneller, schneller*, plus vite, plus vite, plus vite », crient les kapos, les gardiens, quand les portes des wagons sont ouvertes à l'arrivée dans les camps.

Mais *schneller, schneller, schneller* vaut pour tous les moments de la mise en œuvre de la « solution finale ».

Il faut vite fondre les dentiers et les couronnes en or pour en faire des lingots. Ils vont dans les coffres de la Reichbank et dans ceux des banques suisses et servent à acheter des diamants industriels nécessaires à l'industrie de guerre allemande.

Schneller, schneller, schneller, pour se constituer un trésor de guerre – celui des SS –, pour conquérir des positions de pouvoir et chez certains afin de se préparer à « survivre » si le Reich était défait.

Schneller, schneller, schneller : tuer vite, massacrer tous les Juifs d'Europe, appliquer plus vite la « solution finale ». Faire disparaître les Juifs, les témoins, les traces du massacre.

On retire des fosses communes ouvertes en 1941 les milliers de corps qui y ont été jetés, tués d'une balle par les *Einsatzgruppen*. Les Russes avancent. Il faut déterrer, brûler ces corps, effacer le crime des mémoires.

Schneller, schneller, schneller : il faut que les Alliés
– Roumains, Hongrois – livrent leurs Juifs, plus vite,
plus vite.

Les 17 et 18 avril 1943, Hitler rencontre le régent
de Hongrie, Horthy, au château de Klessheim, proche
de Salzbourg.

Huit cent mille Juifs vivent en Hongrie, alors que la
guerre semble ne plus pouvoir être gagnée par l'Allemagne, et Horthy hésite à les livrer aux nazis.

Hitler s'étonne de la clémence des mesures hon-
groises. Horthy devrait s'inspirer de ce qui se fait en
Pologne.

« Si les Juifs ne veulent pas travailler, ils sont
abattus ; s'ils ne peuvent pas travailler, ils doivent
aussi mourir. Il faut les traiter comme les microbes
de la tuberculose susceptibles d'infecter un corps
sain. »

Le Führer s'interrompt, répète :

« Des microbes de la tuberculose… »

Puis, ajoute Hitler :

« Ce n'est pas cruel si l'on considère qu'il faut
tuer même des êtres innocents comme des cerfs ou
des lièvres pour éviter des dégâts. Pourquoi épargner ces bêtes qui ont voulu nous apporter le bolchevisme ?

Le Führer s'interrompt à nouveau :

« Les peuples qui ne se sont pas défendus contre
les Juifs ont péri », dit-il.

Mais, en dépit des exhortations de Hitler, le ministre
des Affaires étrangères hongrois – Kallay – déclare à
la fin du mois de mai 1943 :

« La Hongrie ne s'écartera jamais des préceptes de

l'Humanité qui, tout au long de son histoire, ont toujours été les siens en matière de questions raciales et religieuses. »

Or, en ces premiers mois de 1943, en Europe, on sait quel est le destin des Juifs qui partent « vers l'est ». Et le peuple allemand le sait.

Des centaines d'Allemandes viennent visiter leurs maris gardiens SS à Auschwitz.

« L'odeur de chair brûlée est portée à des kilomètres, reconnaît le commandant du camp Höss. Tout le voisinage parle de la crémation des Juifs... »

Les Allemands qui habitent la haute Sibérie, les cheminots, les soldats, personne ne peut ignorer le destin des Juifs « transportés » de leur pays, de leur ghetto, vers les camps.

On sait que le « haut fourneau SS » d'Auschwitz traite 6 000 personnes par jour.

Ce sont les permissionnaires des diverses unités engagées à l'est qui racontent ce qu'ils ont vu, ou ce que des camarades leur ont rapporté. Ils se contentent d'abord d'évoquer des « mesures très rudes » prises contre les Juifs, puis ils s'épanchent, évoquent massacres, chambres à gaz, crématoires.

Mais l'antisémitisme a tant gangréné les esprits, la propagande de Goebbels est si efficace que personne ne semble s'indigner, et *a fortiori* protester.

En Allemagne, la « solution finale » est acceptée, justifiée, voire souhaitée.

Et d'autant plus facilement que les Juifs semblent se laisser massacrer sans combattre ; et l'un d'eux, l'écrivain yiddish Yehoshua Perle, écrit, évoquant le destin du ghetto de Varsovie :

« Trois cent mille Juifs n'ont pas eu le courage de dire non. Chacun ne songeait qu'à sauver sa peau. Et pour y arriver, on était même prêt à sacrifier son papa, sa maman, sa femme et ses enfants[1]. »

---

1. Cité par Saul Friedländer, *Les Années d'extermination. L'Allemagne nazie et les Juifs, 1939-1945*, Paris, Le Seuil, 2008. Un livre essentiel.

15.

Les Juifs du ghetto de Varsovie, ceux-là mêmes que l'écrivain yiddish Yehoshua Perle accuse de n'avoir songé qu'à « sauver leur peau », ont su mourir les armes à la main, résister aux SS, et combattre avec la seule volonté d'affirmer leur dignité et de laisser une trace héroïque dans la mémoire des hommes.

« Nos vies ont la résistance de la pierre, et nos pierres l'éternité de la vie », a dit l'un de ces combattants, en luttant jusqu'à la mort dans ce champ de ruines qu'était devenu le ghetto de Varsovie.

Le 1er mai 1943, Goebbels écrit dans son *Journal* :

« Les rapports en provenance des territoires occupés n'apportent rien de nouveau ni de sensationnel.

« Il y a tout juste à noter des combats particulièrement violents à Varsovie entre notre police et même notre armée d'une part et les Juifs en rébellion. Ces derniers sont parvenus en fait à mettre le ghetto en état de défense. Il s'y déroule de durs combats, au point que les dirigeants juifs émettent quotidiennement des communiqués militaires. De toute façon, cette plaisanterie ne va pas durer bien longtemps. Mais on voit à quoi il faut s'attendre de la part des Juifs quand ils sont en possession d'armes. Malheureusement, ils en possèdent un certain nombre de bonne fabrication allemande. Dieu sait comment elles leur sont parvenues. »

Le 22 mai, Goebbels est contraint de noter que « les combats pour le ghetto de Varsovie continuent. Les Juifs résistent encore ».

Les responsables nazis, le 31 mai, font le bilan de l'insurrection dont « la liquidation a été très difficile... On a vu des femmes en armes combattre jusqu'au bout contre les Waffen-SS et la police ».

C'est en janvier 1943 que Himmler, en visite à Varsovie, découvre qu'il reste encore dans le ghetto 60 000 Juifs.

Ils étaient 400 000 en 1940, enfermés derrière un mur ceinturant l'ancien ghetto où vivaient 160 000 personnes. Tous les Juifs de Varsovie avaient été contraints d'y résider.

Le ghetto est donc surpeuplé.

On y meurt de faim, de froid. On y vit dans la promiscuité.

Les Allemands tuent tous ceux – souvent des enfants – qui tentent de franchir le mur, de passer dans la Varsovie aryenne, pour s'y procurer des denrées alimentaires. La contrebande est de règle. On vend des oranges dans le ghetto pour les privilégiés et on crève sur les trottoirs.

Une police juive, exigée par les Allemands, dresse les listes de ceux qui doivent quitter le ghetto pour l'Est, le camp d'extermination de Treblinka. Ce sont les nazis qui en fixent le nombre. Aux Juifs de choisir les « transférés ».

On sait vite dans le ghetto comment l'on tue à Treblinka. Quelques rares évadés du camp sont revenus au ghetto, ont raconté.

« Les femmes entrent nues dans les douches : leur mort. » « Quitter cette vie n'est qu'une affaire de 10 à 15 minutes à Treblinka, ou à Auschwitz. »

On essaie par tous les moyens de ne pas être inscrit sur les listes de ceux qui doivent partir pour Treblinka et que la police juive du ghetto rafle, traque, frappe à coups de matraque pour les entasser dans les wagons.

Que vaut la vie ?

« Personne ne sait ce que demain nous apportera et nous vivons dans une peur et une terreur perpétuelles. »

Les Allemands viennent filmer les rues du ghetto pour montrer ces « poux » de Juifs dans leur misère. Et les SS paradent au milieu de cet enfer où l'on veut retirer à l'homme sa dignité.

Himmler a décidé de « transporter » les Juifs du ghetto de Varsovie.

Ils ne sont donc plus que 60 000 en janvier 1943 dans un espace muré de 1 000 mètres sur 300 mètres. Mais il est sillonné d'égouts, de caves, de souterrains.

Là sont ceux qui veulent mourir en combattants : Juifs de l'Organisation Juive de Combat (ZOB) et ceux de l'Union Militaire Juive (ZZW). Ils disposent de quelques armes, certaines vendues ou données par l'AK, l'Armée Intérieure Polonaise.

Mordechaï Anielewicz, le chef de l'Organisation Juive de Combat, comme ses camarades, ne s'illusionne pas sur l'issue des combats.

« Il a une appréciation exacte du combat inégal »,

note après une conversation avec lui Emanuel Rin-
gelblum, qui s'emploie à écrire l'histoire du ghetto,
dans l'espoir que ces « archives » seront découvertes,
un jour, la guerre finie.

« Mordechaï Anielewicz prévoit la destruction du
ghetto et est certain que ni lui ni les combattants ne
survivront à la liquidation du ghetto.

« Il est certain qu'ils vont mourir comme des chiens
errants et que personne ne connaîtra leur dernière
demeure. »

Mais tous voulaient mourir en combattant. Et que
pour la première fois dans l'histoire du IIIᵉ Reich des
Juifs résistent, les armes à la main, à leurs bourreaux.

Alors chaque cœur de Juif, celui d'un homme juste,
deviendrait pour l'éternité leur dernière demeure.

Ils voient s'avancer ce 19 avril 1943 – veille de
Pâques – les 2 000 SS et policiers disposant de chars,
de lance-flammes, d'artillerie, d'automitrailleuses.

Ils sont commandés par le Brigadeführer et major
général de la police, Juergen Stroop.

Le général SS estime que trois jours suffiront pour
en finir avec le ghetto.

Il méprise trop « ce rebut, ces êtres inférieurs »
pour les imaginer capables de résister à ces hommes
bardés de cuir, casqués, bottés, armés, soldats expéri-
mentés, décorés. Et aux SS se sont joints 355 miliciens
lithuaniens, et même quelques policiers et pompiers
polonais.

Le général Stroop est si sûr de lui qu'il n'a pas
tenu compte de l'exécution par les combattants de
l'Organisation Juive de Combat de plusieurs « traîtres
juifs », informateurs des SS.

Il ne prête pas attention au fait que le ghetto semble vidé de ses derniers occupants qui se sont terrés, refusant de quitter les lieux.

Stroop donne donc le signal de l'attaque.

« L'opération venait à peine de commencer, écrira-t-il, quand nous nous trouvâmes sous un feu nourri et concerté des Juifs et des bandits. Le char et deux automitrailleuses furent criblés de cocktails Molotov. Devant cette contre-attaque ennemie, nous fûmes contraints de nous replier. »

Jour après jour, durant plus de quatre semaines, les combattants juifs résistent.

« Les Juifs et les criminels se défendent pied à pied, réussissent à s'échapper au dernier moment », note Stroop.

Les Juifs refusent de se laisser « regrouper ».

« Sans cesse de nouveaux groupes de combat, composés de 20 à 30 hommes accompagnés d'autant de femmes, opposaient une nouvelle résistance. »

Les femmes tirent à « deux mains », font exploser des grenades qu'elles ont dissimulées dans leurs jupes.

Stroop décide alors de mettre le feu à tous les immeubles du ghetto. Mais les Juifs se battent jusqu'au bout, préférant sauter du haut des immeubles en flammes plutôt que de se rendre.

Certains s'enfoncent dans les égouts.

Des familles, pour éviter de voir périr leurs enfants dans les flammes, se rendent.

Et l'on voit ces enfants faméliques, mains levées face à ces molosses humains que sont les SS.

Stroop capture ainsi 27 464 Juifs.

« Je vais essayer d'obtenir un train pour Treblinka,

écrit le général SS. Sinon dès demain nous opérerons ici même la liquidation. »

Il fait inonder les souterrains, laisse tomber des bombes fumigènes dans les égouts.

Quelques combattants réussissent cependant à fuir, atteignant, en rampant dans les canalisations, les berges de la Vistule.

Le 16 mai 1943, le général Stroop écrit dans l'un de ses derniers rapports intitulé « Le ghetto de Varsovie n'est plus » :

« L'action de grande envergure entreprise a pris fin à 20 h 15 en faisant sauter la synagogue de Varsovie. Nombre total de Juifs dont le sort est réglé : 56 065, comprenant à la fois les Juifs faits prisonniers et les Juifs dont la mort peut être prouvée. »

Trente-six mille d'entre eux ont été gazés à Treblinka.

Tous les autres ghettos – à Bialystok, Minsk, Vilna… – furent liquidés avant l'été 1943. Leur population « transférée » dans les camps d'extermination.

Les quelques Juifs qui avaient réussi à fuir furent presque toujours livrés – contre récompense – aux nazis par les paysans polonais ou ukrainiens, après avoir été dépouillés de ce qu'ils possédaient.

Le 11 juin 1943, Himmler ordonne – une nouvelle fois ! – que « le quartier de l'ancien ghetto soit totalement rasé, chaque cave et chaque égout comblé. Ce travail achevé, on recouvrira la zone de terre végétale pour y aménager un grand parc ».

**Soulèvement du ghetto de Varsovie.
Résistants sur le point d'être exécutés.**

En ce même juin 1943, un sergent de la Luftwaffe qui survole la ville écrit :

« Nous avons effectué plusieurs cercles au-dessus de Varsovie. Et c'est avec une grande satisfaction que nous avons pu constater l'extermination complète du ghetto juif. Là, les nôtres ont accompli un boulot fantastique. Il n'y a pas une maison qui n'ait été totalement détruite. C'est ce que nous avons vu avant-hier. Et hier, nous sommes partis pour Odessa. Nous avons reçu des aliments spéciaux, du rab de biscuit, un supplément de lait et de beurre et, par-dessus tout, une très grosse barre de chocolat doux-amer[1]. »

Ce soldat jubile et ne se soucie pas de la souffrance juive, de cette plaie ouverte que fut le ghetto dans Var-

1. *In* Saul Friedländer, *op. cit.*

sovie. Les Polonais chrétiens qui vivent dans la partie
« aryenne » de la ville manifestent, pour la plupart, la
même indifférence à ce qui se passe au-delà du mur.

Un manège tourne, place Krasinski, du côté aryen.
Le mur sépare la joie de vivre, les rires des enfants,
les chants, du désespoir, des flammes, de la mort.

Il y a pire.

« Des milliers de Polonais, souvent des adolescents,
occupent leurs journées à observer tous les passants
avec méfiance ; ils sont partout mais surtout à proxi-
mité du ghetto. À l'affût des Juifs ? Cette chasse est
leur profession et sans doute aussi leur passion.

« Ils reconnaissent les Juifs sans se tromper. À quoi
donc ? Quand il n'y a pas d'autres traits caractéris-
tiques, on dit que c'est à leurs yeux tristes. »

16.

La chasse aux Juifs – aux quelques survivants du ghetto, à ces hommes et à ces femmes aux « yeux tristes » – est donc plus que jamais ouverte à Varsovie, en ce printemps de 1943.

Le général Stroop indique que la police polonaise a été autorisée à verser un tiers des espèces saisies à chacun de ses hommes arrêtant un Juif dans la partie aryenne de Varsovie.

« Cette mesure a déjà produit des résultats », précise le général SS.

Il a aussi fait apposer des affiches rappelant que quiconque cache un Juif sera exécuté.

Mais ce ne sont pas seulement la rapacité, la peur ni même l'antijudaïsme qui animent les « chasseurs de Juifs » ou expliquent l'indifférence des Polonais, détournant la tête pour ne pas voir brûler le ghetto et les insurgés juifs.

> *Le vent des maisons incendiées*
> *Apportait de sombres lambeaux*
> *Ils attrapaient en l'air des cendres*
> *Ceux qui allaient au manège*

[...]
Et les gens riaient heureux
Ce beau dimanche de Varsovie[1].

« Dans sa grande majorité, continue le général SS, la population polonaise a approuvé les mesures prises contre les Juifs. »

C'est qu'en ce mois d'avril 1943, celui de l'insurrection du ghetto de Varsovie, les Allemands ont découvert, dans la forêt de Katyn, près de Smolensk, des fosses remplies par les cadavres de 4 443 officiers polonais abattus d'une balle dans la nuque, en 1940, par la police secrète soviétique, le NKVD.

Et Goebbels s'est emparé de cet événement qui confirme la complicité criminelle des Juifs et des bolcheviks.

Katyn serait le produit monstrueux de cette union maléfique, le commissaire politique juif et communiste.

Les Polonais ne doutent pas de la responsabilité des Russes.

Ils les ont subis quand, en 1939, les Soviétiques ont occupé 201 000 km^2 de territoire polonais peuplé de 13 millions de personnes. Et cela en vertu des protocoles secrets du pacte germano-soviétique de non-agression d'août 1939.

Ils ont vu les Russes arrêter, torturer, déporter tous ceux qui incarnaient le patriotisme polonais.

Les Juifs polonais ont d'abord salué cette occupation russe qui les protégeait de l'antisémitisme.

Puis ils ont découvert la réalité du régime soviétique. Parmi les déportés polonais envoyés au goulag, un sur

---

1. Poème de Milosz, *in* Saul Friedlânder, *op. cit.*

trois est juif. Et 100 000 d'entre eux disparaissent dans ces transferts. Mais rien n'y fait. L'engouement initial des Juifs pour les Russes, les Polonais ne l'ont pas oublié.

Les 4 443 officiers polonais enfouis dans les fosses de la forêt de Katyn, personne ne doute qu'ils n'aient été abattus par le NKVD. Et cette police politique russe a protégé les Juifs, un temps, en 1939.

Lorsque, en avril 1943, le général Sikorski, chef du gouvernement polonais en exil à Londres, entre dans le bureau de Churchill au 10, Downing Street, il évoque la responsabilité des Russes dans le massacre de Katyn.

Winston Churchill, le général Sikorski, suivis de lord Halifax et de M. Zaleski.

« Ils ont voulu assassiner l'élite polonaise, dit-il. Il faut exiger de Staline la vérité. »

Churchill, massif, immobile, le visage enveloppé par la fumée de son cigare, laisse longuement parler Sikorski, qui analyse les intentions soviétiques. Ils veulent annexer les territoires de l'Est polonais. La cruauté de cette exécution de masse est équivalente à celle des Allemands.

Le doute sur le crime des Russes n'est pas permis.

« S'ils sont morts, rien ne pourra les faire revenir », dit Churchill.

Il se lève, poursuit tout en mâchonnant son cigare :

« Nous devons vaincre Hitler, et ce n'est pas le moment de provoquer des querelles ou de lancer des accusations. »

Le général Sikorski rappelle que, depuis 1941, il se préoccupe du sort de ces officiers. Et les Russes n'ont jamais donné de réponse précise.

On comprend pourquoi. Il faudrait que la Croix-Rouge internationale ouvre une enquête.

Churchill secoue la tête. Jamais Staline n'acceptera. Et le Premier ministre anglais répète :

« Il faut vaincre Hitler. »

Mais il est déjà trop tard pour éviter les « querelles ».

Les Russes accusent Goebbels et son « gang de menteurs », ces « assassins professionnels qui ont fait une boucherie de centaines de milliers de Polonais en Pologne ne tromperont personne ».

La *Pravda* accuse les Polonais d'avoir mordu à l'hameçon allemand.

La requête adressée à la Croix-Rouge internationale par le ministère polonais de la Défense « témoigne d'un désir d'apporter un appui direct aux falsificateurs et aux provocateurs hitlériens ».

« Les Allemands occupant la Pologne se sont mis d'accord avec l'entourage du gouvernement Sikorski. »

Et le 27 avril 1943, les Russes suspendent leurs relations diplomatiques avec le gouvernement polonais de Londres.

Churchill n'est pas dupe des accusations soviétiques. Staline veut faire de la Pologne sa chasse gardée. Il prépare en ce printemps de 1943 l'après-victoire. Il va créer un gouvernement polonais en exil à Moscou, le doter d'une armée polonaise combattant aux côtés des Russes. Ce sera la division Kosciuszko, comme il y a une escadrille française en Russie, l'escadrille Normandie-Niemen, ou une division tchécoslovaque, et un Comité pour l'Allemagne Libre.

Les intentions de Staline sont claires. Créer en Europe à la fin de la guerre une zone d'influence soviétique.

Et il faut pour cela « liquider » les officiers, les policiers, les agents des douanes polonais.

Les serviteurs de l'État polonais formaient un groupe de 15 000 personnes, partie importante de l'armature de la société polonaise.

Quatre mille quatre cent quarante-trois sont dans les fosses de la forêt de Katyn.

Et les autres, où sont-ils ? Morts à l'évidence, mais tués où ?

Sur 15 000, 450 environ, les communistes et ceux jugés aptes à se convertir, ont été épargnés.

Mais ceux qui sont morts, Churchill le répète : « Rien ne pourra les faire revenir. »

17

Au cynisme et au réalisme glacé de Churchill répondent l'hypocrisie et l'impudence de Staline.

**Exhumation des victimes
du massacre de Katyn en 1943.**

Le Premier ministre britannique détourne la tête pour ne pas voir les fosses de la forêt de Katyn pleines d'officiers polonais assassinés, il n'en doute pas, par les tueurs du NKVD.

Mais la vérité doit être sacrifiée aux nécessités de l'alliance avec la Russie. Pas d'accusations contre Staline parce qu'il faut vaincre Hitler !

Le tsar communiste exploite son avantage. Contre l'évidence, il affirme que les nazis sont responsables du massacre. Et il accuse le gouvernement polonais en exil à Londres d'être le complice de Goebbels et de son « gang de menteurs ».

Le 6 mai 1943, Staline, patelin, répond aux questions du correspondant du *Times*, en affirmant qu'il veut une Pologne forte et indépendante.

Le 9 mai, on célèbre à Moscou par une grande manifestation « l'union de tous les Slaves ». Et on donne la parole à un officier polonais – le colonel Berling. Il s'exprime au nom de ses compatriotes qui se « trouvent en Union soviétique » et veulent se battre aux côtés des Russes.

« La route de notre patrie passe par le champ de bataille », dit-il.

Oubliés les 15 000 à 20 000 patriotes polonais morts dans les camps du goulag, dans l'extrême Nord russe, ou en Asie centrale.

Vive l'amitié entre les peuples russe et polonais !

Refermons les fosses de Katyn !

La presse allemande, sur l'ordre de Goebbels, continue de dénoncer « le massacre d'officiers polonais par les judéo-bolcheviks », mais les informateurs du parti nazi et des SS signalent que l'évocation des crimes commis par les Juifs et les communistes rappelle « que les SS ont commis des boucheries par les mêmes méthodes dans leur combat contre les Polonais, les Russes, les Juifs ».

Les Allemands disent : « À cause de ces méthodes barbares, il n'y a plus aucune possibilité de voir nos ennemis faire la guerre humainement.

« N'avons-nous pas assassiné des milliers de Juifs ? Les soldats n'ont-ils pas dit et répété que les Juifs en Pologne ont dû creuser leur propre tombe ? »

Tout cela appelle le châtiment.

Des Allemands de plus en plus nombreux pensent que le bombardement des villes du Reich – Cologne, Essen, Hambourg, Berlin – est une « punition de notre peuple par le Seigneur ». Les synagogues, les demeures des Juifs n'ont-elles pas été détruites ? Les familles juives massacrées ?

« Les Juifs nous feront payer les crimes que nous avons commis contre eux ! »

« En assassinant des innocents, nous avons montré à l'ennemi ce qu'il peut nous faire s'il gagne. »

« Les Russes, les Juifs nous tueront comme ils ont tué ces Polonais, comme nous les avons assassinés. »

« La vue des victimes des Russes et des Juifs, l'insistance à montrer les fosses de Katyn rappellent à tous ceux qui pensent – lit-on dans un rapport – les atrocités que nous avons commises en territoire ennemi et même en Allemagne. »

En ce début de l'année 1943, la peur et le sentiment de culpabilité suscitent l'effroi des représailles, la terreur du châtiment.

Les Allemands commencent à prétendre – et à croire – qu'ils ne savaient rien de ce qui a été perpétré par les nazis depuis 1933.

Cette anxiété qui saisit le peuple allemand, les Russes pour d'autres raisons l'éprouvent aussi.

Les conditions de vie et de travail écrasantes ajoutent à l'inquiétude sur le sort des proches, soldats de l'armée Rouge.

En deux années, si l'Allemagne et ses alliés ont perdu 6 400 000 – tués ou prisonniers –, les Soviétiques admettent 4 200 000 tués, prisonniers ou disparus !

On sait l'état-major peu économe des hommes.

On a peur pour les soldats et cela accroît la fatigue née des douze heures de travail par jour. La main-d'œuvre manque et on fait travailler les enfants de quatre à six heures par jour.

Les rations alimentaires sont insuffisantes : ne mangent d'abord que ceux qui travaillent ! Tant pis pour les vieux et les plus jeunes enfants.

On tente de s'approvisionner sur les marchés des kolkhozes mais, comme dans les villes, les prix sont élevés et le marché noir règne.

On espère et on craint la venue de l'été. Les conditions de vie seront moins rudes mais depuis 1941, chaque été a été marqué par une offensive allemande victorieuse.

En ce mois de juin 1943, les Allemands lancent des attaques nocturnes dans la région de Koursk-Orel, pour reconnaître le dispositif de défense russe.

Ils larguent des mines dans la Volga. Ils bombardent Moscou. « Ils ne prendront pas Moscou, écrit Ehrenbourg – le romancier qui, dans *La Chute de Paris*, a décrit l'entrée des Allemands en juin 1940 dans la capitale – mais ils haïssent Moscou, symbole de leurs échecs, ils essaieront de la défigurer, de l'abîmer. »

En fait, l'armée Rouge dispose d'un imposant armement, de matériel d'origine américaine pour une bonne part.

Les Russes ont la maîtrise du ciel. Ils font des raids incessants sur les communications allemandes, par vagues de 200 bombardiers et de 200 chasseurs, nuit et jour.

Les camions américains se comptent par dizaines de milliers, et donnent à l'armée Rouge une grande mobilité.

Et cependant l'anxiété est sensible.

L'offensive allemande se déclenchera et on la craint.

Dans son ordre du jour de mai 1943, Staline célèbre les victoires anglo-américaines en Tripolitaine, en Libye, en Tunisie, mais il ajoute :

« Toutefois, les catastrophes qui s'abattent sur l'Allemagne et l'Italie ne doivent pas nous inciter à considérer la guerre comme gagnée.

« Des batailles très dures attendent encore l'Union soviétique et ses alliés occidentaux, mais le temps approche où l'armée Rouge et les armées de ses alliés briseront l'échine de la Bête fasciste. »

En fait, plus que les incertitudes de la guerre, Staline craint les arrière-pensées des puissances occidentales, et ces dernières s'inquiètent des projets russes.

Ainsi, les premiers mois de 1943 sont-ils le temps du soupçon.

Les Allemands veulent briser l'alliance anglo-américano-russe, et Staline s'inquiète de l'attitude de ses alliés. Il veut les rassurer. Il donne des gages.

Le 22 mai, il annonce la dissolution du *Komintern* qui rassemblait tous les partis communistes.

Puis il décide que *L'Internationale* cesse d'être l'hymne national soviétique.

Cependant, à Londres et à Washington, l'affaire de Katyn a montré la volonté hégémonique de Staline. N'a-t-il pas créé ce Comité de l'Allemagne Libre qui arbore le drapeau noir-blanc-rouge de l'Empire allemand des Hohenzollern ?

Pourquoi regrouper des officiers allemands prisonniers et leur donner la parole, sinon pour contrôler la future Allemagne ?

Mais, s'interroge Staline, pourquoi les Alliés renoncent-ils à ouvrir un second front en Europe et précisément en France ? Staline insiste, martèle des reproches.

« Les troupes soviétiques, écrit-il, se sont battues victorieusement pendant tout l'hiver. Hitler prend maintenant toutes les mesures nécessaires pour renforcer son armée en vue du printemps et de l'été. Il est donc essentiel qu'un grand coup soit frappé à l'ouest. Il serait très périlleux de remettre à plus tard le second front en France. »

Churchill tente de le rassurer, annonce une nouvelle vague de bombardements sur les villes allemandes : Francfort, Essen, Berlin par des vagues de *Forteresses volantes* opérant de nuit et de jour. Il va, dit-il, envoyer un film montrant des centaines de bombardiers à l'œuvre.

« Ces images feront sans doute plaisir à vos soldats qui ont vu tant de villes russes en ruine », écrit Churchill.

Second front ! Second front ! répète Staline.

Il est furieux, inquiet. Il sent l'offensive allemande d'été imminente. Il écrit à Roosevelt :

« Ainsi, en mai 1943, vous avez décidé avec Churchill de remettre au printemps 1944 l'invasion américaine en Europe occidentale. De nouveau, il va nous falloir combattre seuls. »

Lorsqu'il s'adresse à Churchill, Staline menace.

« Le maintien de notre confiance dans les alliés est mis à rude épreuve », dit-il.

Churchill répond avec la même franchise.

Il n'est pas « impressionné, écrit-il. L'Angleterre a dû combattre seule jusqu'en juin 1941. En ce temps-là, avant juin 1941, les dirigeants communistes caractérisaient le conflit comme une "guerre impérialiste" »…

Après cette passe d'armes, la sagesse et les intérêts l'emportent. Nécessité fait loi. Il faut se faire confiance, oublier – ou plutôt remiser – les griefs. On répète qu'on exigera la reddition inconditionnelle de l'Allemagne et de ses alliés.

Le 11 juin à Moscou, Molotov donne un grand déjeuner pour célébrer l'anniversaire de l'accord soviéto-américain.

Le journaliste Alexander Werth constate : « Molotov se montre extrêmement amical et ne cesse de parler non seulement de la période de la guerre, mais aussi de la coopération future entre les Trois Grands.

« Tous les toasts ont exalté l'association tripartite qui continuerait après la guerre. »

18.

Et la France ?

Molotov, en ce printemps 1943, quand il dessine la situation – et l'avenir du monde –, ne lève son verre qu'aux « Trois Grands ».

Et le diplomate anglais présent lui répond en se félicitant de « voir ainsi grandir comme un enfant vigoureux l'alliance anglo-soviétique ».

Et le représentant des États-Unis se joint à lui en vantant la Grande Alliance qui unit Moscou, Londres et Washington.

Et la France ?

De Gaulle, ces mois-là, prend la parole en toute occasion pour rappeler que la France « constitue un élément fidèle et ardent sans lequel la reconstruction du monde ne serait qu'un mot vide de sens » !

Il demande « compréhension, respect réciproque de la France nouvelle et de ses alliés ».

« On ne se trompe jamais à terme quand on veut croire en la France, on ne regrette finalement jamais de l'avoir aidée et de l'avoir aimée. »

Mais cette place qu'elle revendique aux côtés des Trois Grands, on ne la lui reconnaîtra que si elle est présente sur tous les champs de bataille.

Dès la fin de 1942, il a voulu que sur le front de l'Est l'escadrille *Normandie* des Forces Aériennes Françaises Libres soit présente.

Au printemps de 1943, les pilotes ont déjà abattu quinze appareils allemands et ils se préparent à affronter cette offensive allemande d'été que les coups de semonce dans la région de Koursk-Orel annoncent.

Le chef d'escadrille, le commandant Tulasne, répond aux journalistes qui l'interrogent que les Français sont prêts.

Ils mangent à la russe. Ils ont appris à aimer la *kacha* et la soupe aux choux. Mais la viande fraîche est rare. Ils en ont un peu assez du « singe » américain. « Les conditions de vie sont primitives, mais les avions russes – le *Yak 1* – dont les Français sont dotés sont très efficaces. Et les jeunes filles des villages voisins sont très amicales. »

Cette escadrille française, bientôt baptisée *Normandie-Niemen*, est devenue en quelques mois un symbole, mis en avant par de Gaulle et aussi par Staline.

L'un et l'autre veulent affirmer que, face aux Anglo-Américains, leurs nations conservent une marge de jeu.

Et pour la France Combattante de De Gaulle, c'est d'autant plus précieux que d'autres Français sont présents sur le front de l'Est, mais aux côtés des Allemands.

Il y a la *Légion des Volontaires Français contre le bolchevisme* (LVF) qui combat sous l'uniforme allemand.

Des Français se sont enrôlés dans la Waffen-SS « française ». Eux aussi portent l'uniforme allemand et en outre prêtent serment au Führer.

Joseph Darnand, le secrétaire général de la Milice, sera membre des Waffen-SS, avec le grade d'Obersturmführer.

En janvier 1943 a été fondée une *Légion Tricolore*, qui est rattachée à l'armée française, et en porte l'uniforme mais combat sur le front russe.

Une phalange africaine a de même été créée pour « défendre ou reconquérir l'Empire tombé aux mains des Anglo-Américains ».

Elle ne regroupera que quelques centaines d'hommes. Comme la *Défense Contre Avions* (DCA) française que les Allemands souhaitent voir se mettre en place sur le sol français.

En fait, les Allemands veulent entraîner la France – de Vichy mais après le débarquement américain en Afrique du Nord, le « gouvernement de Vichy » n'est qu'une façade – dans la guerre. Hitler le dit à Laval avec brutalité.

Le Führer reçoit Laval, le 30 avril 1943, à Berchtesgaden.

Le politicien français face à un Hitler morose, distrait, essaie de vanter les perspectives d'une collaboration politique.

Le Führer, suggère Laval, pourrait définir ses buts de guerre, contraindre ainsi les Anglo-Américains à préciser leurs conditions de paix.

Et, selon Laval, la France, entre deux camps, jouerait un rôle d'arbitre, et, pense Laval, retrouverait ainsi
sa place de grande puissance.

Hitler écoute à peine, interrompt Laval.
« Faire l'Europe, dit-il, n'a plus qu'un sens : gagner
la guerre. Tout ce que l'Allemagne demande aux pays
occupés, c'est de contribuer à son effort militaire en
fournissant des travailleurs pour ses usines et des com-
battants volontaires.
« Ce qu'il me faut, conclut le Führer, c'est dix mille
avions et vingt mille tanks. »
Laval se penche en avant, murmure :
« Une déclaration en vingt lignes vaudrait vingt
mille avions et quarante mille tanks. »
Et comme un bonimenteur, il ajoute :
« Vous devriez me prendre comme secrétaire et
m'installer dans un coin, je vous l'écrirais. »
Laval rêvait à une négociation avec le Führer.
Hitler lui a seulement dicté ses exigences. Et Laval
s'incline.
Le 5 juin 1943 – alors que les troupes italo-
allemandes présentes en Tunisie viennent de capituler –, il évoque son idéal politique.
Il veut assurer à la France une place dans l'Europe
de demain, et pour cela être aux côtés des Allemands.
Laval exalte les Français qui combattent sur le front
de l'Est, ceux qui partent travailler en Allemagne
– 170 000 en quelques mois.

« D'aucuns pensent que j'hésiterais à user de
rigueur, poursuit-il. Ils se trompent. J'ai évité, chaque
fois que j'ai pu, de heurter trop brutalement la sensi-

bilité de notre pays, mais quand son destin est en jeu, l'indulgence doit faire place à la sévérité. »

Il répète qu'il faut que l'Allemagne gagne la guerre.

« Si les Alliés l'emportaient, le monde anglo-saxon aurait aussitôt à se mesurer avec les Soviets. Et le résultat de cette lutte ne serait pas douteux : le bolchevisme s'installerait partout en Europe. »

Parlant lentement, détachant chaque mot, il conclut :

« La défaite ne peut pas avoir étouffé la voix de la France, mais pour que cette voix puisse porter haut et loin, il faut en finir avec les illusions dangereuses. Trop de Français s'abandonnent. Il faut savoir se soumettre aux disciplines nécessaires.

« J'ai confiance en mon pays. »

19.

Laval ? Ses propos ? Ses actes ?

De Gaulle, en ces mois de mai et juin 1943, n'accorde aucune attention au chef du gouvernement.

Ce politicien ambitieux et retors s'est noyé dans « le flot épais des mensonges et des chimères » qu'il a répandus.

**Des « maquis » expliquent le mécanisme
et la maintenance d'armes livrées par parachutage
en Haute-Loire.**

C'est un « homme perdu » qui appelle les jeunes Français à effectuer en Allemagne le Service du Travail Obligatoire au moment même où les « réfractaires » gagnent par dizaines de milliers les montagnes et les campagnes reculées pour échapper à cette « déportation » qui n'ose pas dire son nom.

Comment Laval ose-t-il invoquer l'intérêt de la France alors qu'il a accepté et organisé cette saignée de la France qu'est le STO ?

Ce sont les « maquis » qui accueillent les réfractaires. Il faut encadrer, nourrir, armer, « occuper » ces jeunes gens désœuvrés.

Ces maquis existants sont insuffisants. Il faut en créer, en Haute-Savoie, en Dauphiné, dans les Cévennes, en Auvergne.

Pas un plateau, une forêt qui n'ait le sien.

Des officiers et sous-officiers, certains ayant appartenu à l'« armée de l'Armistice », les encadrent. Souvent ces officiers viennent de bataillons de chasseurs alpins. Ainsi, Tom Morel qui va commander le maquis du plateau des Glières.

Chaque maquis a sa singularité.

Là, il est composé de républicains espagnols. Ici, se regroupent des FTP, parmi lesquels un… curé.

En Limousin, en Périgord, en Quercy, le « terrain » est favorable à la création de maquis.

En Corrèze, en Haute-Vienne, il y a « émulation », voire concurrence entre les maquis FTP et ceux de l'Armée Secrète. Et la figure d'un instituteur communiste, Georges Guingoin, s'impose. Ce sera le « chef » dans cette région. Sa tête est mise à prix, 3 millions, par la Gestapo.

De Gaulle, en ce printemps 1943, se sent porté par le « souffle de la victoire ».

« Nous avions raison », lance-t-il au congrès de la France Combattante. Ceux qui ont choisi en 1940 l'armistice ont « proclamé » une charte d'abandon et la résignation qui n'était rien que l'évangile de la décadence. Mais si la France a dû les subir, ceux-là, elle ne les a pas écoutés.

De Gaulle, dans cette période cruciale, brosse à grands traits sa vision de l'Histoire nationale, source d'énergie.

« Du plus profond de notre peuple, dit-il, s'est élevé cet instinct vital qui, depuis bientôt deux mille ans, nous a maintes fois tirés des abîmes. C'est cet instinct qui fit chrétiens les Francs et les Gaulois de Clovis quand, sur les ruines de leur paganisme, se précipitaient les barbares. C'est cet instinct qui suscita Jeanne d'Arc et entraîna les Français à bâtir, autour du roi, un État centralisé, lorsqu'il parut que l'anarchie féodale nous livrait à la domination étrangère. C'est cet instinct qui, lors de la Révolution, dressa la nation contre ses ennemis et contre leurs complices et lui dicta, pour la sauver, les grands principes des Droits de l'Homme et de la Démocratie. C'est cet instinct qui, aujourd'hui, porte tous les Français soucieux de l'avenir et de la grandeur de la patrie à vouloir et à préparer la IVe République : celle de la rénovation nationale. »

De Gaulle réaffirme avec d'autant plus de force sa croyance dans un « instinct vital » de la France qui arrache tout au long de l'histoire la nation « aux abîmes » qu'il mesure les réticences et les manœuvres anglo-américaines dirigées contre lui.

Roosevelt, le 8 mai 1943, envoie un message à Churchill.

« De Gaulle est peut-être un honnête homme, mais il est en proie au complexe messianique… Je ne sais qu'en faire. Peut-être voudriez-vous le nommer gouverneur de Madagascar ? »

Churchill reçoit ce texte au milieu de l'Antarctique, alors qu'il se rend à Washington. Il est avec tout son état-major, à bord du *Queen Mary*.

Il marche sur le pont, entouré d'officiers, d'experts. Il soliloque, déclare partager les sentiments de Roosevelt sur ce de Gaulle, qu'il estime mais qui est insupportable, qui s'imagine être, comme le répète Roosevelt, Jeanne d'Arc, Louis XIV et Napoléon. Il n'est pas question de consulter de Gaulle ou de l'informer des projets britanniques : débarquer en Sicile puis dans la péninsule italienne. Profiter de la reddition des forces italo-allemandes en Tunisie pour donner le coup de boutoir qui fera tomber Mussolini et le fascisme. Les circonstances sont favorables.

Le code secret allemand, *Triton*, utilisé par les sous-marins, vient d'être décrypté par les Anglais. En deux mois – avril et mai 1943 – les Allemands ont perdu 40 sous-marins. Ils ont perdu la bataille de l'Atlantique. Leur industrie de l'armement est écrasée par les bombardements de nuit et de jour.

L'heure est donc à l'offensive alliée.

Sur le pont du *Queen Mary*, Churchill s'arrête devant le canot de sauvetage qui lui est réservé en cas de torpillage par un U-Boot. « Il n'est pas question, dit-il, que je sois capturé ; la meilleure façon de mourir c'est dans la fureur du combat contre l'ennemi. Évidemment, ce serait moins bien si j'étais dans l'eau et s'ils essayaient de me repêcher. »

C'est pour cela qu'il a fait monter sur son canot de sauvetage une mitrailleuse lourde.

À Washington, Churchill veut convaincre Roosevelt de l'opportunité d'un débarquement en Sicile, et dans la péninsule italienne. L'Afrique du Nord est une parfaite base de départ. Mais il faut écarter de Gaulle.

Le *New York Times*, bien informé, souligne, se faisant l'écho des rumeurs :

« Le général de Gaulle est de plus en plus considéré comme un facteur de trouble dont la présence en Afrique du Nord causerait bien plus de dommages à l'heure actuelle que tous les services qu'il pourrait rendre en aidant à résoudre certains problèmes. »

Le 21 mai, Churchill télégraphie à son cabinet de guerre :

« Je demande à mes collègues d'examiner d'urgence la question de savoir si nous ne devrions pas, dès maintenant, *éliminer de Gaulle en tant que force politique et nous en expliquer devant le Parlement et devant la France...* Lorsque je considère l'intérêt absolument vital que représente pour nous le maintien de bonnes relations avec les États-Unis, il me semble qu'on ne peut vraiment pas laisser ce gaffeur et cet empêcheur de tourner en rond poursuivre ses néfastes activités. »

Churchill sacrifie donc de Gaulle sur l'autel de l'amitié anglo-américaine.

Mais à Londres, le cabinet de guerre se rebiffe. De

Gaulle et les *Free French* sont populaires dans l'opinion et à la Chambre des communes. Et d'ailleurs, il est trop tard pour écarter de Gaulle, font remarquer deux leaders influents, Eden et le travailliste Attlee.

Le 14 mai est parvenu à Londres, au siège de la France Combattante, un télégramme de Jean Moulin annonçant la constitution du *Conseil National de la Résistance* (CNR) dont Moulin est le président.

Tous les mouvements et partis de résistance affirment que non seulement le peuple de France n'admettra jamais la subordination du général de Gaulle au général Giraud, mais que « le général de Gaulle demeurera le seul chef de la Résistance française ».

De Gaulle répond aussitôt :

« Dans cette guerre où la patrie joue son destin, la formation du *Conseil National de la Résistance*, organe essentiel de la France qui combat, est un événement capital. »

Évoquant cet échange de messages, de Gaulle écrit :

« Le télégramme de Paris – celui de Jean Moulin – transmis à Alger et publié par les postes radio américains, britanniques et français libres produit un effet décisif, non seulement en raison de ce qu'il affirme, mais aussi et surtout parce qu'il donne la preuve que la Résistance française a su faire son unité. La voix de cette France écrasée, mais grondante et assurée, couvre, soudain, le chuchotement des intrigues et les palabres des combinaisons. J'en suis, à l'instant même, plus fort, tandis que Washington et Londres mesurent sans plaisir mais non sans lucidité la portée de l'événement. Le 17 mai, le général Giraud me demande "de venir immédiatement à Alger pour former avec lui le pouvoir central français". Le 25 mai, je lui réponds : "Je compte arriver à Alger à la fin de cette semaine et me félicite d'avoir à collaborer avec vous pour le service de la France." »

Le 27 mai 1943, rue du Four, dans le 6ᵉ arrondissement de Paris, se tient la première réunion, présidée par Jean Moulin, du CNR.

« Nous étions dix-sept dans cette petite salle à manger de la rue du Four », raconte un témoin.

« À la fin de cette journée historique, tous les participants sont euphoriques : l'unité de la Résistance – des communistes aux représentants de la droite – autour du général de Gaulle s'est réalisée. »

Jean Moulin en a été le maître d'œuvre.

Ce même jour, 27 mai 1943, le chef de la *Sicherheitspolizei* – la Gestapo –, Kaltenbrunner, adresse à Ribbentrop un rapport sur l'Armée Secrète de la Résistance française.

La Résistance française, souligne ce texte, représente pour l'armée allemande une menace qui « ne doit pas être sous-estimée ». Il apparaît que Kaltenbrunner connaît l'organisation de la Résistance française dans ses moindres rouages. La Gestapo et l'Abwehr – le contre-espionnage allemand – sont donc remarquablement informés. Ils sont prêts à agir.

Ribbentrop a remis personnellement ce rapport au Führer qui y a apposé sa signature le 4 juin 1943.

20.

En ce printemps 1943, Jean Moulin a le sentiment que l'Abwehr et la Gestapo sont sur ses traces, mais il ne soupçonne pas la précision et la masse de renseignements dont dispose Kaltenbrunner.

Moulin ignore que les Allemands ont réussi à retourner des résistants qui connaissent, parce qu'ils appartiennent à la direction du mouvement *Combat* – ainsi Jean Multon –, l'identité des principaux responsables du réseau comme ses voies de liaison et ses « boîtes aux lettres ».

« Protégé par des gardes du corps, écrira plus tard un témoin, Multon circule en France, hantant les capitales de nos régions, parcourant les avenues où nous avons l'habitude de donner nos rendez-vous, allant tout droit aux restaurants que nous fréquentons et donnant à ceux qu'il rencontre, et qui ne connaissent pas encore sa trahison, le baiser de Judas qui va les perdre. »

Moulin est aux aguets. Son intuition, ses sens en éveil l'avertissent du danger.

Il confie à sa sœur Laure :

« Je fais quelque chose de très important et difficile

en ce moment. Si je réussis comme je l'espère, je passerai de l'autre côté de la Manche pour me faire oublier quelque temps.

« Je suis visé. Je dois redoubler de précautions. Ne m'écris pas, même si maman tombait malade, même si elle venait à mourir. On choisirait le moment des obsèques pour m'arrêter. Je t'enverrai de temps à autre un mot par courrier mais toi, ne m'envoie rien. »

Dans un rapport destiné au général de Gaulle, et qui précède de quelques jours la première réunion du *Conseil National de la Résistance*, ce 27 mai 1943, il écrit :

« Je suis recherché maintenant, tout à la fois par Vichy et la Gestapo qui, en partie grâce aux méthodes de certains éléments des mouvements, n'ignore rien de mon identité ni de mes activités.

« Ma tâche devient donc de plus en plus délicate alors que les difficultés ne cessent d'augmenter. Je suis bien décidé à tenir le plus longtemps possible, mais si je venais à disparaître, je n'aurais pas eu le temps matériel de mettre au courant mes successeurs. »

Conscient du danger de plus en plus grand qu'il court, Moulin ne peut cependant cesser d'agir au moment où les efforts déployés depuis des mois ont abouti.

Chaque acteur est emporté par la nécessité.

Le général Delestraint, chef de l'Armée Secrète, multiplie les contacts. Il faut organiser les maquis, voir les chefs de réseau, établir une stratégie. Et Delestraint – qu'on désigne sous les noms de Vidal ou de Mars – est aussi menacé que Max-Rex.

De Gaulle sait les périls que courent Max et Vidal.

Mais, dit-il, « dans la nuit de l'oppression, comme au grand jour des batailles, la France pense à son avenir ».

Le 30 mai 1943, de Gaulle peut enfin se rendre à Alger.

Giraud et ses mentors – Churchill et Roosevelt – sont bien contraints d'accueillir l'homme du 18 juin qui a rassemblé autour de lui toute la Résistance. Cette unité, sa force, c'est le *Conseil National de la Résistance* qui la lui confère.

Le 3 juin 1943 est constitué à Alger le *Comité Français de Libération Nationale* (CFLN), coprésidé par de Gaulle et Giraud.

**Le général Giraud accueille le général de Gaulle
à son arrivée en Algérie.**

« Ce qui est en jeu, dit de Gaulle, c'est notre indépendance, notre honneur, notre grandeur, c'est non seulement la liberté de la France martyrisée, mais la vie même de ses enfants livrés au pouvoir de l'ennemi.

« La route à parcourir est encore longue et cruelle. Mais regardez, voici qu'apparaît l'aurore radieuse d'une victoire qui sera aussi celle de la France. »

Pourtant, rien n'est joué.

Churchill arrive à Alger. Il a demandé à Anthony Eden de venir de Londres « pour être le garçon d'honneur au mariage Giraud-de Gaulle ».

De Gaulle rencontre le Premier ministre anglais.

Churchill n'a pas renoncé à « contrôler » ce de Gaulle qui « n'est pas tendre pour l'Angleterre ». Et les Anglo-Américains disposent parmi les Français de complices. Ainsi Jean Monnet, venu de Washington, conseiller de Roosevelt. En 1940, il a refusé de rallier la France Libre, bien qu'en poste à Londres.

De Gaulle se méfie. Il prend déjà ses distances avec le CFLN dans lequel il ne veut pas se laisser engluer.

« Comme il était à prévoir, nous sommes ici en pleine crise, écrit-il dès le 12 juin. La cause profonde est la dualité persistante entre Giraud et nous, dualité soigneusement ménagée par Monnet qui y voit le moyen d'exercer son arbitrage, c'est-à-dire sa direction.

« Monnet, naturellement, est le truchement de l'étranger. »

Dans les « dîners » algérois, Monnet s'en va, répétant que de Gaulle est un « danger public ». Mais cela, de Gaulle en est convaincu, sera balayé par la « force des choses ».

« Giraud-de Gaulle, explique-t-il, le premier nom a un sens militaire. Le second un sens national, qu'on le veuille ou non. Quand nous rentrerons en France, mon rôle ne sera plus de commander une grande unité, bien que je le préférerais, mais de veiller au grain pour que la résurrection du pays ne soit pas le signal du désordre... »

Comment s'attarder à ces médiocres stratagèmes, alors que l'on reçoit un message de Jean Moulin où s'expriment la tristesse, le courage et l'angoisse d'un homme pourchassé ?

« Mon Général, écrit Jean Moulin,

« Notre guerre à nous aussi est rude. J'ai le triste devoir de vous annoncer l'arrestation par la Gestapo, à Paris, de notre cher Vidal – le général Delestraint. Les circonstances ? Une souricière dans laquelle il est tombé avec quelques-uns de ses nouveaux collaborateurs... Permettez-moi d'exhaler ma mauvaise humeur, l'abandon dans lequel Londres nous a laissés, en ce qui concerne l'Armée Secrète.

« Vidal s'est trop exposé. Il a trop payé de sa personne. »

Et Moulin ?

La conscience des dangers qu'affrontent Moulin et les résistants rend encore plus insupportables les manœuvres d'un Jean Monnet et de ses séides.

« Il faut avoir le cœur bien accroché et la France devant les yeux, écrit de Gaulle à son épouse, pour ne pas envoyer tout promener. »

Il faut inlassablement agir, accepter l'invitation à déjeuner du roi d'Angleterre, George VI – qui a lancé cette invitation en dépit des réserves de Churchill –, circonvenir le ministre, Harold MacMillan, qui représente le gouvernement britannique en Algérie.

MacMillan raconte :

« Après ce déjeuner, de Gaulle me demande ce que je compte faire de mon après-midi. Je pensais aller en voiture à Tipasa pour me baigner. Il me demande s'il peut m'accompagner, seul.

Harold MacMillan.

« C'est ainsi que j'ai passé trois heures et demie de voiture, de promenade dans les ruines et de discussion incessante avec cet homme étrange – attirant et pourtant impossible. Nous parlons de tous les sujets imaginables, de politique, de religion, de philosophie, des classiques, d'histoire ancienne et moderne, etc. Tout se rapporte plus ou moins aux problèmes qui préoccupent son esprit.

« Je me rappelle encore avec plaisir ce curieux épisode. Je me baigne nu à la pointe extrême de l'ancienne cité romaine, tandis que de Gaulle reste assis sur un rocher, drapé dans sa dignité, en uniforme, avec ceinturon et képi. Puis nous faisons un excellent petit dîner dans une auberge dont le patron était tout excité. »

De Gaulle est de retour à Alger. Dans le message qu'on a posé sur son bureau, il ne voit que le nom de Rex, arrêté le 21 juin à Caluire, dans la banlieue de Lyon, par les hommes du SS Klaus Barbie.

Mars-Delestraint d'abord, le 9 juin.
Rex-Moulin, le 21 juin.
Les meilleurs, les fidèles, « ceux qui incarnent leur tâche et qu'à ce titre on ne remplace pas ».

Qui les a trahis ?
L'un était le chef militaire, l'autre le chef civil et politique, le président du CNR.
La Résistance française vient de subir, à douze jours d'intervalle, le coup le plus rude qui lui ait encore été porté par la Gestapo.

C'est une blessure profonde qui meurtrit de Gaulle, dont il sait qu'elle ne se refermera pas, qu'avive la détermination anglo-américaine de le faire plier.
« Tous les reptiles à la solde du State Department et de ce pauvre Churchill, écrit-il, hurlent et bavent à qui mieux mieux dans la presse anglo-saxonne. Tout cela est méchant, idiot, mais quoi ! c'est toute la guerre… »
Il signe cette lettre du 24 juin à Yvonne de Gaulle :
« Ton pauvre mari. »

Comment continuer ?
Il n'y a pas d'autre choix.
Il se rend à Tunis, esplanade Gambetta, et le 27 juin 1943, devant « ce rassemblement immense et enthousiaste de Tunis libérée », il lance :

« Au point où en est le drame, les Français, à aucun moment, ne détournent leur pensée de la France. »

De Gaulle s'adresse à la foule, aux Français, mais sous l'éloquence du tribun, c'est la *confidence* d'un homme blessé qu'il livre :

« À la France, conclut-il, à notre dame la France, nous n'avons à dire qu'une seule chose, c'est que rien ne nous importe ni ne nous occupe, excepté de la servir. Notre devoir envers elle est aussi simple et élémentaire que le devoir des fils à l'égard d'une mère opprimée. Nous avons à la délivrer, à battre l'ennemi et à châtier les traîtres qui l'ont jetée dans l'épreuve, à lui conserver ses amis, à arracher le bâillon de sa bouche et les chaînes de ses membres pour qu'elle puisse faire entendre sa voix et reprendre sa marche au destin.

« Nous n'avons rien à lui demander, excepté, peut-être, qu'au jour de la liberté, elle veuille bien nous ouvrir maternellement les bras pour que nous y pleurions de joie et qu'au jour où la mort sera venue nous saisir elle nous ensevelisse doucement dans sa bonne et sainte terre. »

QUATRIÈME PARTIE

Juillet

septembre 1943

« [...] Je pénétrerai au Vatican. Croyez-vous que le Vatican m'intimide ? Nous allons nous en emparer. Tout le corps diplomatique s'y trouve... Cette racaille... Nous sortirons de là cette bande de salauds... Plus tard, nous présenterons des excuses... »

HITLER
le 25 juillet 1943
dans les heures qui ont suivi
la chute de Mussolini

« La chute de Mussolini est le signe éclatant de la défaite certaine de l'Axe. Elle est en même temps la preuve de l'échec de ce système politique, social et moral, qualifié de totalitarisme, qui prétendait acheter la grandeur au prix de la liberté... La chute de Mussolini est pour la France la première revanche de la justice. »

Général DE GAULLE
allocution radiodiffusée d'Alger
27 juillet 1943

21.

Qui a trahi Mars et Rex, le chef de l'Armée Secrète et le président du CNR ?

Cette question taraude de Gaulle et tous ceux qui voyaient dans ces deux hommes l'incarnation la plus pure du courage et du patriotisme.

Qui a trahi ?
Ce René Hardi, du mouvement *Combat*, qui a caché qu'il avait été arrêté par la Gestapo et qui se trouvait à Caluire, alors que rien ne justifiait sa présence dans la maison du docteur Dugoujon, où sont réunis autour de Moulin les chefs de la Résistance ?
Hardi qui réussira à s'évader, et qu'aucun des hommes de la Gestapo ne réussira à atteindre alors qu'il court à découvert.

Qui a trahi ?
Derrière Hardi, il y a peut-être des agents des services secrets alliés qui veulent affaiblir de Gaulle.
Et que penser des communistes, qui sont des combattants antinazis efficaces mais qui jouent leur jeu ?

Et parfois certains résistants combattent de Gaulle parce qu'on le dit tombé aux mains des communistes.

Et Jean Moulin ? N'était-il pas durant le Front populaire membre du cabinet du ministre Pierre Cot, accusé d'être proche des Soviétiques, voire l'un de leurs agents ?

Or il est si facile pour se débarrasser de rivaux, d'adversaires, de les dénoncer aux Allemands !

Et il suffit peut-être d'un enchaînement de circonstances, du non-respect des règles élémentaires de la clandestinité pour que le cataclysme des arrestations se produise.

Mais en ces derniers jours de juin et ce début de juillet 1943, certains résistants et les groupes qu'ils dirigent échafaudent des plans pour libérer Moulin, attaquer la prison de Montluc, où ils veulent croire qu'il est encore détenu, donc vivant.

En fait, Max a été transféré à Paris, pauvre corps brisé, défiguré par la torture.

Il est sans doute mort le 8 juillet 1943, au cours de son transport en Allemagne. Est-il mort à Metz ou à Francfort ?

Le 9 juillet, son corps est ramené à Paris, et il est incinéré au crématorium du Père-Lachaise.

Son corps n'a pas été enseveli dans la « bonne et sainte » terre de France qu'a évoquée de Gaulle.

Avec la mort de Jean Moulin, une page de la Résistance est tournée mais le combat continue.

Il faut d'abord rassurer les résistants qui lisent dans la presse de la collaboration que « l'armée du crime est décapitée ».

Alors, dans leurs numéros du mois de juillet, les

journaux clandestins publient une « mise en garde » du CNR !

« La propagande ennemie a exagéré à dessein l'importance de quelques arrestations opérées à Lyon. Le *Conseil National de la Résistance* informe le pays qu'aucun organisme d'importance décisive n'a été atteint... »

Le CNR appelle à « redoubler de vigilance contre les agents de l'ennemi qui essaieraient de se glisser dans leurs rangs ».

Ils sont souvent « facilement décelables » par le fait que, tout en affirmant leur haine de l'Allemand, ils s'efforcent d'opposer entre eux les Français d'opinions différentes en se servant notamment de l'épouvantail du « bolchevisme » dont Hitler s'est constamment servi pour affaiblir ses adversaires.

« Enfin, le CNR met en garde les Français contre la campagne de faux documents soi-disant trouvés à Lyon. Cette campagne a pour but de diviser les Français de plus en plus unis... »

Le sont-ils vraiment ?

La disparition de Moulin a affaibli le CNR. Les rivalités entre résistants, entre maquis existent. On se méfie des communistes qui multiplient sabotages et attentats, mais qu'on soupçonne de vouloir contrôler et dominer les résistants.

Mais personne ne peut nier leur audace et leur résolution.

Le groupe Manouchian, de la Main-d'Œuvre Immigrée (MOI), a attaqué durant le mois de juillet 1943 des casernes occupées par la Wehrmacht, des autobus remplis de soldats allemands, fait dérailler plusieurs trains, abattu des officiers, organisé un attentat – qui a échoué – contre le Feldmarschall von Rundstedt.

Les FTPF, émanation du Parti communiste, ont un bilan aussi riche que celui du groupe Manouchian.

Leur chef, Charles Tillon, écrit le 6 août au général de Gaulle d'égal à égal :

« Les FTP se permettent de vous adresser cette lettre pour vous donner leur point de vue sur les tâches, les possibilités et les besoins actuels de la Résistance en France. »

En fait, Tillon se plaint de recevoir une aide insuffisante de la part du *Comité Français de Libération Nationale* (CFLN).

Il souhaite « entraîner des masses de plus en plus larges de jeunes réfractaires à la *guérilla immédiate* ».

Tillon réclame des armes :

« Nous vous promettons, mon Général, de bien les employer. »

Tillon ne reçoit pas de réponse. Qui peut affirmer, en cet été 1943, que les communistes ne pensent pas seulement à l'« insurrection nationale » contre l'occupant, mais aussi à la prise du pouvoir une fois la Libération intervenue ?

Mais ces arrière-pensées, ces rivalités, ces suspicions n'apparaissent pas aux habitants de Marseille, de Grenoble, de Saint-Étienne, de Clermont-Ferrand, des villes de la région parisienne, du Havre, qui voient défiler des milliers de manifestants le 14 juillet 1943, chantant *La Marseillaise*, célébrant, drapeaux tricolores déployés, la fête nationale.

Ces cortèges patriotiques rassemblent 50 000 citoyens à Marseille, 15 000 à Grenoble…

Quant aux FTPF, ils attaquent un détachement allemand avenue de la Grande-Armée, tout près de la place de l'Étoile.

La répression s'abat sur ces « terroristes ». Ils sont pourchassés par des Brigades spéciales de la police « française », torturés, jugés par des « sections spéciales » de magistrats « français », condamnés à mort.

Ainsi Marcel Langer, fondateur d'un groupe de FTPF, est-il guillotiné dans la cour de la prison de Toulouse, le 23 juillet 1943, après un implacable réquisitoire du procureur général Lespinasse. Ce magistrat sera abattu par des camarades de Langer, le 10 octobre 1943.

Ainsi s'esquisse, en cet été 1943, les traits d'une guerre civile en France, entre la minorité résolue des collaborateurs et les résistants, minorité eux aussi, mais bénéficiant de la sympathie active de la population.

Les Français n'aspirent qu'à la Libération. Ils rejettent le Service du Travail Obligatoire (500 750 requis sont partis en Allemagne) ou les nouvelles mesures antisémites.

En août 1943, Darquier de Pellepoix – qui est à la tête du Commissariat aux Questions Juives – prépare un projet de loi qui prévoit la dénaturalisation de tous les Juifs français, de leurs femmes et de leurs enfants, ce qui entraînerait d'office leur arrestation et leur déportation.

Assez ! C'est le cri intérieur des Français. Assez !

Ils rêvent à ce jour du *Débarquement* – ce mot murmuré, répété sans fin – qui apportera la *Libération*.

Mais quand les Américains débarqueront-ils ?

À l'automne 1943 ? Au printemps 1944 ? Chacun s'interroge, attend, espère.

Le 10 juillet, les Anglo-Américains ont débarqué en Sicile. Mais les Français ont été tenus à l'écart de cette opération. On s'étonne. Pourquoi a-t-on choisi de prendre pied en Europe, à la pointe la plus éloignée de la France et de l'Allemagne, dans cette immense île qui est au bout de la botte italienne ?

Pourquoi n'a-t-on pas consulté les Français alors qu'un accord est en passe d'être conclu entre de Gaulle et Giraud, l'un devenant le seul président effectif du *Comité Français de Libération Nationale*, l'autre – Giraud – gardant son titre présidentiel sans en exercer les fonctions et nommé au commandement des forces militaires qui comptent plusieurs centaines de millions d'hommes ?

C'est d'eux que parle de Gaulle, le 14 juillet, place du Forum à Alger, devant une foule immense couronnée de drapeaux.

Il exalte, « après trois années d'indicibles épreuves, le peuple français qui reparaît en masse, rassemblé, enthousiaste sous les plis de son drapeau ».

« Français ! Ah ! Français ! lance de Gaulle, il y a quinze cents ans que nous sommes la France et il y a quinze cents ans que la patrie demeure vivante dans ses douleurs et dans ses gloires. L'épreuve présente n'est pas terminée, mais voici qu'au loin se dessine la fin du pire drame de notre Histoire... »

Chacun de ces mots avive l'impatience et l'espérance.

22.

L'impatience et l'espérance, en cet été 1943, ne peuvent effacer la souffrance qui s'impose à tous les peuples des nations en guerre.

D'un bout à l'autre du monde, des îles du Pacifique à l'océan Glacial Arctique, des collines caillouteuses de Sicile à la région de Smolensk, les hommes, les peuples – quelles que soient leurs responsabilités dans la naissance du conflit – souffrent.

On meurt sous les coups de matraque dans les camps de concentration.

On meurt étouffé dans les chambres à gaz d'Ausch-witz, de Birkenau ou de Treblinka... On hurle sous les tortures dans les caves de la prison de Montluc à Lyon. Un ouragan de feu dévore les villes bombar-dées, allemandes, françaises, italiennes, anglaises ou japonaises.

Et puis il y a la souffrance individuelle, celle des hommes illustres comme des anonymes.

De Gaulle apprend ainsi que le 20 juillet 1943, sa nièce, Geneviève de Gaulle, est tombée dans une souricière tendue par les « Français » de l'équipe Bony-Laffont, la bande « gestapiste » de la rue Lauriston.

Un traître les a renseignés.

Ils se sont mis à l'affût dans une librairie, *Au vœu de Louis XIII*, 68, rue Bonaparte à Paris.

C'est une des boîtes aux lettres de Défense de la France, ce mouvement de résistance qui, le 14 juillet 1943, a eu l'audace de distribuer dans le métro son journal clandestin *Défense de la France*.

Geneviève de Gaulle fait partie de ce mouvement.

Elle va être déportée au camp de Ravensbrück, elle va voir des animaux à visage humain, elle va voir les yeux des bêtes traquées.

Souffrance pour Charles de Gaulle.

Le quartier de l'église Saint-Nicolas, à Hambourg, après les bombardements des 24 et 25 juillet.

Et ces jours-là, d'autres humains, à Hambourg, à Berlin, à Essen, dans la plupart des villes allemandes, sont enveloppés par les flammes des bombardements.

La nuit, ce sont des escadrilles anglaises de plusieurs centaines d'avions qui bombardent les villes.

Le jour, les mêmes villes sont écrasées sous les bombes que larguent les *Forteresses volantes* américaines.

Combien de morts dans le bombardement de Hambourg lors de la nuit du 24 au 25 juillet 1943 ? Il y avait au-dessus de la ville 791 bombardiers. Les raids se sont succédé jusqu'aux 2 et 3 août. Les avions ont déversé 8 300 tonnes de bombes, 900 000 personnes se sont retrouvées sans abri et il y a eu 40 000 morts et 125 000 blessés.

L'incendie de la ville propage une chaleur de 800 degrés et crée une aspiration d'air qui a la force d'un vent de cyclone. Au moins 20 000 immeubles sont en feu.

Une adolescente de quinze ans raconte que sa mère l'enveloppe dans des draps mouillés, la pousse hors de l'abri en lui criant : « Cours ! » Une chaleur intense la saisit. Elle se trouve plusieurs fois face à un mur de flammes. « J'avais l'impression d'être emportée par la tempête », dit-elle.

L'asphalte a fondu.

« Il y a des gens sur la route, certains déjà morts, d'autres encore vivants mais pris dans l'asphalte... Leurs pieds s'y sont collés, puis ils ont pris appui sur leurs mains pour essayer de se dégager. Ils sont là, sur les mains et les genoux, à hurler... »

Si les mots ont un sens, c'est l'ENFER. ENFER.

« Nous nous trouvons dans une situation d'infériorité impuissante, écrit Goebbels dans son *Journal*, et il nous faut encaisser les coups des Anglais et des Américains avec rage et opiniâtreté. »

Le ministre de l'Armement, Albert Speer, se rend plusieurs fois dans la Ruhr.

Des avions « destructeurs de digues », volant à basse altitude, ont fait exploser les barrages construits sur le cours des fleuves principaux, l'Eder et la Möhne. Les masses d'eau libérées ont inondé la région, noyé les récoltes, détruit des usines, tué les travailleurs étrangers et les prisonniers de guerre qui y étaient employés.

La production d'acier s'effondre. De nouveaux raids, au mois d'août, endommagent les usines de roulements à billes.

Albert Speer explique au Führer que l'on va atteindre une limite « au-delà de laquelle l'industrie qui fournit le matériel d'armement peut s'effondrer complètement… À un moment donné, nous allons avoir des avions, des chars ou des camions auxquels manqueront certaines pièces détachées… ».

Mais l'Allemand qui a retrouvé les corps de ses proches brûlés, identifiés seulement par un bijou et une dent en or qui n'ont pas fondu, ne se soucie que de sa survie, de la possibilité de quitter les villes, afin de se réfugier dans les villages.

On n'écoute plus les harangues de Goebbels. On ne lit plus les journaux : « ce sont des absurdités, des mots creux ». Le service de sécurité des SS constate que de « larges secteurs de la population se ferment volontairement à la propagande sous sa forme actuelle ».

« Les histoires que les camarades évacués ont répandues ont créé un effet de choc et d'immense consternation sur tout le territoire du Reich. »

Des membres du Parti se font insulter. Personne ne répond à leur « *Heil Hitler* ».

Le général Jodl, parlant devant les Gauleiters nazis réunis à Munich, peint la situation avec des couleurs sombres.

« Ce qui pèse le plus lourdement sur le pays et en conséquence par réaction sur le front, dit-il, ce sont les raids de terreur de l'ennemi sur nos foyers, sur nos femmes et nos enfants. À cet égard, la guerre a pris par la seule faute de l'Angleterre un caractère que l'on ne croyait plus possible depuis le temps des guerres raciales et des guerres de Religion.

« L'effet psychologique, moral et matériel de ces raids de terreur est tel qu'il faut absolument les enrayer, si on ne peut totalement les empêcher. »

Jodl n'hésite pas à ajouter alors qu'un silence pesant écrase la salle :

« Le démon de la subversion circule dans le pays entier. Les lâches cherchent un moyen d'en sortir ou, comme ils le prétendent, une solution politique. Ils disent que nous devons négocier pendant que nous avons encore quelque chose en main. »

23.

En juillet 1943, le Führer, ses généraux et maréchaux pensent encore qu'ils ont entre leurs mains ce « quelque chose » qui leur permettra de rétablir la situation du Reich, et ainsi de pouvoir négocier avec l'un ou l'autre de leurs ennemis.

Ce « quelque chose », c'est l'attaque qu'ils préparent sur le front de l'Est, entre Orel et Bielgorod, contre le « saillant de Koursk », cette avancée russe, comme une tumeur, qu'il faut cisailler en l'attaquant à sa base, au nord vers Orel, au sud vers Bielgorod.

« Nous devons rattraper en été ce qui a été perdu en hiver », répète le Führer. Ce sera l'opération *Zitadelle*.

Aucun des officiers de son Grand Quartier Général ne peut résister au Führer, dont ils perçoivent pourtant l'angoisse.

À la veille de lancer l'offensive décisive qui peut effacer les désastres de Stalingrad ou au contraire sceller le sort de la guerre à l'Est, le Führer n'a-t-il pas confié à Guderian : « Chaque fois que je pense à *Zitadelle*, j'ai mal au ventre » ?

Mais en dépit de cela, et des réticences des généraux Jodl et Model, du scepticisme de Guderian, la décision est prise : attaquer !

On attend que parviennent aux *Panzerdivisionen* les nouveaux modèles de chars lourds – *Tigre* et *Panther* – qui doivent dominer les T34 et les KV soviétiques.

On concentre sur moins de 50 kilomètres de front neuf des plus belles divisions de l'armée allemande, parmi lesquelles les divisions SS Leibstandarte, Das Reich, Totenkopf.

Les officiers de chars abandonnent, pour se rendre en première ligne afin d'observer le terrain, leur uniforme noir comme si les Russes pouvaient ignorer la présence de *Panzerdivisionen*.

Ces officiers découvrent devant eux une vaste plaine coupée de nombreuses vallées, et dont le sol monte en pente douce vers le nord, favorisant la défense russe. Partout s'étendent de grands champs de blé qui limitent la visibilité.

Ces officiers et leurs généraux n'imaginent pas que l'état-major russe a percé les plans du Führer et qu'il a fait du saillant de Koursk, en effet, une citadelle où s'entassent 20 000 pièces d'artillerie – dont 6 000 canons et antichars, des centaines de lance-fusées Katioucha !

Les champs de mines antichars et antipersonnel atteignent une densité de 2 500 engins au kilomètre !

D'immenses fossés antichars – de 4,50 mètres de profondeur – ont été creusés. Des tranchées étroites permettent aux fantassins de progresser dans les champs de mines et d'attaquer les tanks allemands qui auront échappé aux canons antichars et aux mines.

Les tanks T34 sont à l'affût en arrière de ce réseau

défensif. Des centaines de milliers d'hommes sont concentrés, prêts à s'élancer.

« Le terrain dont nous avons effectué un relevé topographique, explique un capitaine de l'armée Rouge, est piqueté et plein de repères. Les chemins que nous devons prendre pour aller occuper nos tranchées et nos abris sont jalonnés. »

Ordre est donné aux unités d'artillerie antichars de n'ouvrir le feu qu'au dernier moment.

« Au début de la guerre, souligne un officier russe, c'était la bousculade générale, on n'avait jamais le temps… Aujourd'hui, on va au feu posément. »

Dans la nuit du 3 au 4 juillet, les guetteurs russes voient se dresser devant eux une silhouette, bras levés. C'est un déserteur tchèque d'un bataillon du génie.

Il raconte que l'on a distribué à chaque soldat une ration spéciale de schnaps et cinq jours de vivres. L'attaque serait donc imminente, et ce renseignement confirme les informations dont dispose la Stavka – le comité militaire que préside Staline – selon lesquelles les Allemands déclencheraient leur attaque entre le 3 et le 6 juillet.

Dans la nuit du 4, les Russes décident d'ouvrir le feu avec leur artillerie de moyenne portée qui doit viser les premières lignes allemandes et les zones de rassemblement. Mais les pièces antichars ne se dévoileront pas.

Les soldats allemands comprennent qu'ils ne bénéficieront pas de l'effet de surprise. Les officiers les rassemblent et leur lisent le message personnel que le Führer adresse à ses troupes :

« Soldats du Reich !

« Vous participez aujourd'hui à une offensive d'une importance considérable. De son résultat peut dépendre tout le sort de la guerre.

« Mieux que n'importe quoi, votre victoire montrera au monde entier que toute résistance à la puissance de l'armée allemande est vaine. »

Au même moment, *L'Étoile rouge* – le journal de l'armée Rouge – en appelle au patriotisme russe, face à cette attaque allemande qui menace le cœur même de la Russie, la région natale de l'écrivain Tourgueniev, le chantre de la Russie.

« Nos pères et nos ancêtres ont fait tous les sacrifices pour sauver leur Russie, leur patrie, écrit *L'Étoile rouge*. Nous n'oublierons jamais Minine et Pojarski, Souvorov et Koutousov et les partisans russes de 1812.

« Nous nous sentons fiers à la pensée que le sang de nos glorieux ancêtres coule dans nos veines et que nous nous montrerons dignes d'eux. »

À 14 heures, ce 4 juillet 1943, les 2 000 chars allemands de la première vague se hissent hors de leurs abris dans les creux du terrain et s'engagent, hublots et volets fermés, au milieu des blés.

Et tout à coup, des milliers de pièces antichars russes ouvrent le feu.

« Nous avons l'impression d'avancer dans un cercle de feu », note l'opérateur radio d'un char *Tigre* !

L'artillerie allemande n'a pas été capable de repérer et d'écraser les canons russes. Et les champs de mines n'ont pas été nettoyés.

« Les premiers rapports, disent les officiers d'état-major russes, établissent que 586 tanks ennemis ont été endommagés ou détruits », dès les premiers cent mètres.

Les consignes allemandes sont implacables et condamnent à mort les équipages dont les chars immobilisés deviennent une cible offerte aux canons antichars et aux fantassins russes enfouis dans des tranchées étroites ou des trous individuels creusés au milieu des champs de mines.

Mais les équipages allemands obéissent aux ordres : « Si un char se trouve immobilisé mais que son canon est encore en état de tirer, l'équipage continuera sur place à appuyer l'échelon de combat avec le feu de sa pièce… En aucune circonstance, les chars ne s'arrêteront pour prêter assistance à ceux qui seraient en difficulté. »

Après vingt-quatre heures de combats, le front russe n'a cédé – sur quatre kilomètres – que dans le sud du saillant sous la poussée des panzers et des fantassins SS.

Mais les Russes ont fortifié des petits villages situés le long d'une rivière que des rafales de pluie, dans la nuit du 5 au 6 juillet, grossissent, rendant son passage difficile.

Et les SS découvrent que ces Russes qu'ils méprisent, qui sont à leurs yeux des *Untermenschen*, sont de rudes et tenaces combattants aussi bien armés qu'eux. Impitoyables aussi avec tout combattant allemand qui porte une tête de mort comme emblème, et qu'ils abattent aussitôt se serait-il rendu. Les SS se battent donc jusqu'à la mort.

**Colonne de chars soviétiques
pendant la bataille de Koursk.**

Le 12 juillet, la IVe armée allemande lance ses 600 chars dans une attaque frontale contre la 5e armée blindée soviétique.

Cette « chevauchée de la mort » des panzers et la bataille qui s'engage se déroulent sous un épais nuage de poussière et par une chaleur étouffante.

L'affrontement dure huit heures.

Un survivant allemand se souvient de la surprise qu'il a éprouvée.

« D'après ce qu'on nous avait dit, nous pensions trouver en face de nous des canons antichars fixes, quelques chars semi-enterrés et peut-être des brigades indépendantes de vieilles machines comme le tank KV. En fait, nous nous trouvâmes avoir affaire à une masse, apparemment intarissable, de blindés ennemis. Jamais comme ce jour je n'eus l'impression d'être écrasé par le nombre et la force des Russes. Les nuages de poussière empêchaient la Luftwaffe de nous aider ;

de nombreux T34 ne tardèrent pas à filtrer à travers notre écran et à se répandre partout, comme des rats, sur l'ancien champ de bataille... »

Les jeux sont faits.

« Les Tigre brûlent », titre *L'Étoile rouge*. Les soldats allemands sont saisis de stupeur devant l'équipement et la combativité des Russes.

Un caporal déclare :

« On n'a jamais vu pareil carnage dans les troupes allemandes... Un hôpital de campagne avait l'air d'un abattoir. »

Mais les pertes russes sont gigantesques. L'état-major soviétique n'est pas économe des hommes.

Des conducteurs de chars, fatigués d'avoir roulé trois jours et peut-être échauffés par la vodka, précipitent leurs T34 dans des tranchées antichars, et sont incendiés par les tirs allemands.

Les Russes auraient perdu 320 000 soldats et les Allemands « seulement » 54 000.

Qui connaîtra avec précision l'état réel des pertes en hommes et en tanks, dans ce qu'on considère comme la plus grande bataille de chars de l'Histoire ?

Une seule certitude : les Allemands ont été vaincus. Certes, à l'annonce du débarquement anglo-américain en Sicile, le 10 juillet, Hitler retire des divisions engagées dans la bataille de Koursk pour les diriger vers l'Italie.

Mais ce sont d'abord les Russes qui ont gagné, devinant les intentions de Hitler, s'y adaptant, arrêtant les panzers et les fantassins des divisions SS.

Le 5 août 1943, dans un ordre du jour spécial, Staline peut annoncer la libération d'Orel et de Bielgorod.

Autour de ces villes, des centaines de tanks calcinés et de carcasses d'avions jonchent le champ de bataille et sur plus de dix kilomètres à la ronde l'air est empesté par l'odeur de milliers de cadavres russes et allemands à moitié enterrés.

Ce 5 août, Staline conclut son ordre du jour par cette déclaration inattendue :

« Cette nuit, à 0 heure, la capitale de notre pays, Moscou, saluera de douze salves d'artillerie tirées par cent vingt canons, les vaillantes troupes qui ont libéré Orel et Bielgorod. J'exprime ma gratitude à toutes les unités qui ont pris part à l'offensive…

« Gloire éternelle aux héros qui sont tombés dans la lutte pour la liberté de notre patrie.

« Mort aux envahisseurs allemands.

> « Le commandant en chef suprême
> « Maréchal de l'Union soviétique
> Staline. »

24.

Hitler, en cet été 1943, alors que Staline célèbre les victoires russes, sait-il que la guerre, *sa* guerre, est perdue ?

Les yeux baissés, le buste penché en avant, les coudes appuyés sur les cuisses, les mains croisées sous le menton, il écoute Rommel, qu'il a convoqué à son Grand Quartier Général, songeant à lui confier le commandement des troupes allemandes en Grèce et, peut-être, en Italie.

Car aux désastres subis sur le front de l'Est s'ajoute la capitulation de l'Afrikakorps en Tunisie – 130 000 Allemands prisonniers et autant d'Italiens.

« J'aurais dû vous écouter », murmure le Führer.

Mais un autre front est ouvert : désormais c'est en Sicile que se dessinent de nouveaux désastres.

Aux premières heures du 10 juillet 1943, les Anglais de la 8e armée commandée par Montgomery et les Américains de la 7e armée du général Patton ont débarqué sur la côte sud-est de l'île.

« *Vinceremo* – nous vaincrons –, répète Mussolini.

Il faut que l'ennemi soit pétrifié sur la ligne de sable où l'eau s'arrête et où commence la mer. »

Mussolini se pavane, rappelle que 300 000 soldats italiens, disposant de 1 500 canons, font de l'île une citadelle inexpugnable. Quatre divisions allemandes complètent ce dispositif.

À gauche, le général Patton discute avec le lieutenant-colonel Lyle Bernard lors du débarquement en Sicile.

Mais il suffit de quelques heures pour comprendre que les Italiens ne se battront pas. Seuls les Allemands livrent des combats acharnés tout en se repliant, pas à pas, vers le détroit de Messine.

Le commandement allemand est révolté par l'attitude des Italiens. Le 12 juillet, la base d'Augusta s'est rendue aux Britanniques. L'amiral italien a fait sauter toutes les batteries côtières avant d'avoir vu un seul soldat anglais.

On dit que les Américains ont parachuté des membres de la mafia extraits des prisons des États-

Unis pour prendre contact avec les « parrains locaux » de l'« honorable société » afin de les inciter à organiser la reddition des troupes italiennes.

La Sicile, prédit Rommel, devra être abandonnée.
Il dresse un tableau sombre de la situation du Reich.
« Nous perdons jusqu'à 30 sous-marins par mois. Bien entendu, nous allons produire encore plus d'armes et de munitions en conséquence de la mobilisation de la main-d'œuvre décrétée au début de l'année 1943. »
Il s'interrompt, observe le Führer.
« Mais même alors, ajoute Rommel, pourrons-nous faire face contre le reste du monde ? »

Rommel appréhende la colère du Führer quand celui-ci se redresse, le foudroie du regard et, le visage secoué par des tics, commence à parler. La voix est sourde, le ton grave.
« Je me rends bien compte, dit-il, qu'il reste peu de chances de gagner la guerre. Mais l'Occident ne veut pas conclure de paix avec moi alors que je n'ai jamais désiré la guerre contre l'Ouest. Eh bien, les Occidentaux vont avoir leur guerre, ils l'auront jusqu'au bout. »
Hitler se lève, va et vient, penché, les mains derrière le dos.
« Si le peuple allemand est incapable de vaincre, s'écrie-t-il tout à coup, alors qu'il crève ! De toute façon, les meilleurs sont déjà morts. S'il doit être vaincu, que le peuple se batte pour chaque maison, qu'il ne laisse rien debout ! Un grand peuple doit mourir héroïquement, c'est une nécessité historique ! »

« On a parfois l'impression que le Führer n'est plus très normal », confie Rommel à son fils Manfred, qui s'apprête à s'engager comme soldat auxiliaire de la Luftwaffe.

Puis Rommel, pour faire oublier ce commentaire et justifier sa fidélité, en cet été 1943, au Führer, précise à son fils :

« Il faudra t'habituer à obéir rapidement et sans hésitation aux ordres de tes supérieurs. Souvent ces ordres ne te plairont pas, souvent tu ne les comprendras pas. Obéis pourtant sans discussion. Un chef ne peut entrer dans de longues explications avec ses subordonnés, il n'a pas le temps d'indiquer ses raisons... »

Ainsi le Führer, s'appuyant sur la morale traditionnelle des officiers, continue-t-il de régner sur ces esprits formés à l'obéissance absolue.

Et Rommel s'incline, accepte les décisions du Führer :

« J'apprends, écrit-il le 18 juillet 1943, qu'on a conseillé au Führer de ne pas me donner le commandement en Italie parce que je serais mal disposé pour les Italiens. J'imagine qu'il y a de la Luftwaffe – Goering ! – derrière cela. Mon envoi en Italie est donc remis. Le Führer va probablement rencontrer le Duce. »

Hitler veut conforter le Duce dont la situation est difficile.

Le roi d'Italie, Victor-Emmanuel III, les maréchaux et généraux, le plus souvent monarchistes, conspirent pour chasser le Duce du gouvernement qu'il préside depuis 1922 !

Les monarchistes espèrent ainsi préserver le roi, l'avenir de la royauté.

La chute du Duce permettrait de rompre avec l'Allemagne nazie et de se débarrasser du fascisme, accepté tant qu'il était triomphant, détestable maintenant que les revers militaires montrent sa faiblesse. Et le désir des Italiens de retrouver la paix et la liberté est irrésistible.

Mais les dignitaires fascistes, les plus lucides, ont le même objectif – chasser Mussolini, rompre avec les Allemands – mais leur finalité est autre : ils espèrent ainsi sauver le fascisme et leur pouvoir.

Ils obtiennent de Mussolini qu'il convoque pour le samedi 24 juillet 1943 le Grand Conseil Fasciste, où ils escomptent mettre Mussolini en minorité.

Le 18 juillet dans la matinée, l'ambassadeur allemand von Mackensen apporte à Mussolini une invitation urgente du Führer.

La rencontre est fixée en Italie dans une villa du XVIIIe siècle, près de Feltre.

Le Duce et le Führer se retrouvent à l'aéroport de Trevisio.

Le 18 au soir, Mussolini s'envole pour Trevisio avec son médecin et son secrétaire. Le général Ambrosio part par le train avec le secrétaire d'État aux Affaires étrangères, Bastianini. À Rome, tout s'arrête parmi les conjurés, l'espoir d'une solution Mussolini à la crise, comme en tant d'autres occasions, retient encore le roi, ses conseillers et les hiérarques fascistes.

Cependant, sur l'aérodrome de Trevisio, le Duce, les yeux levés, suit l'avion du Führer qui tourne au-dessus du terrain en attendant 9 heures, l'heure officielle de l'arrivée.

19 juillet 1943. Dans les rues de Rome, les premiers

passants découvrent des tracts annonçant un bombardement imminent de la ville :

« Pour cette action, disent les tracts, ont été choisis des équipages soigneusement préparés et qui connaissent Rome. »

Les Romains ne prennent guère au sérieux cet avertissement : la Ville sainte ne peut être bombardée.

Le ciel est d'un bleu humide.

À Trevisio, l'avion de Hitler s'est posé.

L'atmosphère est lourde. Les deux dictateurs voyagent seuls, en train, jusqu'à Feltre, puis de là, en voiture découverte, ils se rendent à la villa Gaggia, véritable labyrinthe de couloirs, des « mots croisés pétrifiés », dira Mussolini.

Les deux délégations se réunissent à 11 heures dans le salon d'entrée et le Führer commence un long monologue. Mussolini, assis sur le bord d'un fauteuil trop profond, les mains posées sur ses jambes croisées, écoute patiemment, sans bien comprendre le sens de ce discours passionné, plein de reproches sur l'armée italienne dont « l'organisation est manifestement mauvaise ». Mais le Führer hausse le ton.

« La guerre, dit-il, peut être continuée à l'infini, elle se réduit au problème de la main-d'œuvre, c'est une question de volonté. »

À midi, le secrétaire particulier de Mussolini entre dans la salle et tend au Duce un message. Mussolini, d'une voix émue, traduit le texte en allemand :

« En ce moment, l'ennemi bombarde violemment Rome », dit-il.

Dans la ville, les sirènes ont hurlé à 11 heures. À 11 h 05, les premières bombes tombent des *Forteresses volantes* et des *Liberator* sur les voies ferrées, la gare, les quartiers ouvriers de San Lorenzo, Tiburtino, Appio Latino, les aéroports de Littorio et Ciampino. La défense antiaérienne qui, sur ordre du Duce, a tant de fois tiré pour rien, pour simplement créer une ambiance de guerre, n'atteint aucun appareil ; pourtant les avions volent très bas. Certains mitraillent les rues ; quatre vagues se succèdent pendant trois heures faisant plus de 1 400 morts et 6 000 blessés.

À Feltre, le Führer reprend, impassible, son monologue, donnant à Mussolini une véritable leçon, humiliant le Duce devant ses propres collaborateurs. Ceux-ci sont indignés. À 13 heures, au moment où va commencer le déjeuner, ils entourent Mussolini. Le général Ambrosio, pâle de colère, joue son va-tout, sans détour, formulant un véritable ultimatum :

« Vous devez parler clair aux Allemands, dit-il au Duce d'une voix forte, ils veulent se servir de l'Italie comme d'un rempart et ils se moquent de savoir si elle court à la ruine. »

Mussolini se tait, baissant la tête. Ambrosio poursuit :

« Vous êtes l'ami du Führer, faites-lui comprendre nos raisons, nous devons nous détacher et penser à nos affaires. Il faut sortir de la guerre dans les quinze jours, conclut Ambrosio en martelant ces mots d'un ton sans réplique. »

Mussolini ergote :

« Sommes-nous disposés, dit-il, à effacer d'un seul trait vingt ans de régime ? »

L'aveu est clair : le fascisme est lié au nazisme et son sort dépend du sort de la guerre, ceux qui espèrent encore en Mussolini n'ont pas compris cette donnée fondamentale. Mussolini sent-il d'ailleurs la gravité de l'ultimatum du général Ambrosio ? Il semble surtout préoccupé de savoir ce que penseront les Romains de son absence pendant le bombardement de la ville.

« Je ne voudrais pas que les Romains croient... », répète-t-il, laissant chaque fois sa phrase inachevée.

À 17 heures, Hitler et Mussolini se trouvent à l'aéroport de Trevisio. Au moment où le Führer le quitte, Mussolini s'écrie :

« Notre cause est commune, Führer ! »

Puis, tourné vers le maréchal Keitel, le Duce ajoute :

« Envoyez-nous tout ce dont nous avons besoin, pensez que nous sommes embarqués sur le même bateau. »

Tant que l'avion de Hitler reste en vue, Mussolini garde le bras levé pour le salut fasciste, puis, comme ses collaborateurs l'entourent, il dit d'une voix basse, en s'éloignant :

« Il n'a pas été nécessaire que je fasse un discours à Hitler. »

Ambrosio cette fois-ci a compris, on ne peut plus compter sur Mussolini. Le général dit à Bastianini, le secrétaire d'État :

« Il n'a pas pris mes paroles au sérieux. Mais il est fou. Je te dis qu'il est fou. Ce que je lui ai dit est une chose sérieuse, très sérieuse. »

À Rome aussi le roi va trancher. Quand il se rend vers 15 heures dans les quartiers dévastés par les bombes anglo-américaines, les incendies ne sont pas encore éteints, les blessés geignent ; personne ne dirige les opérations de secours ; à l'aéroport de Ciampino, tout le personnel de la base a fui dès l'explosion des premières bombes. Mais ce qui frappe le plus le roi, c'est le silence glacial qui entoure sa visite : pas un applaudissement, une réprobation muette. Quelques instants plus tard, Pie XII est au contraire l'objet d'une ferveur émouvante.

**Pie XII au milieu de la foule
après le bombardement de San Lorenzo.**

La froideur de l'accueil populaire, le rapport du général Ambrosio rentré de Feltre décident le roi. Il va destituer Mussolini. Il veut oublier qu'il a accepté, soutenu la politique du fascisme. Et c'est au Duce qu'il doit les titres d'empereur – d'Éthiopie – et de roi d'Albanie.

Mais les temps ont changé. Il faut rompre.

Le jeudi 22 juillet, Victor-Emmanuel III, nerveux et pâle, reçoit Mussolini.

« J'ai essayé de faire comprendre au Duce, raconte le souverain à ses proches, que désormais sa personne seule fait obstacle au redressement intérieur.

« C'est comme si j'avais parlé à du vent », conclut-il.

25.

Que va faire le Duce ?

À Rome, les conspirateurs monarchistes et les hiérarques fascistes sont sur leurs gardes.

Le plus déterminé des dirigeants fascistes, Dino Grandi, tente une dernière fois de convaincre le Duce – dont il fut dès 1920 l'un des premiers « camarades » – de rompre avec l'Allemagne, de sauver ainsi l'Italie du désastre.

« Tu aurais raison, répond le Duce, si la guerre devait être perdue mais elle sera gagnée. Les Allemands dans quelques jours vont sortir une arme qui changera du tout au tout la situation ! »

Mussolini raccompagne Grandi jusqu'à la porte de l'immense salle dite de la Mappemonde qui, au palazzo Venezia, est le bureau du Duce.

Souriant, il accueille le Feldmarschall Kesselring qui commande les troupes allemandes en Italie.

Celui-ci lui fait part des informations sur la préparation d'un coup d'État contre le Duce. Il se déroulerait à l'occasion de la réunion du Grand Conseil Fasciste du samedi 24 juillet. Le Führer est inquiet, dit Kesselring.

Mussolini hausse les épaules.

« Je ne peux accepter que l'on croie qu'un régime comme le régime fasciste puisse être abattu par quarante ou cinquante conjurés », dit-il.

Et, levant la main, campé comme un César, il ajoute :

« Une parfaite organisation étatique, quatre cent mille hommes d'une milice fidèle et aguerrie, trois millions d'inscrits au Parti fasciste, la masse qui respecte et craint cette puissance, le chef ferme à son poste et plus décidé que jamais, allons donc ! Ne plaisantons pas ! »

Le Duce croit-il lui-même ce qu'il dit ?

Il passe par des phases de plus en plus rapprochées d'abattement et d'exaltation. Il paraît souvent exténué, puis il se redresse, et soliloque, se rend dans les environs de Rome pour passer en revue la Division M, troupe d'élite formée de miliciens fascistes triés sur le volet.

Himmler a livré les meilleures armes allemandes, 32 chars *Tigre*. Des instructeurs SS ont entraîné les miliciens fascistes.

Le Duce dispose donc d'une garde prétorienne, mais en fera-t-il usage, alors que le pays commence à bouillonner ? Des grèves éclatent à Milan, à Turin. Les bombardements alliés sur les villes italiennes – Rome, Naples, Bologne, Turin – créent un climat de panique et de révolte.

Et l'on sait qu'en Sicile, les soldats italiens se rendent sans combattre, en dépit des rodomontades du Duce et des généraux.

Hitler ne se fait guère d'illusions sur la capacité de résistance de Mussolini et de l'Italie.

Le Führer est rentré de sa rencontre avec le Duce à Feltre inquiet. Le Duce lui est apparu épuisé, incapable d'écouter, demandant à l'interprète, le docteur Schmidt, de lui passer les notes qu'il avait prises.

Il n'a été attentif qu'au moment où le Führer a évoqué les armes nouvelles qui allaient bientôt entrer en action, et particulièrement ce sous-marin capable d'infliger aux Anglais un « véritable Stalingrad ».

Mais le Führer demeure sceptique.

« Il faudrait en Italie, dit-il à Goebbels, prendre des mesures féroces semblables à celles qui furent appliquées par Staline en 1941 ou par les Français en 1917. Seules ces mesures féroces pourraient sauver le Duce. Il faudrait installer une sorte de tribunal, de cour martiale pour supprimer les éléments incontrôlables. »

Mais ce samedi 24 juillet 1943, quand à 17 h 05, Mussolini pénètre dans la salle du Grand Conseil Fasciste, il ne peut pas imaginer que les 26 hommes vêtus de noir qui lui font face sont en majorité décidés à le chasser du pouvoir.

Ces 26 hommes sont ses plus anciens camarades et l'un d'eux, le comte Ciano, dont il a fait un ministre, est son propre gendre, le mari de sa fille, Edda Mussolini.

À son entrée dans la salle du Grand Conseil, le secrétaire du Parti a crié « *Saluto al Duce* ».

Et les 26 hommes ont levé le bras pour le salut fasciste. Tout est en ordre donc.

Mussolini parle, rend responsables des défaites le maréchal Badoglio, Rommel, l'état-major, les soldats, les Siciliens. Il loue l'Allemagne « qui est venue à notre aide de façon généreuse ».

« Attention, camarades, conclut-il, l'ordre du jour préparé par Dino Grandi et dont j'ai eu connaissance peut mettre en jeu l'existence du régime. Les cercles réactionnaires et antifascistes, les éléments dévoués aux Anglo-Saxons pousseront dans ce sens. »

Le Duce a terminé, il a parlé une heure cinquante. Il s'assoit, pose la main en visière devant ses yeux. La discussion commence.

Dino Grandi se lève, commence à parler d'une voix rauque, lit son ordre du jour qui dépossède le Duce de tous ses pouvoirs, les remet entre les mains du roi, puis emporté par la passion, Grandi lance à Mussolini :

« C'est la dictature qui a perdu la guerre et non le fascisme... Vous vous croyez un soldat, laissez-moi vous dire que l'Italie fut ruinée le jour où vous vous êtes mis les galons de maréchal. »

La séance va se prolonger durant sept heures.

Mussolini paraît détaché, et en même temps confiant. « Le roi et le peuple sont avec moi », murmure-t-il.

Donc il ne démissionnera pas comme le lui suggère Grandi.

« Enlève cet uniforme, lui crie Grandi, arrache ces aigles, reviens à la chemise nue de notre révolution.

— J'ai soixante ans, répond le Duce, après tout, je pourrais appeler ces vingt ans la plus merveilleuse aventure de ma vie, je pourrais mettre fin à l'aventure, mais je ne m'en irai pas. »

On vote.

Dix-neuf voix se prononcent en faveur de l'ordre du jour, 7 contre et 1 abstention.

Mussolini se lève en s'appuyant de ses deux poings

sur la table. Il a les traits tirés, les gestes lents d'un homme fatigué. Il ramasse ses papiers, semblant brutalement comprendre qu'un événement irréversible vient de se produire.

« Vous avez provoqué la crise du régime », dit-il d'une voix sourde.

L'un de ses partisans s'approche de Ciano.

« Jeune homme, lui dit-il, tu paieras de ton sang ton action de ce soir. »

Ce dimanche 25 juillet 1943 est pour Mussolini sa dernière journée de chef de gouvernement.

Dans l'après-midi, convoqué par le « roi et empereur », Mussolini se voit notifier la nécessité de sa « démission » de chef de gouvernement. Il est remplacé par le « chevalier maréchal d'Italie » Pietro Badoglio. Le roi et empereur assume le commandement des forces armées et le maréchal Badoglio, martial, déclare :

Pietro Badoglio.

« La guerre continue. L'Italie, gardienne jalouse de ses traditions millénaires, demeure fidèle à la parole donnée. »

La guerre continue.

Qui écoute ces trois mots qui vont peser tragiquement sur le destin de l'Italie ?

On apprend que les carabiniers ont arrêté Mussolini.

La foule déferle dans les rues.

On crie : « À mort Mussolini ! À bas le fascisme ! *Evviva il Rè*, vive l'armée ! »

« Quel désastre, se lamente le comte Ciano, tout s'effondre. Maintenant, ils vont nous mettre les menottes à nous aussi ! »

Les fascistes se cachent.

Certains hiérarques, tel Farinacci, se réfugient à l'ambassade d'Allemagne.

Les appartements des fascistes les plus connus sont envahis, saccagés. Pas un homme ne se lève pour défendre Mussolini et le régime. La Division M se place aux ordres du roi et de l'armée.

Une seule victime ce 25 juillet, un sénateur, fidèle de toujours de Mussolini, se suicide.

Le 28 juillet, le Parti fasciste est dissous, et Mussolini, prisonnier du « roi », est transporté d'île en île, car on craint une opération des parachutistes allemands.

Il passe ainsi de l'île de Ponza à celle de Maddalena et de là on le transporte au sommet du Gran Sasso, une cime de 2 172 mètres d'altitude située au cœur des Apennins.

Mussolini est installé à l'hôtel du Campo Imperatore.

Il lit, joue aux cartes avec ses gardiens, répète que les Anglais ne le prendront pas vivant. Et souvent, il ajoute :

« Être libéré par les Allemands signifierait mon retour au gouvernement sous la protection des baïonnettes de Hitler ; ce serait la plus grande humiliation qui pourrait m'être infligée. »

Mais la guerre aux côtés des Allemands continue.

Qui est dupe ?

Des émissaires du roi et du maréchal Badoglio sont arrivés à Madrid, puis ils se rendent à Lisbonne. Les contacts avec les Alliés – le général Bedell Smith, envoyé d'Eisenhower – sont pris. Le général américain est brutal : l'armistice n'est pas à discuter, la reddition ne peut être que sans condition.

Or la situation en Italie évolue vite.

Les bombardements « terroristes » sur les grandes villes se succèdent. L'enthousiasme des 25 et 26 juillet est retombé et a fait place au désarroi devant cette guerre qui continue, plus cruelle que jamais. On a faim. Les victimes des bombardements sont de plus en plus nombreuses.

Pourquoi continuer cette guerre ?

Le 17 août à 20 h 15, le maréchal Badoglio parle à la radio :

« Italiens !

« Je prends pour la première fois la parole pour me tourner vers nos frères bien-aimés de la Sicile martyrisée. Après une vigoureuse défense qui honore hautement les troupes italo-allemandes, tout le territoire sacré de l'île a dû être abandonné. »

Partout, les groupes antifascistes se constituent, se manifestent, réclament un gouvernement démocratique.

On entend des orateurs, on lit des tracts qui déclarent :

« Oui, la guerre continue mais contre l'Allemagne. Pour cela il n'y a qu'un moyen : l'insurrection populaire. »

Dès le 27 juillet à la radio d'Alger, de Gaulle a déclaré :

« La chute de Mussolini est le signe éclatant de la défaite certaine de l'Axe.

« Elle est en même temps la preuve de l'échec de ce système politique, social et moral, qualifié de totalitarisme qui prétendait acheter la grandeur au prix de la liberté…

« La chute de Mussolini est pour la France la première revanche de la justice. »

26.

La nouvelle de la chute de Mussolini et de son arrestation, celle de l'effondrement du régime fasciste qui, en quelques heures, n'est plus qu'un château de cartes renversé sont connues au Grand Quartier Général du Führer vers 23 heures, ce dimanche 25 juillet 1943. C'est aussitôt dans la *Wolfschanze* – la *tanière du loup* – une intense agitation.

Hitler va et vient, d'un pas rapide, comme si l'événement réveillait en lui une énergie assoupie, dont beaucoup croyaient qu'elle était, après Stalingrad, tarie.

Il lance des ordres, convoque à son Grand Quartier Général tous les chefs des différentes armes, de l'État, du Parti.

Rommel, qui se trouve à Salonique et qui a été chargé du commandement de la XIe armée italienne, reçoit vers 23 h 15 un appel du GQG du Führer.

« Tout est changé, note-t-il. Le Duce a été arrêté. Je suis rappelé auprès du Führer. » Situation obscure en Italie.

Rommel arrive à midi à Rastenburg, ce lundi 26 juillet 1943. Dans la *Wolfschanze*, le Führer tient sa première conférence, entouré de Ribbentrop, de Himmler, de Goebbels, des généraux, des maréchaux. Zeitzler, Guderian, Jodl, Kluge, Keitel sont présents.

« On peut prévoir, dit Jodl, en dépit de la proclamation du roi et du maréchal Badoglio, que l'Italie va sortir de la guerre ou tout au moins que les Anglais vont effectuer de gros débarquements dans le nord du pays. »

Peut-être à Gênes, à Livourne, à La Spezia, au nord de Rome.

Le visage du Führer n'est déformé par aucun tic, il est tendu, concentré. Tous les assistants sont frappés par son calme, tous retrouvent le Führer, source d'énergie.

Il intervient, interrompant Jodl.

Goebbels retranscrit dans son *Journal* ces premières remarques du Führer.

« La connaissance de ces événements italiens peut encourager certains éléments subversifs en Allemagne, dit Hitler. Ils peuvent croire possible de faire ici ce que le maréchal Badoglio et ses partisans ont accompli à Rome.

« Le Führer donne à Himmler l'ordre de veiller à ce que les mesures de police les plus sévères fussent appliquées au cas où un danger de cette sorte semblerait imminent. »

« Déjeuné avec le Führer après la conférence, note Rommel. Le ministre italien Farinacci, qui a réussi à s'échapper, nous informe qu'on peut s'attendre à voir l'Italie faire des propositions d'armistice d'ici huit ou dix jours. »

« J'espère être envoyé rapidement en Italie », confie Rommel au général Guderian.

Les conférences autour du Führer se succèdent.

Hitler est déterminé comme s'il avait enfin réussi à surmonter cette lassitude, rompue par des colères, qui l'écrasait depuis le début de l'année 1943 et le désastre de Stalingrad, puis celui de Tunisie.

Il charge Rommel de préparer l'entrée

Alfred Jodl.

de troupes allemandes en Italie, mais bien qu'il soit clair que les Italiens vont trahir, Hitler répète qu'il faut faire mine de respecter la souveraineté italienne.

Il faut être prêt à pénétrer en force, mais pour le moment ne pas franchir la ligne frontière.

« Nous allons jouer le jeu de ce Badoglio, faire mine de croire qu'ils vont continuer la guerre à nos côtés, dit Hitler. Mais nous allons faire le nécessaire pour prendre toute l'équipe d'un seul coup de filet et capturer toute cette racaille. »

Le Führer se tourne vers le général Jodl.

« Des troupes allemandes sont présentes en Italie. Elles doivent être utilisées.

« Jodl, préparez les ordres… Il faut que le commandant de la 3ᵉ division de panzers-grenadiers se dirige sur Rome, avec ses canons d'assaut. Il doit arrêter le gouvernement, le roi et toute l'équipe. Avant, je veux le prince héritier. Ensuite, on les laissera mijoter et d'ici deux ou trois jours, nous frapperons un autre coup.

— *Mein Führer*, dit le général d'aviation Boden-schatz, tout est organisé pour les embarquer en avion. »

Hitler frappe ses cuisses du plat de ses mains.

« C'est ça, tout droit à l'avion et en route. »

Il garde le silence, de longues minutes, comme s'il imaginait la scène, puis tout à coup, il lance :

« Je pénétrerai au Vatican. Croyez-vous que le Vatican m'intimide ? Nous allons nous en emparer… Tout le corps diplomatique s'y trouve… Cette racaille… Nous sortirons de là cette bande de salauds… Plus tard, nous présenterons des excuses… »

Après un nouveau silence, il dicte un plan d'action en quatre points.

D'abord, l'opération *Eiche* (« chêne ») pour libérer Mussolini. Puis l'opération *Student* (« étudiant ») : occupation de Rome et rétablissement de Mussolini au pouvoir. Enfin, l'opération *Schwarz* (« noir ») : occupation militaire de toute l'Italie, et l'opération *Achse* (« Axe ») : capture ou destruction de la flotte italienne.

La mise en œuvre de ces opérations suppose que les Allemands contrôlent les voies de passage du nord au sud, et s'emparent donc des cols des Alpes, dans le Tyrol, au Brenner.

Les généraux italiens protestent, donnent parfois l'ordre d'ouvrir le feu pour empêcher la progression allemande, mais les unités italiennes laissent passer les divisions de la Wehrmacht.

Le 3 août, la division SS Leibstandarte Adolf Hitler franchit le col du Brenner.

Mais, plus au sud, les Italiens ont barré les routes qui conduisent au grand port de La Spezia où se trouve ancrée la flotte italienne, que les avions anglais n'ont jamais attaquée.

Peut-être est-ce un accord qui annonce la signature d'un armistice entre l'Italie et les Anglo-Américains ?

Rommel s'interroge dans une lettre à sa « très chère Lu » :

« Le Führer ne veut toujours pas que j'entre en Italie, s'imaginant que cela équivaudrait à une déclaration de guerre, les Italiens, dit-il, ayant contre moi que j'ai été le seul général à les conduire à la victoire. »

Rommel précise pourtant que « les éléments anti-fascistes se mettant en évidence », « une partie de l'opinion italienne s'inquiète du désordre. Le pape lui-même désire maintenant s'appuyer sur nous », conclut-il.

Mais le 9 août, il ajoute :

« Je partirai en avion pour le GQG du Führer d'ici un jour ou deux, mais je n'y ferai qu'un bref séjour.

« La situation est des plus désagréable, avec ces Italiens sur qui l'on ne peut pas compter. Devant nous, ils protestent de leur fidélité à la cause commune, mais ils nous créent toutes sortes de difficultés et négocient dans notre dos à ce qu'il semble. Je ne suis malheureusement pas autorisé à entrer en Italie pour aller parler net à ces propres à rien... »

27.

Ces « propres à rien » d'Italiens, il n'y a pas que le Feldmarschall Rommel qui les soupçonne de double jeu.

Les généraux anglais et américains qui négocient avec les envoyés du roi d'Italie et du maréchal Badoglio sont tout aussi méfiants.

Ils ont pourtant obtenu la signature le 27 août d'un armistice, mais ils veulent en garder la date d'entrée en vigueur secrète, persuadés que les Italiens la communiqueraient à l'état-major allemand. Or, le jour de l'armistice, les Alliés veulent parachuter des troupes sur les aéroports de Rome et débarquer.

Quant aux Allemands, ils écoutent, sceptiques, les déclarations du maréchal Badoglio qui, se présentant comme l'un des trois plus vieux maréchaux (avec Pétain et Mackensen), s'étonne de la « défense du gouvernement du Reich à son endroit ».

« J'ai donné ma parole, j'y ferai honneur, dit-il au nouvel ambassadeur allemand, Rahn. Je vous prie d'avoir confiance. »

Mais l'état-major allemand n'est pas dupe.

Les aérodromes de Rome sont occupés par des SS

et, le 30 août, le maréchal Keitel envoie à toutes les unités de la Wehrmacht un message sans ambiguïté :

« La tâche la plus importante est celle de désarmer l'armée italienne le plus rapidement possible. »

Le 8 septembre 1943, à 17 h 45, la radio américaine révèle la reddition du gouvernement Badoglio.

À 19 h 30, d'une voix lourde et sans intonation, Badoglio « reconnaît l'impossibilité de continuer une lutte inégale ».

« La trahison des Italiens est désormais un fait, écrit Rommel à son épouse. Nous ne nous trompions pas sur eux. »

Les patrouilles allemandes entrent en action, désarment, embarquent dans des wagons à bestiaux à destination de l'Allemagne les soldats italiens désormais prisonniers.

La colère et le mépris animent les Allemands contre les *Badoglio Truppen »*.

« Le Duce, écrit Goebbels, entrera dans l'Histoire comme le dernier des Romains, mais derrière sa puissante figure un peuple de bohémiens finira de pourrir. »

Quant à Rommel, il note le 10 septembre :

« Dans le Sud, les troupes italiennes se battent déjà contre nous aux côtés des Anglais. Dans le Nord, nous les désarmons pour le moment et les envoyons prisonnières en Allemagne. Quelle fin honteuse pour une armée ! »

En fait c'est une armée – et un peuple – en proie au désarroi. Mais les actes de courage sont nombreux.

À Rome, des civils crient : « Donnez-nous des fusils, les Allemands arrivent. »

Les Allemands réagissent avec brutalité. Le commandement de la Wehrmacht tolère, durant 24 heures, ce droit de saccage pour la ville qui symbolise la trahison.

Quand des unités italiennes résistent, la réaction allemande est implacable, criminelle.

À Céphalonie, la division Acqui ouvre le feu sur les Allemands. Quand la défense cesse, faute de munitions, les nazis fusillent en un seul jour 4 500 officiers et soldats, et laissent leurs corps sans sépulture.

« Les rebelles italiens n'en méritent pas », dit un officier allemand.

Pendant que ces combats se déroulent et que les Allemands occupent l'Italie, l'agence allemande d'information DNB publie la première proclamation d'un nouveau gouvernement fasciste. Il comprend des dignitaires fascistes (Farinacci, Pavolini) et le fils de Mussolini, Vittorio.

« La trahison ne s'accomplira pas : un gouvernement national-fasciste s'est constitué, déclarent-ils. Il travaille au nom de Mussolini. »

Les Allemands, bénéficiant d'informations transmises par des policiers italiens restés fidèles au Duce, savent que Mussolini est détenu au Gran Sasso.

Hitler charge personnellement le SS – d'origine autrichienne – Otto Skorzeny de délivrer le Duce.

Les parachutistes du général Student arriveront en planeur au Gran Sasso et maîtriseront les carabiniers qui gardent le Duce.

Celui-ci quittera en compagnie de Skorzeny le Gran Sasso, à bord d'un petit avion *Fieseler Storch*, la « Cigogne ».

Le plan est hardi, sa réussite incertaine.

12 septembre 1943. Gran Sasso. Il est 14 heures environ. Mussolini, assis devant sa fenêtre, voit tout à coup un planeur se poser à deux cents mètres de l'hôtel, des hommes armés bondissent hors de l'appareil.

Bientôt sept autres planeurs arrivent, un neuvième se brise à l'atterrissage, trois autres manquent la plate-forme et s'écrasent le long des falaises.

Les soldats s'avancent vers l'hôtel, les carabiniers hésitent ; devant les Allemands court le général des carabiniers Soleti que les hommes de Student ont enlevé la veille. Le général Soleti a tenté de se suicider, en vain, les Allemands l'ont poussé de force dans le planeur de tête. Bientôt, les Italiens sont désarmés, sans qu'un seul coup de feu ait été tiré.

Libéré, Mussolini apparaît amaigri, vieilli ; il remercie Skorzeny, demande à rentrer chez lui à Rocca della Caminate. Mais l'Histoire lui joue son dernier tour : il est trop tard pour qu'on le laisse échapper à son rôle, trop tard, les Allemands ont des ordres stricts, il faut ramener Mussolini à la base aérienne de Pratica di Mare.

Benito Mussolini et Otto Skorzeny, le 12 septembre 1943.

L'avion d'observation « Cigogne » atterrit près de l'hôtel. Mussolini, en pardessus noir, chapeau noir, s'assoit entre les jambes du massif capitaine Skorzeny. L'avion cahote sur la courte piste improvisée, plonge dans une crevasse qui barre le terrain en pente ; l'appareil tombe un instant puis le pilote Gerlach, un as de la Luftwaffe, redresse et met pleins gaz.

L'opération *Eiche* a réussi. Les Allemands ont un nom célèbre pour le gouvernement national-fasciste.

Le maréchal Badoglio a certes déclaré que Mussolini ne sortirait pas vivant de sa prison mais en quittant Rome précipitamment, à l'aube du 9 septembre, le maréchal n'a donné aucune directive.

Et Mussolini est libre, entre les mains des Allemands.

Un Heinkel le conduit de Pratica di Mare à Vienne où il débarque vers minuit. Là, démuni de tout, mort de fatigue, il couche à l'hôtel Continental. Le 13 septembre, il est à Munich où il retrouve sa famille qui jusque-là avait été internée à Rocca della Caminate ; il passe une journée avec sa femme et ses fils cependant qu'arrivent dans la ville les hiérarques que l'entrée des Allemands à Rome a libérés.

Dans la capitale de la Bavière se rassemblent ainsi les survivants du fascisme, et dans la ville il y a aussi, tenus à l'écart, les Ciano qui sont là au milieu de leurs ennemis.

Le 14 septembre 1943, à son Quartier Général, le Führer reçoit Mussolini. Les deux hommes s'étreignent longuement ; entre eux renaît ce lien qui s'est tissé au cours des rencontres et qui a fait de Hitler le meneur incontesté. La discussion commence et elle durera deux heures dans le bunker du Führer.

Mussolini a-t-il déclaré vouloir se retirer de la vie politique, n'a-t-il pas accepté de reprendre la tête d'un gouvernement fasciste que devant la menace de dures représailles allemandes contre les Italiens (emploi des gaz, mainmise du Reich sur la plaine du Pô) ? C'est une défense facile même s'il y a une part de vérité dans l'évocation des intentions de Hitler et dans l'affirmation du désir de Mussolini d'abandonner la partie.

Au vrai, Mussolini a subi la menace, l'ascendant de celui qu'il avait choisi de suivre, et surtout il a dû être repris par l'illusion d'un retournement éventuel de la situation.

En vieux routier de la politique, il imagine qu'un coup de chance reste toujours possible, qu'il n'y a pas de damnation en politique, qu'il suffit parfois de durer pour se sauver. Et puis, il y a le pouvoir, même s'il n'est plus qu'une apparence.

Et il se livre. Hitler le fait même examiner par son médecin personnel, le docteur Morell.

Autour de Mussolini grouillent déjà les intrigues et les rivalités des chefs fascistes, de Farinacci à Pavolini, chacun se présentant comme l'interprète des nazis. Mussolini à leur contact retrouve son passé, il est de nouveau le Duce.

Le 15 septembre, l'agence allemande DNB annonce : « Mussolini a repris la direction du fascisme en Italie. »

Cette communication est suivie de la lecture de cinq arrêtés, les *Fogli d'ordini* (« feuilles d'ordres ») du nouveau régime :

« Arrêté n° 1 du régime :

« Aux camarades fidèles de toute l'Italie :

« Je reprends à partir d'aujourd'hui, 15 septembre 1943, an XXI de l'Ère fasciste, la direction suprême du fascisme en Italie.

« Benito Mussolini.

« Arrêté n° 2 du régime :

« Je nomme Alessandro Pavolini au secrétariat temporaire du Partito Nazionale Fascista qui s'appelle à partir d'aujourd'hui Partito Fascista Repubblicano (PFR).

« Benito Mussolini. »

Les autres arrêtés prévoient la reconstitution de tous les organismes du Parti.

À la lecture des journaux, les Italiens demeurent silencieux. Les uns finissent un rêve, les autres, le petit nombre des fascistes, sortent d'un cauchemar. Le Duce est revenu, et la peur que ces fascistes ont vécue pendant cinquante jours, ils vont la faire payer cher. Ils ressortent en chemise noire, insigne à la boutonnière, ils vont frapper aux portes, ils se font provocants et beaucoup d'Italiens retrouvent – mais cette fois-ci la rage au cœur – leur visage d'impassibilité et d'humilité cependant que paradent quelques *prepotenti* (« fiers-à-bras ») fascistes.

Et cela se produit dans toute l'Italie centrale et la plaine du Pô puisque les Alliés ne contrôlent que le sud de la botte, à partir du Garigliano, à environ deux cents kilomètres au sud de Rome.

Le 18 septembre, Mussolini parle à la radio de Munich. La voix est éteinte, lasse :

« Chemises noires,

« Italiens et Italiennes,

« Après un long silence, voici que de nouveau ma voix vous parvient et je suis sûr que vous la reconnaîtrez. »

Mussolini raconte les événements survenus, explique :

« Le mot "fidélité", dit-il, a une signification profonde, éternelle, dans l'âme allemande. »

Après avoir attaqué le roi, Badoglio, tous les traîtres et les parjures, réaffirmé la nécessité de l'alliance allemande, il conclut :

« Il faut anéantir les ploutocrates parasitaires ! Paysans, ouvriers, petits employés, l'État qui va être construit sera le vôtre. »

La voix est sans chaleur, le discours pauvre et la démagogie outrancière et dérisoire.

Les Allemands refusent à Mussolini le droit de s'installer à Rome, ville ouverte. Il faut gagner Salò, sur les bords du lac de Garde, dans le voisinage direct du Reich. Il y a là Farinacci, Guido Buffarini-Guidi, ministre de l'Intérieur, Pavolini et aussi le maréchal Graziani qui, par haine de Badoglio et fidélité à l'Allemagne et au Duce, dirige le ministère de la Défense.

Chaque ministre de la nouvelle République fasciste crée son corps de défense : milice, garde nationale républicaine ou *Brigate Nere* (« Brigades noires ») de Pavolini, corps de police et la Muti, formation autonome de répression qui a pris le nom de l'ancien secrétaire du Parti, élevé au rang de martyr du fascisme depuis qu'il a été abattu par les carabiniers de Badoglio. On utilise aussi des commandos de marine, la Xe MAS, du prince Valerio Borghese qui commande 4 000 à 5 000 hommes et les organise en un groupe indépendant aux vives ambitions politiques.

Dans tout cela, quelques jeunes gens voulant défendre la patrie contre l'envahisseur, quelques combattants fidèles aux camarades morts au cours de trois ans de guerre, et puis la tourbe des mal famés qui se rassemblent toujours autour des gouvernements imposés, petite troupe de vauriens de quinze à dix-sept ans, décidés aux meurtres et à la rapine et qui s'éclipsent quand viennent les vrais et durs combats.

Les SS du général Wolff et les espions allemands dominent ce monde qui n'est plus que le spectre du régime fasciste : même les communications téléphoniques passent par eux. Ils protègent et contrôlent. Ils sont en pays conquis et le gouvernement de Mussolini – celui de la République sociale italienne – n'est pas le paravent de leur domination.

Les journaux sont pleins d'« ordonnances du commandement alle-mand ». *La Stampa* du 2 octobre 1943, au milieu de sa première page, publie les photos du « mark d'occupation » dont le change est fixé à dix lires. Officielle-ment, l'Italie du Nord n'est plus qu'un pays militairement occupé.

Qui peut croire à la souveraineté de la République de Salò et de son Duce ?

Un garde SS, commandé par un

Clara Petacci.

vétéran, Sepp Dietrich, entoure Mussolini et sa maîtresse Clara Petacci.

Goebbels note que « la conduite personnelle du Duce avec sa petite amie que Sepp Dietrich a dû lui amener donne de sérieuses inquiétudes… Le Führer commence à rayer le Duce sur le plan politique ».

Avec suffisance, Hitler le confirme dans un bref discours à la radio :

« L'espoir de trouver des traîtres parmi nous, assure-t-il, repose sur une complète ignorance du caractère de l'État national-socialiste. La croyance que l'on peut susciter en Allemagne un 25 juillet, semblable à celui de Rome, repose sur une méconnaissance absolue de ma position personnelle ainsi que de l'attitude de mes collaborateurs politiques et de mes maréchaux, amiraux et généraux. »

Le Führer reçoit longuement Goebbels et ne lui cache pas la déception qu'il a éprouvée en constatant que la flamme qui brûlait le Duce s'est éteinte.

Goebbels conclut dans son *Journal* :

« Le Duce n'a pas tiré de la catastrophe italienne les conclusions morales que le Führer attendait… Le Führer espérait que le premier souci du Duce serait de tirer une terrible vengeance de ceux qui l'ont trahi. Mais il n'en a manifesté aucun signe, montrant ainsi ses vraies limites.

« Ce n'est pas un révolutionnaire de la trempe du Führer ou de Staline, commente Goebbels.

« Il est tellement lié à son peuple, si pleinement italien, qu'il manque des qualités nécessaires pour faire un révolutionnaire et un insurgé d'envergure mondiale. »

CINQUIÈME PARTIE

Août

octobre 1943

« [...] Aujourd'hui, quelque peine que cela me cause, je suis absolument convaincu de la défaite inévitable de l'Allemagne. On peut seulement se demander : quand ? Dans deux mois ou dans six ? Et où ? À l'Est ou à l'Ouest ?

« Que faire ? Mourir dans quelques jours ou dans quelques mois sans que cela profite en rien au peuple allemand !

« Savoir que la poursuite de la guerre ne peut mener qu'à utiliser les gaz et que de telles folies entraîneront des pertes encore plus terribles ? L'avenir du peuple allemand ne réside plus qu'entre les mains des vainqueurs. »

Oberleutnant de panzers FRANKENFELD
Septembre 1943

« Vous le savez, nous avons perdu l'initiative pour la première fois, cela ne fait aucun doute. Nous venons d'apprendre en Russie qu'il ne suffit pas de faire preuve d'allant et d'optimisme... Il n'est pas question que nous reprenions l'offensive au cours des prochaines années, pas plus à l'Ouest qu'à l'Est. »

Feldmarschall ROMMEL au général Bayerlein
Septembre 1943

*« L'élimination des Juifs est une page glo-
rieuse de notre histoire qui n'a jamais été écrite
et ne doit jamais l'être. »*

HIMMLER, ministre de l'Intérieur
discours de Posen aux généraux SS
le 4 octobre 1943

28.

La déception qu'éprouvent le Führer, Goebbels et les dirigeants du Reich à l'égard de Mussolini, le peuple italien va en subir les conséquences.

Mussolini, pleinement italien, dit Goebbels, n'est plus qu'un fantoche méprisable, son peuple est donc composé de *Untermenschen*, de « bohémiens ». Ces hommes-là, à l'est de l'Europe, on les tue, d'une balle dans la nuque ou dans les chambres à gaz.

Or précisément les divisions SS qui occupent l'Italie arrivent du front de l'Est. Les hommes sont épuisés, harassés. Ils découvrent, en pillards, en tueurs qu'ils sont devenus depuis des années, ce pays dont la « traîtrise » autorise toutes les violences.

Ils vont jouir de l'Italie comme des violeurs et des soudards qui ne respectent rien, ni les jeunes filles, ni les manuscrits anciens, ni les œuvres d'art.

Hitler et l'état-major allemand ont d'abord craint que les Alliés allaient débarquer au nord de Rome et peut-être parachuter des troupes dans la plaine du Pô, voire tenter de s'emparer des cols alpins.

Inquiétudes vaines.

Les troupes alliées – Anglais, Américains, Néo-

Zélandais, et bientôt divisions de Français d'Afrique du Nord – progressent lentement, occupant bientôt le tiers sud de la péninsule.

Les Allemands ont pu fortifier les Apennins, créer une ligne Gustav, sur laquelle viennent se briser les attaques alliées.

Seule mauvaise surprise, l'insurrection de la population de Naples contre les Allemands.

Durant quatre jours, en octobre 1943, les Napolitains, avec des armes abandonnées par les troupes italiennes ou arrachées aux Allemands, harcèlent les soldats de la Wehrmacht, dont le chef, le major Scholl, est contraint de se rendre avec tout son état-major. La capitale du Mezzogiorno est déjà libre quand les Anglo-Américains y font leur entrée.

Les Allemands se replient sur les Abruzzes, et la ligne Gustav dans cet automne 1943 est infranchissable.

« Tout va bien ici, écrit Rommel, auquel le Führer hésite à confier le commandement en chef en Italie. Les traîtres ont été désarmés et beaucoup sont déjà en route. »

Ces prisonniers, ces *Badoglio Truppen*, seront en Allemagne presque aussi maltraités que les Russes.

La tentative de créer une armée autour de Mussolini, et de la République sociale italienne, échoue.

Les jeunes, requis, préfèrent gagner les montagnes, former dans le nord de l'Italie les premières Brigades de partisans. D'autres sont raflés, envoyés comme ouvriers en Allemagne.

Et quel que soit leur sort, traités comme de la main-d'œuvre servile.

Rommel qui reçoit le maréchal Graziani, demeuré auprès du Duce, mesure l'impuissance et l'humiliation italiennes.

« Graziani possède une personnalité impressionnante, écrit Rommel, bien différente de celle de tous les autres officiers italiens que j'ai connus. Mais il ne dispose naturellement d'aucune autorité pour le moment. Même la police italienne est aujourd'hui totalement impuissante. »

« Il est triste et indigne pour nous, dit le maréchal Graziani, de voir des soldats italiens employés à soigner les jardins et les potagers des villas réquisitionnées par les commandants allemands, de les voir porter les bidons d'essence et nettoyer les automobiles et autres tâches semblables. »

Rommel écoute Graziani, mais il n'éprouve aucune compassion pour ces « traîtres » d'Italiens, et en outre il est préoccupé par son avenir.

Le sort de Rommel est en effet incertain.

Dans l'attente de la décision du Führer à propos de sa nomination comme commandant en chef, Rommel parcourt l'Italie.

« En me rendant hier sur la côte adriatique, écrit-il à son épouse, j'ai visité au passage le petit État de Saint-Marin qui est neutre. J'étais en train d'acheter quelques timbres après avoir jeté un rapide coup d'œil sur la ville quand un ministre est venu me trouver de la part du Régent... »

Rommel est invité au château. On voulait l'assurance que la neutralité de Saint-Marin serait respectée par le Reich allemand.

Comment Rommel pourrait-il la garantir ?

Dans le Sud-Tyrol, les Allemands ont chassé les autorités locales représentant Rome. Les carabiniers et policiers italiens ont été internés en Allemagne.

Des Gauleiters, anciens fonctionnaires de l'Empire austro-hongrois, ont été nommés.

Les monuments aux morts italiens de la Première Guerre mondiale, ou ceux célébrant les victoires italiennes de 1918 sont dynamités !

Goebbels confie, le 23 septembre 1943 :

« Selon les idées du Führer, nous devrions avancer jusqu'aux frontières de la Vénétie, et la Vénétie elle-même devrait être incluse dans le Reich sous un régime d'autonomie. »

Albert Kesselring.

Quant à Rommel, il écrit à sa « très chère Lu » :

« Ma désignation n'a pas été confirmée. Le Führer a fini par changer d'avis, à ce que l'on dit... Peut-être n'ai-je pas donné beaucoup d'espoir sur la possibilité de tenir la position... Kesselring reste donc en place pour le moment. Quoi qu'il en soit, je prendrai la chose comme elle vient. »

Il ajoute, ne cachant pas son pessimisme :

« La situation est très critique à l'Est. Il semble bien que nous allons être contraints d'abandonner la grande boucle du Dniepr dans des conditions très difficiles. Dans ce cas, nous ne pourrons conserver la Crimée. À ce qu'il paraît, la supériorité de l'ennemi est trop grande là aussi. Je me demande où nous irons ensuite. »

Mais en Italie, les Allemands, sous les averses d'automne qui transforment les chemins des Abruzzes en torrents de boue, tiennent la ligne Gustav, de Cassino à Orsena.

Au sud, l'Italie – un tiers de la péninsule – est « libre ».

Libre de mourir de faim, de misère, de corruption, de prostitution, d'humiliation.

À Naples, les Allemands ont brûlé 50 000 livres et manuscrits de la bibliothèque de l'université. Ils ont détruit 80 000 livres et archives mis à l'abri à Nola. Et jeté des dizaines de tableaux dans les brasiers.

En se repliant, ils ont pillé les châteaux, saccagé, brisé les meubles précieux, répandu des immondices.

Puis les Américains ont occupé Naples, ville affamée, insalubre – une épidémie de typhus y fait des ravages.

Tout s'y vole et s'y vend. Les soldats américains sont dépouillés, leurs armes, leurs camions volés, vendus et revendus.

La mafia prospère dans cette situation. Elle contrôle la prostitution, les vols et les trafics.

Il en est de même en Sicile, où un parti réclame l'indépendance et un autre demande le rattachement de l'île aux États-Unis.

Partout, des nuées d'enfants mendient, volent, s'offrent aux soldats. La dignité se dissout dans la faim, la misère, la corruption. On cire les chaussures – « *Shoes shine !* » – et on tend la main et on offre son corps.

Pendant ce temps, le roi d'Italie et le gouvernement Badoglio sont installés à Salerne, cependant qu'un Comité de Libération Nationale conteste un monarque qui a, en 1922, installé le fascisme au pouvoir.

Et lorsque ce roi-là, ce maréchal Badoglio-là déclarent, le 13 octobre 1943, la guerre à l'Allemagne, personne n'oublie que ces hommes-là ont été les alliés du Reich jusqu'à l'été 1943, quand le glas de la défaite résonnait pour l'Allemagne.

Le gouvernement de la République sociale italienne qui rassemble, autour du lac de Garde, Mussolini et ses derniers fidèles n'est ni plus représentatif ni plus honorable.

Toute la région est bloquée par les Allemands.

Les « ministères » sont dispersés dans des villas luxueuses échelonnées le long de la rive du lac, de la petite ville de Salò jusqu'à Gargnano où habite Mussolini.

Les SS patrouillent partout, y compris dans le jardin de la villa Feltrinelli, celle qu'a choisie Mussolini. Un canon antiaérien est mis en batterie sur le toit.

Les trente SS de la garde personnelle du Führer, installés dans les étages, écoutent les criailleries des petits-enfants du Duce, les malédictions que lance Rachele, l'épouse du Duce, qui voue aux enfers Claretta Petacci, la maîtresse de Mussolini.

Les intrigues opposent les « ministres » et leurs

clans les uns aux autres, surveillés par le général SS Wolff et l'ambassadeur du Reich, Rahn.

Mussolini, épié, joue à gouverner, condamne le « complot maçonnique », la « ploutocratie internationale », prépare le premier congrès du Parti fasciste républicain qui doit se réunir à Vérone le 14 novembre 1943.

« Le peuple, de nouveau en armes, écrit Mussolini, doit tenir sur les fonts baptismaux notre République Sociale, c'est-à-dire fasciste, dans le sens premier de notre révolution. »

En fait, derrière les mots sonores et creux – « abolition du système capitaliste et lutte contre les ploutocraties mondiales » – les *repubblichini* se vengent, préparant le procès du comte Ciano.

Ils ont peur. Ils traquent avec les SS les partisans. Et les Allemands n'hésitent pas à massacrer, à brûler des villages, en Émilie, dans le Piémont.

Les *repubblichini* sont souvent des jeunes gens d'à peine dix-sept ans, enfants perdus que grisent cette violence, ces armes, dont ils peuvent faire usage et qui, quand ils sont vaincus, pleurent, supplient, demandent grâce.

L'Italie du Nord s'enfonce ainsi dans une guerre civile doublée de l'oppression qu'exercent avec sauvagerie les SS.

À Rome, Herbert Kappler, le chef du service de sécurité SS dans la capitale, ordonne à la communauté juive – 34 000 se trouvent dans la zone allemande – de livrer 50 kg d'or si elle veut échapper à la déportation.

L'or est remis le 7 octobre mais les assassinats de

Juifs (au bord du lac Majeur), les arrestations, puis les déportations vers Auschwitz commencent.

Des milliers de Juifs sont recueillis par des Italiens, d'autres se réfugient dans les couvents ou au Vatican. Mais le pape Pie XII ne prononce pas la protestation solennelle que redoutaient les Allemands.

Dans le nord de l'Italie, le gouvernement de Mussolini décrète l'internement de tous les Juifs en camp de concentration et la police fasciste procède à leur arrestation.

Près de 4 000 Juifs sont envoyés à Auschwitz, d'autres – près de 4 000 encore – sont tués dans un camp de concentration près de Trieste, certains dans un camion à gaz.

Cependant, 80 % des Juifs italiens survivront à la guerre grâce à l'aide que leur apportent les Italiens, et à l'accueil des institutions catholiques.

Mais cette persécution antisémite menée par les Allemands et les fascistes italiens révèle la nature de ce dernier régime Mussolini et la violence de l'occupation nazie.

Les Allemands vont jusqu'à détruire le système de pompes qui avait été le grand œuvre de Mussolini, fier d'avoir asséché les « marais pontins ».

Les Allemands réintroduisent même dans les marais la malaria en veillant à réquisitionner tous les stocks de quinine.

Pour les scientifiques allemands – deux médecins – qui « organisent » ce retour de la malaria, les Italiens qui ont trahi sont des êtres inférieurs qui doivent être châtiés, exterminés.

On ne se contente pas d'humilier, de rafler les jeunes

hommes pour les envoyer travailler en Allemagne, de déporter, de massacrer.

On met au point des projets de démontage des principales usines pour les installer en Allemagne. Les soldats de la Wehrmacht se servent dans les magasins sans payer : « *Paga Badoglio* » (« c'est Badoglio qui paie »). Et Hitler ordonne le transport des réserves d'or de la banque d'Italie – 95 tonnes – en Allemagne. Elles sont loin les années 1930 quand Hitler admirait Mussolini et – en 1934 – lui rendait visite à Venise, se comportant comme un élève attentif et respectueux qui rencontre son inspirateur et son maître.

Dix ans se sont écoulés et Hitler, méprisant, vulgaire et brutal, dit à Goebbels :

« Que ce soit nous qui leur enlevions les pantalons ou que ce soit les Anglais, c'est la même chose. »

29.

En cet automne 1943, alors que sur ordre du Führer les Allemands dévalisent l'Italie et que les divisions SS martyrisent les Italiens et, accrochées au flanc des Apennins, bloquent l'avance alliée, le Feldmarschall Rommel quitte l'Italie.

Le 21 novembre, il monte dans l'avion, à l'aérodrome de Villafranca. Il se rend au Grand Quartier Général du Führer et, dans cette *tanière du loup*, il va attendre de connaître sa prochaine affectation.

Il rencontre souvent le général Bayerlein, qui fut à ses côtés en Afrique. Il a confiance dans cet officier de panzer.

« Vous le savez, Bayerlein, dit-il, nous avons perdu l'initiative pour la première fois, cela ne fait aucun doute. Nous venons d'apprendre en Russie qu'il ne suffit pas de faire preuve d'allant et d'optimisme. Ce qu'il nous faut, c'est modifier totalement nos conceptions. Il n'est pas question que nous reprenions l'offensive au cours des prochaines années, pas plus à l'Ouest qu'à l'Est. »

Mais le Führer, que Rommel a vu longuement, l'a assuré qu'au début de 1944 le Reich produirait 7 000 avions et 2 000 chars par mois. Et Rommel se reprend à espérer.

« Il est évident qu'une victoire totale n'est plus dans l'ordre des choses possibles, concède-t-il. Mais si nous parvenons à tenir Anglais et Américains à distance pendant encore deux ans, de façon que nous puissions reconstituer nos centres de gravité, notre heure viendra. À l'Est de nouveau nous pourrons infliger aux Russes des pertes sanglantes et peu à peu nous reprendrons l'initiative des opérations. Alors, nous serons à même d'obtenir une paix acceptable. »

Rommel se leurre.

Certes les Anglo-Américains ont choisi d'attaquer l'Europe par son extrémité la plus éloignée de l'Allemagne, mais l'armée Rouge déferle.

Et sur les arrières de la Wehrmacht, des centaines de milliers de partisans – en Biélorussie, ils sont, en octobre 1943, 250 000 – harcèlent les Allemands.

Ils multiplient les attaques, créent un climat de peur – de terreur même – parmi les soldats allemands. On n'est jamais en sécurité.

Le collaborateur français Fernand de Brinon, un véritable pronazi, qui rend visite à la *Légion des Volontaires Français*, se rend compte que son escorte est constamment sur le qui-vive, ouvrant le feu, à tout instant.

La traversée des forêts est un calvaire. Aucun itinéraire n'est sûr !

Et désormais les groupes de partisans sont coordonnés, disposent de canons, sont encadrés par des officiers qui ont été parachutés.

En une seule nuit, celle du déclenchement de la contre-offensive russe, vers Orel et Smolensk, après la bataille de Koursk, 6 000 rails sautent. En quelques semaines, 634 trains déraillent ! Les pertes allemandes s'élèvent à plusieurs dizaines de milliers d'hommes. Et l'anxiété, l'angoisse, la peur incitent aux massacres.

Les troupes de la Wehrmacht – et non des *Einsatzgruppen* – brûlent les villages avec leurs habitants. Et la haine des Russes pour l'Allemand devient un ouragan que plus rien ne peut arrêter.

Les partisans – dont l'héroïsme est exalté par la presse – ne font pas de prisonniers, vengent les femmes violées, les enfants jetés dans les maisons en flammes. Car les Allemands des brigades spécialisées dans la lutte anti-partisans laissent derrière eux des milliers de victimes.

Un général de la Wehrmacht confie que « la brigade Dirlewanger se compose surtout d'anciens criminels condamnés, dont un certain nombre d'assassins, versés dans les unités anti-partisans en vertu des directives de Himmler qui indiquent qu'un des objectifs de la campagne de Russie est de réduire de 30 millions la population slave… ».

Wilhelm Keitel.

En Biélorussie, au terme de l'opération *Cottbus*, menée contre les partisans, on relèvera pour 59 Allemands tués 9 500 victimes… partisans ou soupçonnés de l'être !

Le Feldmarschall Keitel rappelle aux chefs d'unité les directives du Führer concernant la « répression des bandits » (« *Achtung Banditen* », peut-on lire le long des routes).

« Les troupes ont donc le droit et le devoir de recourir à tous les moyens, même contre les femmes et les enfants, afin d'assurer le succès de leur opération.

« Les scrupules de quelque ordre qu'ils fussent seraient un crime contre le peuple allemand et les soldats allemands.

« Aucun Allemand participant à une action contre les bandits et leurs complices ne sera tenu pour responsable d'actes de violence en ce qui concerne aussi bien la discipline que la jurisprudence. »

Combien de partisans engagés dans cette guérilla, saluée par Staline comme l'héritage glorieux des paysans de 1812, harcelant la Grande Armée napoléonienne ? Peut-être 500 000.

Combien de victimes ? Peut-être pour la seule Biélorussie : 1 million.

Cette guérilla est portée par le souffle de la victoire.

La chute de Mussolini – ce « chacal à la voracité sans limites mais aux dents pourries » – donne la certitude que la « Bête fasciste » est frappée à mort.

« Le chacal Mussolini a vendu l'Italie à Hitler, dit Staline, mais celui-ci avec la liquidation de son offensive de Koursk, a reçu un coup terrible. L'effondrement du Chacal en est un autre ! »

Une vague de patriotisme – de nationalisme russe – déferle, voulue par Staline.

Il donne l'ordre au cinéaste Eisenstein de réaliser un film à la gloire d'Ivan le Terrible, tsar cruel mais fondateur de l'État moscovite et dont Staline se veut l'héritier.

Le « tyran » soviétique ranime les traditions tsaristes : dans les régions libérées on crée des Écoles Souvorov sur le modèle des Écoles des Cadets, des tsars. C'est le culte de l'armée, des uniformes, des épaulettes, qu'on veut célébrer.

« Ce système d'éducation, peut-on lire, est tout entier fondé sur l'idée de la conscience militaire qui doit imprégner la chair et le sang de l'élève dès son plus jeune âge. »

On y apprend l'anglais, les bonnes manières, la valse et la mazurka.

On favorise la renaissance de l'Église, soutien des tsars, et, en septembre 1943, on célèbre avec faste le couronnement du patriarche de Moscou.

Le 7 novembre 1943, jour anniversaire de la Révolution, on défile avec inscrit sur les banderoles :

« Hourra pour les vaillantes troupes anglo-américaines en Italie ! », « Hourra pour la victoire de l'alliance anglo-soviéto-américaine ! », « Salut aux vaillants aviateurs britanniques et américains qui frappent les centres vitaux de l'Allemagne ».

La foule joyeuse scande ces slogans lors du défilé du « peuple » sur la place Rouge.

Le Komintern a été dissous. *L'Internationale* n'est plus l'hymne soviétique.

La « Sainte Russie » reparaît derrière le masque soviétique.

Staline prolonge le sillon de l'histoire russe, et en même temps il rassure Roosevelt et Churchill. Le mot « capitalisme » a disparu. On rassure et c'est d'autant plus nécessaire que l'armée Rouge avance vers l'ouest, vers la Pologne et, au-delà, l'Allemagne.

Du nord au sud, le long de cette ligne de front qui va de Leningrad à la Crimée, les villes russes sont libérées.

Des milliers de soldats allemands sont capturés, comme s'ils étaient, après tant d'années de combats, à bout de forces. L'Oberleutnant de panzers, Frankenfeld, interrogé par les Russes, confie, la voix lasse, le désespoir voilant son regard : « Aujourd'hui, quelque peine que cela me cause, je suis absolument convaincu de la défaite inévitable de l'Allemagne. On peut seulement se demander : quand ? Dans deux mois ou dans six ? Et où ? À l'Est ou à l'Ouest ? »

Staline a longtemps martelé qu'il attendait l'ouverture d'un second front à l'Ouest précisément. Débarquer en Sicile, à Anzio, au bout de la botte, ne le satisfaisait pas. Et il harcelait Churchill et Roosevelt.

Mais l'armée Rouge a libéré la Crimée, puis le Donbass. Les Allemands sont chassés de Smolensk. Les Russes avancent vers Kiev, Vitebsk, Gomel, Mohilev.

L'Ukraine, la Biélorussie sont atteintes.

En octobre, le Dniepr est forcé.

Le 8 octobre, les journaux russes publient un poème qui exalte ces victoires :

La Russie vengeresse avance.
Ukraine et Biélorussie attendez, espérez !
Les Allemands ne vous tortureront plus longtemps
Les jours funestes de votre esclavage sont comptés
Depuis les hautes rives du Dniepr
Nous voyons les eaux du Prouth et du Niemen.

Dans chaque ville et village libéré, les soldats russes découvrent des charniers.

Les corps sont là, à peine enfouis ou encore pendus aux arbres, preuves de la barbarie nazie.

À Krasnodar, on juge les bourreaux allemands et leurs complices russes : 7 000 Juifs ont été assassinés, poussés dans les « wagons à gaz » que les Russes appellent « tueurs d'âmes ».

La presse rapporte les témoignages, les enfants hurlant, sanglotant, implorant, refusant d'entrer dans ce Moloch, où ils savent qu'ils vont mourir asphyxiés.

Cette « technique » d'assassinat, le nombre des victimes paraissent si barbares que certains imaginent que la « propagande » exagère le caractère atroce de ces meurtres.

Aucune voix ne vient hurler qu'à Auschwitz, à Treblinka, c'est par centaines de milliers qu'on assassine.

Mais la Russie qui avance en ce mois d'octobre 1943 est bien « vengeresse » mais aussi consciente de sa force.

Une rencontre entre les Trois Grands – Staline, Churchill, Roosevelt – est prévue pour la fin de l'année à Téhéran, et, afin de la préparer, les ministres des Affaires étrangères, Cordell Hull représentant les États-Unis, Eden la Grande-Bretagne, se réunissent à Moscou autour de Molotov. L'atmosphère est euphorique. Moscou ne craint plus aucune attaque.

Un diplomate russe confie au correspondant du *Sunday Times*, Alexander Werth :

« Ça va si bien sur notre front qu'il vaudrait peut-être mieux qu'il n'y ait pas de second front avant le printemps prochain. »

Propos cyniques qui dévoilent l'ambition russe, leur crainte de voir les Allemands se « livrer » aux Anglo-Américains.

Le diplomate ajoute :

« On serait Gros-Jean comme devant ! Il vaut beaucoup mieux que les Allemands soient bombardés un hiver de plus et que leur armée se gèle encore un hiver en Russie ; que l'armée Rouge aille tout droit en Allemagne, et qu'il y ait *ensuite* un second front ! »

La conférence dure douze jours, les banquets succèdent aux banquets. Staline est de bonne humeur. Il réclame le lancement de l'opération *Overlord*, mais en dépit de l'absence de ce second front, il félicite les Anglo-Américains.

Les bombardements de l'Allemagne, la chute du « chacal aux dents pourries » le satisfont.

Il frappe du poing sur la table !

« Plus vous taperez dur sur ces *svolochi*, mieux ce sera », lance-t-il.

Les diplomates sont conviés à assister à une représentation du *Lac des cygnes* au théâtre Bolchoï. L'atmosphère est détendue. On commente la signature d'un accord entre les quatre puissances – les Trois Grands plus la Chine – qui affirment leur volonté d'obtenir la capitulation inconditionnelle des ennemis « respectifs » des Alliés.

Les Russes se sentent donc assez forts pour commencer à s'engager contre le Japon.

Et Cordell Hull déclare :

« Staline est un homme remarquable dont la compétence et le jugement sont rares et qui saisit merveilleusement l'aspect pratique des choses. »

Les 6 et 7 novembre, pour l'anniversaire de la Révolution, la conférence se termine dans l'allégresse.

On tire de gigantesques feux d'artifice en l'honneur de la libération de Kiev.

Staline célèbre 1943, « année du grand tournant ».

Et le soir du 7 novembre, Molotov donne la plus grande réception qu'on ait jamais vue à Moscou depuis la guerre. Les buffets sont somptueux. Le vin, les alcools coulent à flots. On lève son verre à l'occasion d'innombrables toasts. Et tombent, l'un après l'autre, les diplomates qui ne résistent pas à l'alcool.

Molotov, lui, ne s'effondre pas.

Alexandre Werth, invité, décrit cette soirée exceptionnelle :

« La réception brille de joyaux, de fourrures, de galons et de célébrités… Chostakovitch dans son habit de soirée a l'air d'un collégien qu'on sort pour la première fois… Molotov a quelque chose d'un grand boyard de Moscovie quand il contemple, épanoui, les ambassadeurs en tenue de gala qui s'effondrent la tête la première et sont emportés par des serviteurs russes dont la mine navrée cache mal les gloussements de plaisir… »

30.

Staline n'a pas assisté à la soirée donnée au Kremlin le 7 novembre 1943 par Molotov.

Mais les agents du NKVD, aussi nombreux que les invités, lui ont remis des rapports sur les comportements, les propos des diplomates, des généraux, des artistes, qui, en costume d'apparat, s'abandonnaient à l'ivresse, oubliant leur prudence.

« On dirait des petits garçons sautant de joie dans leurs déguisements de pompiers qu'ils venaient de trouver sous l'arbre de Noël », dit Kathleen, la fille du diplomate américain Averell Harriman.

Un autre diplomate américain, Chip Bohlen, ignorant lui aussi qu'il se confie à un agent du NKVD, déclare :

« C'est une soirée folle et extravagante, un peu comme les nuits de Moscou avant la Révolution. Regardez Molotov, son uniforme noir festonné d'or avec un petit poignard à la ceinture ressemble à celui des SS de la garde personnelle de Hitler. »

L'ambassadeur britannique Clark Kerr s'écroule, ivre mort, sur la table couverte de verres et de bouteilles et s'entaille le visage.

Staline a interrogé lui-même des agents du NKVD sur ces « hautes personnalités » qui se sont retirées dans le grand salon Rouge où les attendent des prostituées. Mikoïan en prend deux sur ses genoux !

Staline a eu une moue de mépris.

Il tient le destin de ces hommes-là serré dans son poing. Et qu'ils fussent généraux, maréchaux, membres éminents du Parti, tous savent que leur vie peut être brisée sur un simple battement de paupières de Staline.

Il les méprise pour leur servilité.

Staline s'est rendu avec certains d'entre eux sur le front, à quelques kilomètres des premières lignes.

Il a visité un hôpital et il a fui ce spectacle effrayant.

Sur le chemin du retour, il a été saisi de coliques. Le cortège des voitures s'est arrêté. Tous ces généraux, ces maréchaux sont descendus. Staline les a interrogés : « Où pouvait-il chier ? Ces fourrés, est-on sûr qu'ils ne soient pas minés ? »

Personne n'a répondu.

Et Staline s'est déculotté devant eux, au milieu de la route, accroupi sous les regards de ces dignitaires.

C'est comme s'il leur avait dit : « Vous n'êtes rien, de la merde. »

Il se souvient de l'attroupement de ce groupe d'hommes en uniforme, la poitrine constellée de médailles, et lui qui remontait sa culotte.

Il s'est rencogné dans sa voiture américaine, une lourde Packard, aux vitres teintées.

Il a pensé à son fils Yakov, fait prisonnier par les nazis.

Le comte Bernadotte, émissaire de la Croix-Rouge, a proposé d'échanger le fils de Staline contre le maréchal Paulus.

« La guerre, c'est la guerre, a dit Staline à sa fille Svetlana, avant de refuser toute tractation avec les Allemands. Si je fais cet échange, je cesse d'être Staline, confie-t-il. Que diraient les millions de pères de famille appartenant au Parti et dont les enfants sont prisonniers ? Je les considère tous comme mes fils. »

Yakov Staline, au moment de sa capture.

Yakov s'est suicidé en se jetant contre les barbelés du camp où il est retenu, dans la région de Lübeck.

« Ça, c'est un homme, un vrai, courageux jusqu'au bout. Le destin a été injuste avec lui », a murmuré Staline d'une voix sourde.

Et ce fut là l'oraison funèbre de son fils.

On a informé Hitler du suicide de Yakov Staline.

Le Führer est resté un long moment silencieux, puis il a eu un hochement de tête, a invité Goebbels à poursuivre.

Or Goebbels, en cet automne 1943, est décidé à évoquer avec le Führer l'hypothèse d'une paix séparée.

Il dit que Staline est un révolutionnaire, au caractère trempé. Ne l'a-t-il pas montré en 1939, en signant un pacte de non-agression avec le Reich, puis en prenant les mesures les plus strictes pour colmater les brèches ouvertes par l'offensive allemande de l'été 1941 ?

Ni Moscou, ni Leningrad, ni Stalingrad n'ont ouvert leurs portes comme l'a fait Paris !

« La question commence à se poser de savoir de quel côté nous devrions nous tourner en premier, poursuit Goebbels. Les Moscovites ou les Anglo-Américains ! D'une manière ou d'une autre, nous devons comprendre qu'il sera très difficile de faire la guerre avec succès des deux côtés à la fois ! »

Goebbels s'interrompt. A-t-il été trop loin ? La colère du Führer va-t-elle se déchaîner ?

Mais Hitler demeure calme, avouant son inquiétude devant le risque d'ouverture d'un second front, à l'Ouest.

« Ce qui est déprimant, dit-il, c'est que nous n'avons pas la moindre idée des réserves dont dispose encore Staline. Je doute fort que, dans ces conditions, nous soyons en mesure d'enlever de l'Est des divisions pour les envoyer sur les autres théâtres d'opérations en Europe. »

Goebbels s'obstine.

« On ne peut donc gagner la guerre en combattant

sur deux fronts, reprend-il. Ne devrait-on pas tenter quelque chose du côté de Staline ?

— Le moment n'est pas venu, répond le Führer. De toute façon, il serait plus facile de conclure un accord avec les Anglais qu'avec les Soviets. À un moment donné, les Anglais vont retrouver leurs esprits. »

Goebbels imagine les Anglais prenant conscience du risque que représenterait pour eux une Europe bolchevique. Et dès lors devenant accommodants à l'égard du national-socialisme.

Puis Goebbels s'interrompt :

« Je suis cependant plus tenté de croire que Staline sera plus facile à approcher, car c'est un révolutionnaire à l'esprit plus pratique que Churchill. Churchill est un aventurier romanesque avec lequel on ne peut parler raisonnablement. »

Le Führer se lève. Les mains croisées derrière le dos, il va et vient, soliloque.

« Le Führer ne croit pas que l'on puisse aboutir actuellement à quelque chose par des négociations, note Goebbels dans son *Journal*. L'Angleterre, dit-il, n'est pas encore assez assommée… À l'Est, de toute évidence, le moment est fort mal choisi… Staline possède actuellement l'avantage. »

Le Führer a prononcé les derniers mots avec une fureur contenue.

Il serre les poings, le corps penché en avant, le visage parcouru de tics.

« Il faut éliminer tous ceux qui doutent, dit-il, être impitoyable, tuer dans l'œuf toute tentative de subversion, toute ébauche de conspiration.

« Le national-socialisme n'est pas cette construction en carton-pâte qu'était le fascisme. Et le Führer n'est pas ce Duce qui n'a même pas le courage de se venger. Ce qui s'est passé à Rome, en Italie, ne peut, ne doit pas arriver en Allemagne. »

Il faut des hommes décidés, sans retenue, ni remords. Et c'est pourquoi le Führer a choisi de nommer, en cette année 1943 – le 20 août –, Himmler, ministre de l'Intérieur.

« *Totalkrieg* », répète le Führer et c'est une façon de rappeler le discours de Goebbels, qui se rengorge.

**Adolf Hitler et Joseph Goebbels en promenade
près de Berchtesgaden en 1943.**

Le ministre de la Propagande a le sentiment qu'il n'a jamais été plus proche du Führer, partageant des soupers en tête à tête avec lui, l'accompagnant dans ses promenades, osant évoquer avec lui les perspectives d'une paix séparée avec Churchill ou Staline.

Mais le Führer le martèle : il faut se battre, écraser l'adversaire. Et il fait confiance à Himmler.

Celui-ci, le 4 octobre 1943, a rassemblé les généraux SS à Posen.

Ici, c'est la discipline militaire qui impose ses lois. Nuques rasées, uniformes noirs, têtes de mort, salut bras tendu, et voix viriles qui lancent leurs « *Heil Hitler* ».

Himmler prend la parole. La voix est sourde, le ton grave.

« Les Juifs, dit-il, sont la menace la plus dangereuse pour le Reich. »

Mais cette guerre-là est souterraine, inexpiable et inexprimable.

« L'élimination des Juifs est une page glorieuse de notre histoire qui n'a jamais été écrite et ne doit jamais l'être. »

Mais il veut, pour les officiers supérieurs SS, rompre le silence.

Deux jours plus tard, devant les chefs régionaux du Parti, et en présence de Joseph Goebbels et Albert Speer, Himmler prend à nouveau la parole.

« Il faut tuer les Juifs, dit-il, et pas seulement les hommes.

« On nous a posé la question : et les femmes et les enfants ?

« J'ai décidé de trouver une solution absolument claire sur ce point aussi. Je ne me suis pas senti le droit d'exterminer – disons de tuer et de faire tuer – les hommes tout en laissant leurs vengeurs, sous la forme de leurs enfants, grandir et les venger sur nos fils et nos petits-fils.

« Il fallait prendre la décision réellement difficile de faire disparaître ce peuple de la surface de la Terre.

« Pour l'organisation qui devait accomplir la tâche, ce fut la plus difficile que nous avions eue jusque-là. »

Le 9 octobre, Goebbels note dans son *Journal* que Himmler « brosse un exposé franc et sans fard. Il est convaincu que nous pouvons résoudre la question juive à travers l'Europe d'ici la fin de la guerre ».

« Il propose la solution la plus dure et la plus extrême : exterminer les Juifs radicalement. C'est assurément une solution logique même si elle est brutale. Nous devons prendre sur nous de résoudre complètement ce problème à notre époque. Les générations ultérieures ne traiteront certainement pas ce problème avec l'ardeur et le courage qui sont les nôtres. »

« Ardeur » et « courage » !

La vérité de ces mots, ce sont les cris des victimes de ces meurtres de masse, ce sont les chambres à gaz des camps d'extermination, ce sont les « tueurs d'âmes », ces wagons, ces camions où l'on gaze aussi.

Mais c'est encore la corruption généralisée.

Himmler menace de mort tous ceux qui utiliseraient l'extermination à leur profit : « Même une fourrure, même une montre, même un mark ou une cigarette volés entraîneront la mort. »

Mais la corruption est au cœur du massacre de masse. Le commandant d'Auschwitz, Rudolf Höss, doit être démis de ses fonctions pour n'avoir pas su éviter la corruption dans le camp... Il est transféré à un poste... plus élevé à Berlin...

C'est toute la société allemande qui est infestée par le meurtre de masse. On n'ignore pas l'extermination, mais on ne la condamne pas, on s'efforce de l'oublier, de la refouler.

Les gestes de solidarité sont rares, et parfois le Juif qui porte l'étoile jaune se fait insulter, interpeller :
« Pourquoi t'es encore en vie, espèce de salopard ? »

En août 1943, Conrad, comte Preysing, évêque catholique de Berlin, rédige une pétition aux autorités. Il condamne l'« évacuation des Juifs », sans mentionner leur extermination. Il demande seulement que les droits humains des déportés soient respectés.

Mais les évêques refusent de signer, préférant une lettre pastorale qui rappelle qu'il faut respecter le droit à la vie des personnes d'autres races.

Alors l'évêque de Berlin s'adresse au nonce apostolique, qui répond :

« La charité est belle et bonne, mais la plus grande charité consiste à ne pas susciter de problèmes à l'Église. »

Mais le souverain pontife – qui a publié de nombreuses condamnations vigoureuses du programme d'euthanasie dans des lettres envoyées aux évêques ou a manifesté sa compassion pour les souffrances infligées au peuple polonais – reste silencieux.

Il n'ignore pas qu'en Italie de nombreux prêtres, des moines – et ce au sein même de la cité du Vatican – accueillent et sauvent des milliers de Juifs, mais il craint que les Allemands ne pénètrent au Vatican, et n'ouvrent une période de persécution contre l'Église catholique.

Pie XII veut agir au mieux des « intérêts » de l'Église catholique. En cet automne 1943, il craint la victoire de l'armée Rouge, donc du communisme athée. Il a vécu, à Munich en 1919 comme nonce, les révolutions communistes.

Il confie à l'ambassadeur du Reich auprès du Vatican, Ernst von Weizsäcker, qu'il est favorable à une paix de compromis entre le Reich et les Anglo-Américains.

Il n'est donc pas favorable à l'exigence d'une capitulation sans condition, qui favoriserait la Russie communiste. Et que deviendrait la Pologne catholique ? Pie XII agit en diplomate mais son silence sur l'extermination est assourdissant.

Chez les protestants, les voix qui s'élèvent contre les persécutions ne sont guère plus nombreuses.

L'évêque protestant Theophil Wurm, figure de proue de son Église, essaie de faire parvenir à Hitler – à l'automne

1943 – une lettre rappelant qu'il avait perdu son fils et son gendre sur le front de l'Est, il écrit que la rudesse croissante des mesures prises contre les non-Aryens sont « en contradiction absolue avec le commandement de Dieu et violent le principe de base de toute la vie et la pensée occidentales : le droit fondamental, que chacun tient de Dieu, à la vie et à la dignité humaine ».

Theophil Wurm.

Theophil Wurm fait recopier sa lettre et la diffuse au sein de son Église.

La lettre n'est sûrement pas parvenue jusqu'au Führer.

Lammers, le chef de la chancellerie du Reich, invite Wurm à « rester dans les limites de sa profession ».

« Je vous demande de vous abstenir de répondre à cette lettre », conclut Lammers.

Et l'Église protestante est réduite au silence.

Ces protestations isolées n'inquiètent pas le Führer. Il a confiance dans la police et les SS de Himmler. Il tient le Reich et le peuple allemand.

En cet automne 1943, il dîne souvent en tête à tête avec Goebbels.

« J'ai demandé au Führer s'il était prêt à entamer des négociations avec Churchill, raconte Goebbels. Il ne croit pas que des négociations avec Churchill aboutissent à un résultat quelconque étant donné qu'il est trop profondément ancré dans ses idées hostiles et qu'en outre il se laisse guider par la haine et non par la raison. Le Führer préférerait, quant à lui, négocier avec Staline, mais il ne pense pas que ce soit possible...

« Quelle que soit la situation, j'ai dit au Führer qu'il fallait que nous concluions un arrangement avec un côté ou l'autre. Jamais encore le Reich n'a pu gagner une guerre sur deux fronts. Il faut donc que nous étudiions comment sortir d'une manière ou d'une autre de cette guerre sur deux fronts. »

Le Führer écoute Goebbels, puis paraissant changer d'avis il dit à mi-voix :

« Churchill est lui-même un vieil anti-bolchevique, et sa collaboration avec Moscou n'est qu'une question d'opportunisme. »

Le Führer ferme les yeux, murmure qu'il « aspire ardemment à la paix ».

Après un long silence, il ajoute :

« J'aimerais reprendre contact avec des cercles artistiques, aller au théâtre le soir et fréquenter les artistes. »

31.

En cet automne 1943, alors que Hitler qui a lancé ses tueurs sur l'Europe rêvasse à une paix qu'au fond de lui il ne désire pas et sait impossible, de Gaulle est à Alger.

Il préside le *Comité Français de Libération Nationale* (CFLN), cette esquisse du gouvernement d'une France libérée.

Autour de De Gaulle, c'est le grouillement des intrigues dans lesquelles il ne faut pas se laisser prendre.

« Ma nature m'avertit, dit-il, mon expérience m'a appris qu'au sommet des affaires on ne sauvegarde son temps et sa personne qu'en se tenant méthodiquement assez haut et assez loin. »

Il doit être lucide, savoir que le général Giraud, poussé par ses entourages, ne se contente pas d'être le commandant en chef des forces armées, coprésident du CFLN, cantonné aux affaires militaires, de Gaulle en étant coprésident chargé des affaires politiques.

Mais de Gaulle sent bien que, à Londres et à Washington, on n'a pas accepté qu'il soit le chef de ce gouvernement français, fût-il provisoire.

Alger se peuple de tous ceux qui, patriotes, sont

aussi antigaullistes et ont été et restent souvent d'ardents pétainistes.

Et de Gaulle ne peut accepter que la France Combattante soit ainsi entravée.

Souvent le dimanche, il quitte Alger. Il a besoin de s'isoler.

Ce mois de septembre 1943 est aussi brûlant que l'été.

De Gaulle se rend dans une petite maison de Kabylie. Il médite en marchant dans la campagne sur ces chemins cailouteux que bordent des figuiers.

Sur les terres arides, autour des bergeries de pierres sèches, les moutons paissent une herbe jaune. La mer est aussi loin que le semblent la guerre et le siècle. Et tout à coup, surgit un vieillard qui porte des décorations, qui a servi à Verdun.

L'Histoire et la France ont creusé leur sillon dans ce temps qui paraît immobile.

« Les hommes, murmure de Gaulle, si lassants à voir dans les manœuvres de l'ambition, combien sont-ils attrayants dans l'action pour une grande cause ! »

De Gaulle rentre à Alger, plus résolu encore à faire triompher la cause de la France, à écarter ceux qu'aveuglent leurs ambitions et qui ont trahi la patrie.

Il se souvient de Clemenceau disant, en 1917 : « Le pays connaîtra qu'il est défendu. »

Il faut dire aussi : « Le pays, un jour, devra connaître qu'il est vengé. »

On lui parle de Pierre Pucheu, cet ancien ministre de l'Intérieur de Vichy, en 1941-1942. Pucheu a dressé la liste des otages du camp de Châteaubriant que les

Allemands devaient exécuter pour venger la mort du Feldkommandant de Nantes abattu par des résistants. Il a choisi des communistes. Pucheu a abandonné Vichy et sollicité de Giraud le droit de servir dans une unité combattante. L'ancien ministre se trouve en résidence forcée au Maroc. Que faire de lui et des collaborateurs ?

De Gaulle répond aux journalistes qui s'interrogent sur ce qu'ils appellent l'« épuration » :

« La justice est une affaire d'État au service exclusif de la France. »

Le 3 septembre, le CFLN décide d'« assurer dès que les circonstances le permettront l'action de la justice à l'égard du maréchal Pétain et de ceux qui ont fait ou feront partie des pseudo-gouvernements formés par lui qui ont capitulé, attenté à la Constitution, collaboré avec l'ennemi, livré des travailleurs français aux Allemands, et fait combattre des forces françaises contre les Alliés ou contre ceux des Français qui continuaient la lutte ».

Giraud vote le texte.

Comprend-il que Pucheu, auquel il a assuré qu'il pourrait effacer son passé en combattant, est concerné ? Qu'on va emprisonner l'ancien ministre à Meknès ? Et que d'autres qui furent dans son entourage peuvent aussi être poursuivis ? Que tout cela marque la victoire des idées de la France Combattante ?

De Gaulle regagne la villa des Glycines, sa résidence. Il s'enferme dans son bureau. Les dossiers s'entassent. Rapports à lire. Décisions à prendre. Manœuvres et peut-être complots à déjouer.

Giraud est coprésident et commandant en chef. L'armée, puisque l'état de siège dure, conserve presque tous les pouvoirs.

Les services de renseignements de cette armée, les SR, qui hier travaillaient pour Vichy, sont maintenant au service de Giraud. Anti-allemands, les officiers qui les dirigent sont aussi antigaullistes. Ils refusent de fondre les SR dans le BCRA, les Renseignements de la France Libre.

Les « giraudistes » agissent de concert avec les services secrets anglais. Ils espèrent sans doute détacher la Résistance de De Gaulle.

Ils ne réussiront pas. Les liens tissés par Jean Moulin ne peuvent être tranchés, parce que tous ceux que guide l'intérêt de la France savent que l'unité des patriotes autour de De Gaulle est la condition de la renaissance et de la souveraineté nationale.

De Gaulle le dit devant des foules rassemblées pour l'acclamer, l'écouter, à Casablanca, à Oran, à Alger.

Il rappelle qu'il y a quatre ans, le 3 septembre 1939, la guerre commençait.

« Nous avons chancelé, oui, c'est vrai ! reconnaît-il.

« À cause de l'esprit d'abandon d'une fraction de ce qu'il est convenu d'appeler les élites, à cause de la trahison de quelques misérables, à cause de tout le sang que nous venions de répandre de 1914 à 1918...

« Mais depuis 1939, que de combats, de sacrifices ! »

De Gaulle les énumère parce que, en cet automne 1943, qui, sinon lui, les mesure, les exalte ?

« Cent trente-cinq mille Français sont morts sur les champs de bataille, 55 000 ont été tués aux pelotons d'exécution, plus de 100 000 ont succombé dans les camps ou les prisons de l'ennemi ou de ses complices, deux millions sont prisonniers de guerre, près d'un million de nos petits-enfants ont péri faute de nourriture suffisante, et le peuple français tout entier vit sous un régime effroyable de famine, de délation et d'oppression. »

Mais en cet automne, le souffle de la victoire soulève les enthousiasmes.

Oui, le pays sera vengé.

Dans son bureau de la villa des Glycines, de Gaulle découvre les derniers télégrammes. Et la colère se mêle à la joie. L'Italie a capitulé, mais les Alliés ont une fois de plus tenu à l'écart la France Combattante.

De Gaulle proteste, s'interroge.

Des rumeurs font état de mouvements insurrectionnels en Corse.

Le 9 septembre au matin, le général Giraud entre dans le bureau. « La libération de la Corse a commencé », dit-il. De Gaulle se maîtrise. Pourquoi le CFLN et lui-même n'ont-ils pas été informés ?

Giraud pérore. Il a rencontré ici, à Alger, le communiste Arthur Giovoni, qui dirige l'insurrection. Un sous-marin, le *Casabianca*, l'a reconduit en Corse. Les services secrets anglais ont fourni 10 000 mitraillettes. Les troupes italiennes se sont retournées contre les 14 000 Allemands de la division SS Reichsführer qui résistent.

« Il faut, dit Giraud, envoyer des renforts dans l'île. Les premiers, le bataillon de choc du commandant Gambiez, vont y être débarqués. »

De Gaulle va et vient dans son bureau. Pourquoi faut-il que ces nouvelles qui devraient soulever l'enthousiasme soient ternies par l'ombre des manœuvres ?

Giraud a agi seul ! Giraud a laissé les communistes

prendre la tête de la Libération, avec la complicité des Anglais, sans doute pour affaiblir de Gaulle et le CFLN.

« Je suis, mon général, commence de Gaulle, froissé et mécontent de la manière dont vous avez procédé à mon égard et à l'égard du gouvernement en nous cachant votre action. »

Il fixe Giraud.

« Je n'approuve pas le monopole que vous avez donné aux chefs communistes. Il me paraît inacceptable que vous ayez laissé croire que c'était fait en mon nom comme au vôtre. »

Giraud a toujours prétendu ignorer l'imminence de l'armistice conclu par les Alliés avec les Italiens. Or, l'insurrection en Corse s'est déclenchée le jour de l'annonce de cet armistice. Et Giovoni en avait arrêté la date lors de son voyage à Alger. Giraud savait donc.

« Je ne m'explique pas comment vous avez pu dire à notre Conseil des ministres que vous ignoriez l'imminence de l'armistice italien », ajoute de Gaulle.

Il croise les bras.

« De tout cela, je tirerai les conséquences qui s'imposent dès que nous aurons franchi la passe où nous voici engagés. La Corse doit être secourue au plus tôt. Le gouvernement fera ensuite ce qu'il doit pour tarir une bonne fois la source de nos discordances. »

Tout serait plus clair s'il y avait un gouvernement derrière un seul président. Et s'il ne fallait mener que des combats contre l'ennemi, qui résiste à Bastia, cependant que les troupes débarquées par des navires français le refoulent peu à peu avec l'aide des garnisons italiennes.

Le 4 octobre 1943, enfin, Bastia est libérée.

Il doit se rendre au palais d'État, saluer Giraud, commandant en chef, le féliciter pour la manière dont il a conduit les opérations. Et, la page des compliments tournée, il faut répéter que « les conditions dans lesquelles ont été préparées en dehors du CFLN les opérations de toute nature tendant à la libération de la Corse » sont inacceptables.

« Vous me parlez politique, répond Giraud sur un ton agacé.

— Oui, car nous faisons la guerre, or la guerre c'est une politique. »

Il faudra dans les semaines qui viennent contraindre Giraud d'accepter les principes de la République qui subordonnent le pouvoir militaire au pouvoir politique.

De Gaulle, quelques jours plus tard, reçoit Henri Queuille, l'un de ces hommes politiques de la IIIᵉ République qui ont rejoint Alger.

« Je ne puis gouverner, lui dit-il.

— Donc, Giraud ou moi ! »

Une fois encore il faut menacer, jouer quitte ou double.

« Les responsabilités doivent être prises et connues. Quant à moi, je ne puis porter les miennes plus longtemps dans de telles conditions. »

Il quitte Alger, se rend en Corse où il vient de faire nommer préfet et secrétaire général deux hommes en qui il a toute confiance, parce qu'ils ont rejoint la France Combattante aux temps d'incertitude : Charles Luizet et François Coulet.

Voici Ajaccio, puis Corte, Sartène, Bastia.

De Gaulle est pris dans la « marée de l'enthousiasme national ». Il s'écrie : « C'est un peuple rajeuni qui émerge des épreuves ! »

Dans les villages qu'il traverse, il aperçoit ces soldats italiens qui ont aidé à chasser les Allemands.

« Nous ne sommes pas de ceux qui piétinent les vaincus, dit-il. Ici, nous nous trouvons au centre de la mer latine. »

Il veut penser à l'avenir, à ces peuples avec lesquels la France devra renouer une alliance. Il sourit. « Cette mer latine qui est enfin, dit-il, l'un des chemins vers notre alliée naturelle, la chère et puissante Russie. »

Il pense aux diplomates anglais que hante la menace russe et qui ne rêvent que de bloquer la Russie aux portes de la Méditerranée. Autant leur faire comprendre que la France, désormais, a reconquis sa liberté de jeu, et qu'il faut donc compter avec elle, que l'on ne peut l'écarter des négociations de paix avec l'Italie. Et en effet, de retour à Alger, de Gaulle apprend que le Comité va avoir un représentant aux côtés des Alliés pour discuter avec les Italiens.

« La victoire approche, lance de Gaulle. Elle sera la

Le général de Gaulle à Alger en novembre 1943.

victoire de la liberté. Comment voudrait-on qu'elle ne fût pas aussi la victoire de la France ? »

C'est le début du mois de novembre 1943. Pour la première fois se réunit l'Assemblée Consultative Provisoire, au palais Carnot, siège des Assemblées algériennes, sur le boulevard des Arcades qui coupe le port d'Alger.

De Gaulle monte à la tribune. Il est en uniforme de toile. Il regarde sur les gradins de cet hémicycle semblable en réduction à celui du Palais-Bourbon ces hommes venus de la « nuit », combattants de l'ombre, militants dont la présence fait naître sur Alger un « souffle âpre et salubre ».

« Il est vrai, dit-il, que les élections générales constituent la seule voie par où doive un jour s'exprimer la souveraineté du peuple. »

Mais cette Assemblée Consultative Provisoire française exprime les forces qui résistent, elle est le porte-parole – il le dit – de l'ardent mouvement de renouveau qui anime en secret la nation. Et « cette réunion n'est ni plus ni moins qu'un début de résurrection des institutions représentatives françaises ».

Maintenant, dernière étape, remanier le *Comité Français de Libération Nationale*, en faire un vrai gouvernement.

Le 9 novembre, les membres du Comité remettent leur portefeuille de « ministre » à la disposition du général de Gaulle pour qu'il donne à ce gouvernement une nouvelle composition.

Les généraux Georges et Giraud n'en feront plus partie.

De Gaulle a choisi chacun des hommes qui vont

enfin pouvoir travailler avec efficacité. Henri Frenay a accepté d'être commissaire aux Prisonniers, Déportés et Réfugiés. Aucun des autres commissaires – d'Astier de La Vigerie, Capitant, Mendès France, Philip, Pleven, Tixier, Catroux – n'a été complice de Vichy. Certains – Jean Monnet ou René Mayer – ont été des proches de Giraud. Mais il faut faire l'unité, maintenant que Giraud n'est qu'un commandant en chef soumis au pouvoir politique.

De Gaulle lui écrit. Il faut enfermer Giraud dans les propos que le général a tenus. « Mon Général... Je me permets de vous féliciter de pouvoir, comme vous l'avez toujours souhaité, vous consacrer entièrement à la grande tâche de commandement qui vous est dévolue. »

Quoi d'autre pourrait faire Giraud ? Il est trop patriote, trop prudent aussi pour croire ceux de ses conseillers qui lui répètent : « Il est grand temps d'agir. L'armée est encore derrière vous, elle souhaite un ordre... Vous êtes à un virage décisif, mon Général. Vous auriez pu être un personnage de l'Histoire de France. Vous pouvez l'être encore. Il vous suffit de faire un geste et le pays sera sauvé. »

De Gaulle repousse le feuillet qui rapporte des propos du général Chambre, un proche de Giraud. Il hausse les épaules. Comme si l'on pouvait décréter Giraud « personnage de l'Histoire de France » !

Savent-ils ce que c'est un destin national, ceux qui pensent cela ?

De Gaulle est seul dans son bureau.

Ces premiers jours de novembre 1943, malgré l'éclat d'une lumière encore chaude, serrent le cœur par leur brièveté. Le soleil paraît aussi brillant qu'au printemps, mais tout à coup, tout se dérobe, et dans le jardin l'ombre s'étend.

De Gaulle marche lentement. Il fume.

Il y a un an seulement, jour pour jour, le 8 novembre 1942, les troupes françaises ouvraient le feu sur les Américains qui débarquaient. Et commençait ici, à Alger, au Maroc, ce grand jeu dont le but était destiné à soumettre la France Combattante et à faire que les hommes de Vichy gardent sous l'autorité anglo-américaine les pouvoirs qui étaient les leurs sous la domination allemande.

Tout cela, il l'a empêché. Il pense à ces hommes dont il a été la voix. Jean Moulin, le général Delestraint, trahis, arrêtés, torturés, morts sans doute.

À ceux qui, comme Pierre Brossolette, sont en mission en France. Il imagine Brossolette traqué dans Paris. Il se répète une phrase de Mauriac qui l'émeut : « On dirait que Paris, accroupi au bord de son fleuve, cache sa face dans ses bras repliés. »

Des vers lui reviennent qu'il a cités dans son dernier discours, vers d'Aragon qui parlent, parce que ainsi sont les temps de guerre, de la mort et de la patrie :

> *Qu'importe que je meure avant que se dessine*
> *Le visage sacré, s'il doit renaître un jour ?...*
> *Ma patrie est la faim, la misère et l'amour.*

Et ceux de Jean Amy qui évoquent les patriotes fusillés :

> *Ce sang ne séchera jamais sur cette terre*
> *Et ces morts abattus resteront exposés,*
> *Nous grincerons des dents à force de nous taire*

Nous ne pleurerons pas sur ces croix renversées
Mais nous nous souviendrons de ces morts sans
[mémoire
Nous compterons nos morts comme on les a
[comptés.

Et puis, alors qu'il rentre car brusquement avec la nuit le froid s'est installé, il se souvient de ces vers d'Edmond Rostand, qui remontent de son enfance, qui font revivre tant de souvenirs, le père, la mère, et leur passion pour la France, devenue sienne.

Il murmure :

Je ne veux voir que la victoire !
Ne me demandez pas : après ?
Après ! Je veux bien la nuit noire
Et le soleil sous les cyprès !

Ces mots ne sont pas ceux de la nostalgie. Ils expriment la réalité.

Ils provoquent le désarroi, l'angoisse et même la panique des hommes qui se sont ensevelis dans la collaboration.

À Vichy, autour de Pétain, on est convaincu, en cet automne 1943, de la défaite nazie.

Nombreux sont ceux qui changent de camp, veulent avoir leur « carte » de résistant. D'autres s'obstinent, trop compromis pour espérer l'oubli et la clémence.

Un proche de Pétain confie :

« Laval est devenu impossible ; je ne sais s'il croit vraiment à la victoire allemande, mais il parle comme s'il y croyait vraiment. Il fait l'unanimité contre lui et entraîne le Maréchal dans son impopularité. »

Tout cela – en dépit de la répression qu'exerce la

Milice « française », auxiliaire de la Gestapo – est condamné et chacun en France le sait.

Le cœur de la nation bat à Alger. Là se dessine l'avenir de la nation.

Les Alliés sont bien contraints d'en prendre acte.

Il a été – enfin ! – décidé que des troupes françaises participeraient à la campagne d'Italie.

Un corps expéditionnaire français est constitué. Mais il faut d'abord réaliser l'amalgame entre l'« armée d'Afrique » – longtemps pétainiste… et patriote – et les Forces Françaises Libres – les FFL, ces *Fous Furieux de Liberté*.

Le général Juin – un condisciple de De Gaulle à Saint-Cyr qui ne s'est rallié à la France Libre qu'au début de 1943 – est chargé de réaliser cette unité.

Le 25 novembre 1943, les premières troupes françaises débarquent à Naples. Mais ces 65 000 hommes et 12 000 véhicules sont peu de chose par rapport aux 1 300 000 hommes mobilisés (1 076 000 Français de souche européenne, 233 000 musulmans d'Algérie, de Tunisie et du Maroc, 20 000 Français « évadés d'Espagne »).

Amalgame difficile entre les FFL de la 1re Division Française Libre et les Africains. Seuls les combats dans les Apennins permettront de le réaliser, sans jamais effacer les divergences.

Mais l'essentiel est que la France soit redevenue une puissance militaire, participant à la guerre, par quatre divisions engagées en Italie.

De Gaulle, le 30 octobre 1943, peut, célébrant le 60e anniversaire de l'Alliance française, déclarer :

« La Résistance, c'est-à-dire l'espérance nationale, s'est accrochée sur la pente à deux pôles qui ne cédèrent point. L'un était un tronçon d'épée, l'autre la pensée française. »

« Et voici à l'horizon les premiers rayons de l'aurore. Voici l'annonce de la fierté retrouvée, de la force renaissante, de la grandeur réapparue. »

SIXIÈME PARTIE

Octobre

décembre 1943

« [...] *Notre erreur a été de croire qu'on pourrait relever un pays avant de le libérer.*
On ne reconstruit pas une maison pendant qu'elle flambe. »

Appel de François VALENTIN,
fondateur en 1940
de la Légion Française des Combattants
Automne 1943

« *Vingt siècles d'Histoire de France sont là pour attester qu'on a toujours raison d'avoir foi en la France.* »

Discours de DE GAULLE à Alger
à la séance inaugurale de
l'Assemblée Consultative Provisoire
3 novembre 1943

« *L'ennemi connaît tous nos secrets et nous ne connaissons aucun des siens.* »

Journal de l'amiral DÖNITZ
12 novembre 1943

« *C'est un point de vue de boucher.* »

Général de la Wehrmacht à un général SS
Novembre 1943

32.

Ce mois d'octobre 1943, Vichy est noyé sous la grisaille pluvieuse d'un automne froid.

Les rues, parcourues par des patrouilles de gardes mobiles, mousquetons à l'épaule, sont désertes.

Devant l'hôtel du Parc, on a dressé des chicanes, gardées par des miliciens armés de mitraillettes.

Le temps des prises d'armes, des promenades bon enfant du maréchal Pétain, chef de l'État, et de Pierre Laval, chef du gouvernement, n'est même plus un souvenir.

On vit terré. Le ciel, la ville semblent trembler de peur.

On murmure dans le secret des appartements que Joseph Darnand, secrétaire général de la Milice « française », et 14 chefs miliciens se sont engagés dans la Waffen-SS et ont donc prêté serment au Führer.

On exprime par une mimique son dégoût pour cette trahison, et on condamne ce maréchal Pétain, ce Pierre Laval dont on se souvient que l'un et l'autre ont serré la main de Hitler, il y a trois ans à Montoire. Laval a même proclamé qu'il souhaitait la victoire de l'Allemagne.

Et le 30 septembre 1943, dans un discours prononcé

à l'Hôtel de Ville de Paris, il s'est vanté d'avoir « osé prononcer cette phrase qui a été comme une goutte d'acide sulfurique sur l'épiderme de certains Français ».

Certains ?
Presque tous les Français, à l'exception de cette poignée de « collabos », de dévoyés, de déclassés, de gredins auxquels la Milice garantit l'impunité et donne un sentiment de puissance.

On peut, en uniforme noir, faire trembler et humilier les « notables ». On peut persécuter, voler, torturer les « professeurs ». On peut traquer les Juifs.

Cependant il y a encore des jeunes gens persuadés qu'ils participent à la construction d'un ordre nouveau, d'une jeune Europe, contre les Juifs, les ploutocrates.

François valentin.

Mais la succession des défaites allemandes, le basculement de l'Empire, de l'Afrique du Nord dans la France Libre, la création du *Comité Français de Libération Nationale*, la chute de Mussolini et du fascisme, le débarquement allié en Italie, la libération de la Corse ouvrent les yeux à de nombreux pétainistes. Et les revirements sont sincères.

François Valentin, qui a fondé la Légion Française des Combattants, explique qu'il a « pu contribuer à tromper sur leur devoir de bons Français légionnaires ou non. C'est à eux spécialement que je veux adresser cet appel pour libérer ma conscience... ».

« Notre erreur a été de croire qu'on pourrait relever un pays avant de le libérer. On ne reconstruit pas une maison pendant qu'elle flambe. »

L'écrivain Drieu la Rochelle, devenu directeur de la *Nouvelle Revue française* dès les débuts de l'Occupation, explique sa déception sans renier son « national-socialisme ».

« Nous avons mis notre espoir, écrit-il, non pas dans l'Allemagne mais dans le socialisme hitlérien.

« Nous avons espéré en 1940 et en 1941 que le socialisme hitlérien, suscité par l'occasion merveilleuse qui s'offrait à lui, allait se renforcer et s'amplifier dans les deux directions d'une économie sociale européenne et d'une internationale des nationalismes.

« Mais la guerre en Russie a absorbé toutes les pensées, toutes les vertus, toutes les actions du mouvement hitlérien. Nous n'avons rien vu apparaître de ces mesures audacieuses, bouleversantes, transfigurantes, qu'en Français, habitués au coup d'œil universaliste, nous attendions. »

Ce qu'on découvre en 1943, c'est un régime terroriste qui ne se dissimule plus.

Les miliciens et les agents de la Gestapo fondent de nuit sur un village, fracassent les portes, arrêtent les Juifs dont un délateur, anonyme, a indiqué la présence.

Les femmes, les enfants sont entraînés comme les hommes. Et au matin, on retrouvera leurs corps martyrisés jetés au fond d'un puits.

« Terreur contre terreur », disent les miliciens, et

certains policiers et magistrats les approuvent et les aident.

Les uns torturent, les autres – procureurs – condamnent à mort. Les guillotines sont dressées dans les cours des prisons, à Paris, à Toulouse, dans de nombreuses autres villes de France.

Les procureurs assistent au supplice. Ce sont des magistrats *français* et la méthode d'exécution est *française*.

On condamne ces « terroristes », communistes, étrangers, apatrides, Juifs qui abattent des militaires allemands.

Le maréchal Pétain, qui reçoit les procureurs à Vichy, les encourage, leur recommande la sévérité.

Et de sa voix chevrotante, il dit, lui que l'on présente comme un « sage » au-dessus des sanctions :

« Vous avez les honnêtes gens avec vous, vous devez agir avec autorité. »

Les procureurs « s'exécutent ».

Et dans l'émission de la BBC, « Les Français parlent aux Français », Maurice Schumann, le porte-parole inspiré de la France Libre, avertit les procureurs généraux de Douai, de Lyon, de Montpellier qui ont envoyé des patriotes à la mort :

« Désormais, quoi que vous puissiez faire, il est trop tard pour vous racheter. »

À Toulouse, l'avocat général Lespinasse, qui a requis et obtenu la condamnation à mort du commandant des *Francs-Tireurs et Partisans Français* (FTPF), Marcel Larger, accusé d'avoir transporté des explosifs, est abattu en pleine rue de quatre balles de pistolet alors qu'il se rend à la messe, le dimanche 10 octobre 1943.

Les camarades de Larger, ces membres de la Main-d'Œuvre Immigrée (MOI), l'ont vengé.

Le 23 octobre, l'intendant de police, Barthelet, qui avait offert une prime très importante en argent « à quiconque permettrait d'identifier le ou les auteurs de l'attentat commis par arme à feu au cours de la nuit du 23 au 24 courant contre un militaire allemand, rue de Bayard à Toulouse », est abattu à son tour.

C'est bien la logique sanglante de la guerre civile, « terreur contre terreur », qui, en cet automne et hiver 1943, entraîne résistants et collaborateurs.

Dans la région parisienne, le groupe FTP-MOI, dirigé par Missak Manouchian, est d'une audace et d'une efficacité redoutables.

Le 6 octobre 1943, au cœur de Paris, place de l'Odéon, un groupe de partisans attaque une soixantaine de soldats allemands.

En province – dans le Sud-Ouest, dans la région lyonnaise – les militaires allemands sont assassinés, leurs casernements attaqués, les trains dynamités.

On lit presque chaque jour dans les journaux des « Avis » encadrés de noir annonçant des exécutions de Français par les autorités allemandes ou incitant à dénoncer les « terroristes », cette « armée du crime ».

La presse lyonnaise publie ainsi en novembre 1943 l'*Avis* suivant :

« *Ces jours derniers, des misérables ont commis, sous le prétexte des mots d'ordre politiques, des actes de terrorisme, sabotage de voies ferrées, dépôt de*

*bombes, brigandages, incendies. Ce sont surtout des
Français qui ont été victimes de cette activité.*

« *En conséquence, les éléments réfléchis de la population
sont invités à transmettre sans délai toutes les
indications susceptibles de permettre l'arrestation de
ces terroristes, soit aux services allemands, soit aux
services français. Une discrétion absolue est garantie.*

« *Au surplus, le Kommando de la Sicherheitspolizei
SD à Lyon offrira une récompense de 100 000 francs
chaque fois que la découverte et l'arrestation de terroristes
auront été rendues possibles à la suite de
renseignements fournis par la population aux services
allemands.*

« *Les Français qui manifesteraient de la complaisance
à l'égard des terroristes, ou qui tarderaient
à signaler les plans de sabotage des terroristes et
toutes les circonstances suspectes dont ils auraient
pu avoir connaissance, se feraient les complices de
ces individus et seraient passibles de peines sévères.*

« *Lyon, novembre 1943.* »

La guerre est donc là, écrasant le pays, répandant
la « terreur ».

Les bombardements aériens – de nuit, de très haute
altitude – provoquent des milliers de victimes : plus de
2 000 en un seul raid, à Nantes, en septembre 1943.

Paris est frappé pour la première fois ce mois-là :
105 morts, 205 blessés.

Lyon, Marseille, Nice, Chambéry, Saint-Étienne,
Avignon, Nîmes, Grenoble, Rouen sont bombardés à
leur tour et ce sont là, chaque fois, des centaines, des
milliers de victimes.

Au total, de 1941 à 1944, on dénombre 67 078 morts
et 75 660 blessés.

Les collaborateurs, la Milice, les autorités organisent de grandes cérémonies funèbres et stigmatisent les « criminels » anglais et américains qui frappent la population civile.

Mais au lieu de dresser l'opinion contre les « Anglo-Américains », ces bombardements sont acceptés, comme une fatalité que seuls le « Débarquement » – le mot est répété comme un viatique – et la « Libération » feront cesser.

Pétain et ses proches mesurent l'opprobre qui les frappe.

Ils veulent se séparer de Pierre Laval, symbole de cette collaboration sanglante dont le pays ne veut pas et qui fait du chef du gouvernement un homme haï par la majorité des Français.

Il ne faut pas que le naufrage de Laval entraîne celui du Maréchal.

En novembre 1943, les proches du Maréchal le poussent à affirmer son hostilité à Laval et à sa politique de collaboration. Des conciliabules rassemblent des élus du Parti radical – près de 200 – qui en appellent au Maréchal.

« Où en êtes-vous, monsieur le Maréchal, après quarante mois de pouvoir légal ? »

« Il est temps, monsieur le Maréchal, d'acheminer la France de la colère à la justice et de réaliser notre pacification intérieure par le retour à la vie normale d'une République… »

« […] L'adresse que voici est une sommation respectueuse mais ferme. Nous vous invitons à nous convoquer dans la même forme et aux mêmes fins que nos aïeux de 1871. »

La manœuvre se veut habile : on rompt avec Laval, et on devance de Gaulle.

On rêve de s'appuyer sur le général Giraud.

« En se désolidarisant de M. Laval, écrit ainsi un conseiller de Pétain, devenu attaché d'ambassade à Berne... en dénonçant la collaboration, en prenant vis-à-vis d'Alger la position que nous avons dite, le Maréchal tend la main discrètement au mouvement autochtone de résistance. »

Il est bien tard pour conduire cette manœuvre !

De Gaulle a écarté Giraud, et les résistants sont unis dans le *Conseil National de la Résistance*.

Les Allemands sont sur leurs gardes : ils ne laisseront pas Pétain chasser Laval.

Hitler l'écrit lui-même.

« Le gouvernement du Reich ne permettra pas le retour d'incidents analogues à ceux du 13 décembre 1940 et ne laissera pas mettre à nouveau en question la continuité du développement politique entre la France et les puissances de l'Axe. »

Marcel Déat, Philippe Henriot, Doriot, Marion, et les autres membres des partis collaborationnistes, alertés, dénoncent ces cabales.

Laval est serein : la Milice de Darnand, Obersturm-führer des Waffen-SS, est à ses ordres.

Et les projets de « révision constitutionnelle » élaborés par l'entourage de Pétain afin de l'écarter font sourire le politicien madré qu'est Laval.

Pétain s'impatiente, convoque Laval, fin octobre 1943.

« Vous n'êtes plus l'homme de la situation, vous êtes incapable de maintenir l'ordre dans le pays, lui lance Pétain. Vous êtes suspect aux Allemands, vous les avez déçus ! »

Laval ne répond pas, ne rend plus visite au Maréchal, mais il se tient informé des intentions de Pétain, enfermé lui aussi – mais à l'étage supérieur ! – à l'hôtel du Parc.

Pétain rédige une lettre à Laval, lui rappelant les termes de leur entretien, et surtout Pétain prépare un appel au pays qui doit être radiodiffusé le 13 novembre 1943.

Pétain en a corrigé plusieurs fois les termes.

« Français,

« Le 10 juillet 1940, l'Assemblée nationale m'a donné mission de promulguer par un ou plusieurs actes une nouvelle Constitution de l'État français...

« J'incarne aujourd'hui la légitimité française. J'entends la conserver comme un dépôt sacré et qu'elle revienne à mon décès à l'Assemblée nationale de qui je l'ai reçue si la nouvelle Constitution n'est pas ratifiée.

« Ainsi, en dépit des événements redoutables que traverse la France, le pouvoir politique sera toujours assuré conformément à la loi... »

Pétain s'illusionne. Le temps s'est écoulé depuis juillet 1940. Les Allemands n'ont plus besoin de ménager Pétain. Ils occupent toute la France. L'État français de Vichy ne représente plus rien. Ils n'ont plus d'égards pour ce vieillard de quatre-vingt-sept ans qui se proclame encore chef de l'État.

Ils exigent de connaître les termes de l'appel du Maréchal aux Français.

Pétain cède en maugréant, disant au représentant allemand à Vichy, Krug von Nidda :

« Cette histoire ne vous regarde pas ! »

Et, faisant allusion aux défaites allemandes sur le front de l'Est, il ajoute :

« Est-ce que je vous demande pourquoi vous avez évacué Jitomir ? »

Les autorités allemandes n'hésitent pas. Elles décident d'empêcher la diffusion de l'appel de Pétain.

« Je constate le fait et je m'incline, dit Pétain, mais je vous déclare que, jusqu'au moment où je serai en mesure de diffuser mon message, je me considère comme placé dans l'impossibilité d'exercer mes fonctions. »

Le dimanche 14 novembre 1943, Pétain n'assiste pas à la cérémonie hebdomadaire de lever des couleurs. Il ne va pas à la messe à l'église Saint-Louis... mais à l'église Saint-Blaise.

Le docteur Ménétrel, qui ne le quitte jamais, murmure :

« Le Maréchal va faire la grève sur le tas ou plus exactement sur l'État. »

Un jeu de mots pour caractériser une illusion et une farce politiques.

« Je ne convoquerai pas les ministres », déclare Pétain, comme si cela avait encore de l'importance, au-delà du petit cercle des « collabos » et des conseillers attachés au Maréchal.

Car il faut être totalement coupé des réalités du pays pour écrire au Maréchal, ainsi que le fait l'ancien député Frossard :

« Vous avez sauvé la France une troisième fois. »

33.

Le maréchal Pétain, en cette mi-novembre 1943, n'est plus pour les Français un sauveur.

On ne le hait point ; il arrive même qu'on plaigne ce vieillard auquel on a fait confiance, il y a si longtemps, il y a un peu plus de trois ans.

Mais le « vainqueur de Verdun », tant de fois célébré, l'homme providentiel de juin et de juillet 1940, qui arrêtait la guerre « le cœur serré », celui dont on célébrait le dévouement – n'avait-il pas dit : « Je fais don de ma personne à la France » ? – est à peine un souvenir, une apparence qui ne fait plus illusion.

La réalité de la France, ce ne sont pas les dérisoires, les tortueuses et chimériques manœuvres de Pétain et de ses proches qui l'expriment.

Elle n'est pas non plus dans ces miliciens qui se pavanent en uniforme noir, dont les chefs ont prêté serment à Hitler et se sont engagés dans les Waffen-SS, tout en restant à la tête de la Milice aux côtés de Joseph Darnand.

Ceux-là sont des tueurs sinistres, les autres ne sont que des misérables qui cherchent à survivre à la défaite de l'Allemagne que tout annonce.

Le maréchal Pétain, qui joue encore les nobles vieillards, habité par le sens de l'honneur, n'est pas même capable de protester contre l'interdiction faite par les Allemands de célébrer le vingt-cinquième anniversaire du 11 novembre 1918.

Pire, son « gouvernement » édicte la même mesure d'interdiction de toute manifestation, ce 11 novembre 1943.

Et c'est celui qui se présentait comme le « vainqueur de Verdun » qui couvre ces décisions de son autorité !

Il n'est même plus une apparence.

La réalité de la France, c'est, tout au long de cet automne, les patriotes qui, par dizaines, restent les yeux ouverts face aux pelotons d'exécution.

Martial Brigouleix, socialiste, chef départemental de l'Armée Secrète en Corrèze, écrit aux siens, à la veille de son exécution :

« Conservez un moral à la hauteur du nôtre : que la vie sera plus belle après... Vive la France ! »

Brigouleix est fusillé le 2 octobre 1943, au mont Valérien, en même temps que 49 autres patriotes.

Trente autres tombent le 6 octobre.

Le 7 octobre, 46 « terroristes » sont condamnés à mort.

Le 12 octobre, un tribunal composé d'officiers de la Wehrmacht, de la Luftwaffe, et de la Hitlerjugend, prononce sous la présidence d'un magistrat 23 peines capitales.

Lorsque, avant le verdict, la parole leur est donnée, ils paraissent rayonnants.

« Au moment où vous demandez ma tête, dit l'un,

je tiens à vous dire que je n'ai aucune haine contre l'Allemagne… Mon pays est en guerre, n'est-ce pas votre grand Schiller qui a dit : "Avant la vie il y a l'honneur" ? »

Un autre déclare :

« C'est Fichte qui disait à la jeunesse allemande lors de l'occupation napoléonienne : "Devant l'occupant, restez dignes et résistez." C'est simplement ce que nous avons fait. »

Les patriotes tombent ainsi par centaines.

Maquisards français rassemblés pour être fusillés par les Allemands.

Et la Gestapo et l'Abwehr « retournent » des résistants capturés que la torture ou la peur ont brisés. Ils parlent, livrent leurs camarades. Les réseaux sont démantelés. De nouveaux martyrs sont exécutés.

Moulin et Delestraint sont tombés en juin. Brossolette, en mission en France, écrit à Passy :

« Je te signale pour terminer que je suis depuis huit jours en état de "grande alerte". Nos amis qui sont bien avec la Gestapo m'ont prévenu que celle-ci manifeste pour moi en ce moment une conspiration toute spéciale, comportant souricières de luxe et surveillance avec palme de vermeil. Je fais très attention. Et puis la nuit tombe tôt. C'est d'ailleurs ce qui nous sauve tous. Si nous étions en août, nous serions tous en taule ou contraints à l'inaction. Vive la nuit par conséquent !

« Je t'embrasse en bon vieux frère. »

Et cependant, il faut agir, faire du 11 novembre 1943 une journée de manifestations sous toutes les formes.

Les ouvriers des usines métallurgiques de la région parisienne cessent le travail entre 11 heures et midi.

Dans la région du Havre et de Rouen, en Charente, le mouvement de grève est suivi à 80 %. Des drapeaux français ont été accrochés au haut des cheminées. On fleurit les monuments aux morts. On lâche des ballons tricolores que la DCA allemande prend pour cibles.

Dans les prisons, les patriotes détenus ont confectionné de petits drapeaux tricolores que les gardiens tardent à arracher.

À Montpellier, des cartes d'alimentation volées par les résistants sont distribuées à la population, accompagnées d'un tract :

HONNEUR ET PATRIE
Ce cadeau vous est offert par les Mouvements
Unis de Résistance à l'occasion du 25ᵉ anniver-
saire de la défaite allemande
VIVE LA FRANCE
VIVE DE GAULLE

Dans l'Ain, le capitaine de réserve de l'armée de l'air, Petit, que l'on connaît sous le pseudonyme de Romans, commande les maquis de la région. Il a décidé de faire de ce 11 novembre 1943 une date inoubliable.

Il organise la « prise » de la ville d'Oyonnax, qui compte 12 000 habitants. Des camions transportent les maquisards jusqu'aux abords de la ville qui est isolée afin de la protéger d'une intervention allemande.

Puis les maquisards défilent, précédés du drapeau entouré de sa garde d'honneur.

Il s'agit d'un « vrai défilé militaire », afin de « démontrer, écrit Romans-Petit, que les chefs des maquis sont des officiers pour la plupart ».

« Lorsque je lance d'une voix forte : "Maquis de l'Ain à mon commandement", à la stupéfaction de la foule succède le délire. Les hommes, les femmes, les enfants crient "Vive le maquis, vive la France", applaudissent à tout rompre et cela jusqu'au monument aux morts. »

Les sections sont flanquées de leurs cadres en uniforme. Les clairons sonnent. Les maquisards de la garde d'honneur du drapeau sont en uniforme et portent des gants blancs.

Ça l'« armée du crime » ? Non, l'armée française !

La démonstration de Romans-Petit est spectaculaire.

« Je dépose une gerbe en forme de croix de Lorraine avec la mention "Les vainqueurs de demain à ceux de 14-18". Je demande une minute de silence. Après la sonnerie aux morts, j'entonne *La Marseillaise*, reprise avec ferveur par toute la foule, soit par plusieurs milliers de personnes. »

Un journal clandestin, *Bir Hakeim*, publie le reportage photographique de cette « prise d'armes », et la presse anglaise et américaine le reproduira.

Les Allemands ne réagissent pas, laissant les « forces de l'ordre » de Vichy intervenir. En fait, un accord est conclu entre un officier des gardes mobiles et les maquisards qui se sont repliés, évacuant la ville sans dommage.

« Cet épisode de notre action faisait désormais partie de l'imagerie populaire... écrit Romans-Petit. Nous avions, nous, résistants, à prouver notre existence afin de recevoir une aide accrue. C'était un de nos objectifs. Il a été atteint. »

De Gaulle félicite Romans-Petit.

Il déclare à Alger :

« Ce 11 novembre 1943, vingt-cinquième fête de la Victoire, nous sentons tous que la France l'a choisi comme la date du rassemblement national... »

« Vingt siècles d'Histoire sont là pour attester qu'on a toujours raison d'avoir foi en la France. »

34.

Le Führer écoute, les yeux clos, un officier de son état-major lire un rapport sur la situation en France, et les événements survenus le 11 novembre 1943.

Hitler serre ses mains parce qu'il sait que s'il les laissait libres elles se mettraient à trembler.

Il ne peut plus entendre cette succession de nouvelles noires sans que son corps réagisse indépendamment de sa volonté.

Il interrompt l'officier et, d'un geste, l'invite à quitter la salle.

Il regarde ses généraux, ses maréchaux.

Il n'a aucune confiance dans cette caste militaire.

Tous ces hautains personnages, ces chefs de guerre – Keitel, Zeitzler, Manstein – et avant eux le Reichmarschall Goering, l'ont assuré que Stalingrad serait le tombeau de l'armée Rouge ! Puis que l'opération *Zitadelle* serait la revanche, et ce fut une défaite complète ! Le gaspillage de la réserve de chars, la chute de Kharkov et de Smolensk, la retraite jusqu'au Dniepr, et cette ligne de défense qu'il avait fallu aussi abandonner.

Et l'Ukraine tout entière reconquise par les Russes, Kiev à son tour perdue !

Les voilà, ces généraux, ces maréchaux !

Il respecte Model et Guderian. Les autres sont de la même espèce que le maréchal Pétain, que le maréchal Badoglio, attendant l'occasion pour le renverser, l'un avait fait arrêter Laval en décembre 1940 et l'autre avait renversé le Duce Mussolini !

Hitler sait qu'ils cherchent à le tuer, qu'ils l'ont tenté déjà cinq fois depuis le mois d'août 1943 !

Il les observe. Il n'ignore rien de leurs conciliabules.

Goering a été approché lors d'un séjour à Vienne par le Gauleiter Halder von Schirach, le fondateur des Hitlerjugend. Von Schirach a invité Goering à « parler à Hitler dans l'intimité ».

« Mes jeunesses hitlériennes et moi, nous sommes avec vous et il y a pléthore de gens qui sont prêts à agir… Nous devons faire cause commune… Voilà ce qu'on attend de vous en tant que Reichsmarschall. »

Goering avait – racontait le témoin – allumé une longue et fine cigarette « d'importation » et dit d'une voix lasse, teintée d'amertume :

« Parler seul à Hitler, ça, c'est une idée ! Nous ne nous sommes jamais vus en tête à tête ces derniers temps ! Si vous pensez que ça m'amuse ce sacré métier. »

Emma Goering avait mis sa main sur la bouche de son mari.

« N'en parlons plus, tout finira par s'arranger ! »

Hitler ne veut plus entendre ces rapports. Il s'abandonne aux prescriptions du docteur Morell, il écoute les prophéties de son astrologue, le docteur Wulf.

Il répète à ses maréchaux et généraux qu'il faut

résister à tout prix parce que « l'espace c'est du temps » ; et qu'il faut gagner du temps, imposer aux ennemis des batailles si dures qu'ils se décourageront, que la coalition des Alliés sera détruite, éclatera, victime de ses tensions.

Mais c'est déjà l'hiver en Russie, le sol gèle puis se transforme pour quelques heures en un océan de boue, avant de durcir à nouveau.

La Wehrmacht manque d'essence, de tanks, de munitions. Les moteurs poussés à bout tombent en panne.

La retraite se déroule sous un ciel bas.

Consigne est donnée de tout dévaster, de détruire tous les villages, afin que les Russes ne trouvent aucun abri. Et aucune aide puisqu'on tue les hommes, le froid se chargeant d'abattre les femmes, les vieux, les enfants.

Et bientôt, ce sera le plein, l'atroce hiver.

Un officier d'artillerie, le commandant Gustav Krentz, écrit :

« Vers la fin du mois de novembre, nous touchâmes enfin quelques renforts, de nouveaux canons d'assaut, la valeur d'un groupe. Comme personnel, à peu près uniquement des gosses sortis de caserne avec une poignée d'officiers et de sous-officiers arrivent d'Italie. Ils ne se plaignaient pas du froid ; ils entretenaient des feux, le jour aussi bien que la nuit ; et pour avoir du bois, ils démolissaient des hangars qui auraient pu être précieux. Comme je leur en faisais l'observation, l'un d'eux me répondit que la température était descendue ce jour-là à 10 au-dessous de zéro, ce qui était quand même une situation anormale. Je lui dis que bientôt il s'estimerait heureux quand le thermomètre marquerait non pas 10 mais 25 au-dessous de zéro, et qu'il devrait s'attendre à avoir moins 40 en janvier. Du coup, le pauvre s'effondra et se mit à sangloter… »

Hitler n'entend pas ces sanglots d'angoisse et de désespoir. Il n'écoute même plus ceux de ses généraux en qui il a confiance.

Guderian, un jour de décembre 1943, déjeune en tête à tête avec Hitler :

« Autour d'une petite table ronde, dans une pièce assez sombre, raconte-t-il. Nous étions seuls… Il n'y avait que Biondi, sa chienne alsacienne. Hitler la nourrissait de temps en temps avec des morceaux de pain sec. Linge, le valet qui nous servait, allait et venait silencieusement…

« L'occasion rare se présentait d'entamer et peut-être de résoudre les questions délicates… »

Guderian propose un recul de 400 à 500 kilomètres en Russie et la création d'un système de défense échelonné en profondeur, sur le territoire polonais.

Hitler répond avec passion, citant des chiffres :

« Je suis, dit-il, le plus grand bâtisseur de fortifications de tous les temps. Et jamais je ne donnerai un ordre de retraite. *Haltbefehl* au contraire ! »

Il refuse de même la proposition de Guderian – inspecteur général – de nommer un général en chef pour commander à l'Est. Hitler se dérobe, n'avoue pas qu'il n'a aucune confiance dans un « généralissime », quel qu'il soit.

Quant à Guderian, il ne précise pas au Führer qu'il a déjà évoqué cette question avec Goebbels, Himmler, Jodl, et que tous l'ont écouté sans donner leur sentiment. Goebbels ayant été le plus favorable, Himmler, resté silencieux, fut « impénétrable et fuyant ». Quant à Jodl, il a dit : « Connaissez-vous un meilleur commandant en chef qu'Adolf Hitler ? »

Comment Guderian pourrait-il répondre à cette question, alors qu'il considère – et cela depuis mai-juin 1940 – que Hitler est incompétent, et que sa conduite de la guerre est désastreuse ?

Mais dire la vérité équivaudrait à un suicide, et Guderian est d'autant moins enclin à révéler sa pensée qu'il est convaincu que les armées allemandes, fussent-elles commandées par un fou et un incapable, doivent continuer à se battre.

Ce point de vue est partagé par la plupart des officiers et des soldats.

« Il n'est tout de même pas possible, dit l'un d'eux, à l'automne 1943, que ce soient les Juifs qui gagnent et qui gouvernent. »

Un autre écrit :

« Si l'Allemagne est vaincue, les Juifs s'abattront sur nous et extermineront tout ce qui est allemand, il y aura un massacre cruel et terrible. »

Ceux qui ont assisté aux massacres accomplis par les *Einsatzgruppen*, ceux qui en ont été les acteurs et les complices, craignent une vengeance à la mesure des meurtres commis par la Wehrmacht et les unités vouées à ces tâches criminelles.

Il faut donc se battre pour préserver l'Allemagne du châtiment et du judéo-bolchevisme.

En 1943, le général Henrici, qui commence à craindre que l'Allemagne ne perde la guerre, écrit :

« Il ne doit pas y avoir de défaite dans cette guerre, car ce qui la suivrait n'est même pas pensable. L'Allemagne sombrerait et nous avec. »

Mais la situation de l'Allemagne, en cette fin d'année 1943, est désastreuse.

Sur le front de l'Est, les deux tiers des territoires occupés au cours des deux années précédentes ont été libérés.

Les Russes traversent le Dniepr. Kiev tombe le 6 novembre 1943. Le bassin industriel du Donetz est perdu, les Allemands évacuent la Crimée.

Les armées soviétiques du Sud approchent des frontières polonaise et roumaine.

Cette année 1943 est bien celle du « grand tournant », car les Allemands perdent aussi la bataille de l'Atlantique.

Les Anglais ont équipé de radars leurs avions et leurs bâtiments de surface. Les sous-marins allemands, les *U-Boote*, sont repérés et détruits. Au cours des quatre derniers mois de 1943, ils coulent 67 bâtiments alliés, mais au prix de la perte de 64 sous-marins.

Hitler refuse de prendre en compte cette situation.

« Il n'est pas question, hurle-t-il, d'un ralentissement de la guerre sous-marine. L'Atlantique est ma première ligne de défense à l'Ouest. »

L'amiral Dönitz, spécialiste de la guerre sous-marine, retire de sa propre autorité les sous-marins de l'Atlantique Nord. Le 12 novembre 1943, il écrit dans son *Journal*, après avoir subi la colère du Führer :

« L'ennemi a tous les atouts en main. Il couvre tous les secteurs avec des patrouilles aériennes à longue portée et emploie des méthodes de détection contre lesquelles nous n'avons pas encore de parade… L'ennemi connaît tous nos secrets et nous ne connaissons aucun des siens. »

Les Allemands ignorent cette réalité. Ils croient toujours à l'efficacité héroïque des *U-Boote*.

Mais dans cette fin d'année 1943, ils comprennent que la Luftwaffe, les batteries antiaériennes de la DCA sont impuissantes.

Ils découvrent qu'ils n'ont connu jusqu'alors que le purgatoire, que les bombardements de nuit et de jour vont plonger les villes allemandes dans les flammes de l'enfer.

Goering, Reichsmarschall, avait déclaré en 1940 qu'il changerait son nom en Meier si une seule bombe ennemie tombait sur le Reich.

***Forteresse volante B-17*, de la 8ᵉ US Air Force,**
au cours d'un raid aérien sur Emden, en Allemagne,
en octobre 1943.

Or ce sont des milliers de bombes incendiaires, à retardement, à fragmentation, qui brûlent et font exploser les quartiers de Berlin, de Cologne, de Munich, de toutes les villes allemandes.

Goering est devenu M. Meier !

Et M. Meier refuse de voir la réalité.

Lorsque le général Adolf Galland, commandant la chasse aérienne, annonce à M. Meier que des chasseurs américains munis de réservoirs de carburant supplémentaires ont accompagné les bombardiers jusqu'à Aix-la-Chapelle, Goering s'emporte, évoque le « vol plané » de quelques appareils, puis, face à l'obstination de Galland, hurle :

« Je vous ordonne formellement de reconnaître qu'ils n'y étaient pas. »

Galland, un long cigare aux lèvres, dit en souriant et défiant Goering d'un regard insolent :

« À vos ordres, monsieur le Reichsmarschall. »

On apprend peu après que le chef d'état-major de la Luftwaffe s'est suicidé en demandant que Goering n'assiste pas à ses funérailles.

Goering passe outre, dépose une couronne au nom de Hitler.

Mais M. Meier ne fait plus illusion parce que les bombardements s'intensifient. Et que l'enfer, tombé du ciel, est quotidien.

Sept cents bombardiers incendient Berlin dans la nuit du 22 au 23 novembre 1943.

Fusées-parachutes éclairant les cibles, faisceaux innombrables des projecteurs fouillant le ciel, explosions, incendies, hurlements des victimes, appareils qui s'abattent enflammés ; et au matin, un nuage de fumée et de poussière épais de 6 000 mètres couvrant la ville tel un linceul gris-noir : voilà la nuit berlinoise !

Kiel, Nuremberg, Aix-la-Chapelle encore, et même les petites villes sont détruites.

Peut-être 100 000 morts en 1943 !

Les immeubles s'effondrent, foudroyés, incendiés, et en même temps les certitudes, le « moral » ne sont plus que décombres.

Comment ne pas s'interroger, ne pas condamner les nazis ? Les survivants écrivent :

« Qu'ont-ils fait de notre belle, de notre magnifique Allemagne ?

« C'est à pleurer ! Pourquoi des gens laissent-ils nos soldats mourir inutilement, pourquoi laissent-ils ruiner l'Allemagne, pourquoi tout ce malheur, pourquoi ? »

On écoute les diatribes de Goebbels et de son ministère de la Propagande qui répètent que les pilotes américains sont des gangsters tirés de prison, que les Anglais sont des membres d'une aristocratie décadente, criminelle, que tous sont au service de « conspirateurs juifs » qui manipulent Churchill et Roosevelt.

Le service de renseignements SS rapporte que l'opinion réclame des raids de représailles.

« Si nous ne faisons pas quelque chose au plus vite, nous sommes perdus, nous ne pouvons plus rester passifs quand tout ce que nous avons est réduit en poussière. »

Quelques-uns des aviateurs qui ont sauté en parachute ont été lynchés. D'autres torturés et fusillés par la Gestapo.

Les Allemands qui condamnent ces meurtres sont arrêtés et abattus.

Ces actes criminels sont cependant limités.

Les Anglais et les Américains ne sont pas des « *Untermenschen* » comme les Russes. Une Allemande, dont le service de renseignements SS relève les propos, déclare :

« Ça me fait mal que tout ce que j'avais ait disparu. Mais c'est la guerre. Contre les Anglais, non, je n'ai rien contre eux. »

Ainsi, reste au fond de l'âme allemande, malgré la propagande de Goebbels, le sentiment qu'on appartient à la même civilisation que les Anglo-Américains. On s'indigne, on souhaite des représailles, mais on répète : « Mais c'est la guerre ! »

Et le désespoir gagne.

Les civils décrivent aux soldats les bombardements qu'ils subissent.

Et les combattants du front de l'Est ne peuvent cacher à leurs familles les conditions atroces de leur vie au front.

Ils parlent de vagues d'assaut russes, de ces centaines de milliers de morts – qui sont immédiatement remplacés. L'hécatombe n'arrête pas le flot.

Et les Russes disposent en abondance de tanks, de canons, de munitions, de camions, d'avions, ce qui leur assure la supériorité absolue en matériel. Au contraire, les Allemands manquent d'hommes et de munitions. Ils ne peuvent plus tenir un front continu.

Un général d'infanterie écrit :

« La 39e division n'a au combat ce matin que 6 officiers et environ 300 hommes. Les commandants m'ont fait savoir que l'épuisement a créé une telle apathie chez les soldats que les mesures draconiennes n'aboutissent pas à l'effet immédiat souhaité et que ni l'exemple donné par les officiers ni les encouragements affectueux n'ont le moindre succès. »

Comment recréer l'élan, la volonté de se battre ?

Hitler qui, le 3 novembre 1943, a élaboré une « Directive générale sur la conduite de la guerre », explique à Goebbels qu'il veut constituer une Direction Nationale-Socialiste des Forces Armées.

« Il faut, dit-il, que chaque soldat ait la *volonté fanatique* de se battre pour le Reich nazi jusqu'au bout. »

Ceux qui portent « atteinte à la puissance de l'armée » – en répandant des propos défaitistes, en désertant, en s'automutilant – doivent être traduits devant des cours martiales.

Vingt et un mille condamnations à mort ont été exécutées ! (48 pendant toute la durée de la Première Guerre mondiale !)

Les instructions du Führer sont brutales :

« Plus vite un élément nuisible à l'armée aura reçu le châtiment qu'il mérite, plus il sera facile d'empêcher d'autres soldats d'agir comme lui ou dans le même esprit, et plus il sera simple de maintenir une *discipline virile* chez les soldats. »

Que peut faire le soldat allemand pris entre les Russes, dont on sait comment ils traitent les prisonniers, et la « discipline virile » de la Wehrmacht ?

Se battre !

Le doute, au sein des divisions SS, ne s'infiltre pas. Elles sont fanatisées.

Hitler veut qu'on développe cette armée SS, l'armée de la race germanique ouverte aux Européens de race germanique : Flamands, Danois, Norvégiens, Néerlandais.

En 1943, cette armée SS représente 500 000 hommes.

Les généraux de la Wehrmacht n'ont guère de pouvoir sur l'emploi de ces divisions fanatisées, dont les chefs exaltent le courage et le sacrifice.

On n'y économise pas les hommes.

On se vante au contraire de les envoyer à l'offensive sans se soucier des pertes.

Pour un officier traditionnel, économe de ses hommes :

« C'est un point de vue de boucher. »

35.

Les généraux des divisions SS ne sont pas les seuls à avoir adopté le « point de vue du boucher ».

Le maréchal Staline, ses maréchaux et généraux l'appliquent méthodiquement, comme si l'Union soviétique était un réservoir inépuisable de « matériel humain ».

Ils font preuve d'une démesure jamais reniée, comme s'il fallait submerger les lignes allemandes sous des vagues de corps se dressant tout à coup, aux cris de *Hourra*, et renouvelées jusqu'à ce que l'ennemi cède, noyé sous le sang de ces hommes de moins de vingt ans, venus de Sibérie, d'Asie centrale soviétique, et naturellement de Russie.

On a ainsi défendu Stalingrad, repoussé l'Allemand, encerclé la VIe armée de Paulus.

On a remporté la bataille de Koursk, lancé des offensives qui ont libéré l'Ukraine, franchi le Dniepr.

Mais là où les Allemands ont perdu 170 000 hommes, les Russes ont eu des pertes dix fois supérieures : 1 677 000 morts, blessés ou disparus !

La vodka ne suffit pas pour expliquer cette course à la mort à laquelle sont voués tant de soldats soviétiques.

Il y a le patriotisme, le désir de vengeance avivé par la découverte des massacres et des destructions accomplis par les Allemands.

Il y a les bataillons de la NKVD qui se tiennent derrière les vagues d'assaut et fusillent sans jugement les soldats qui hésitent, refluent, se mettent à l'abri dans un trou d'obus, derrière un pan de mur.

C'est par dizaines de milliers que se comptent les « exécutés » ; 20 000, estime-t-on, pour la seule bataille de Stalingrad.

Les Allemands, quand ils fusillent leurs soldats, évoquent la nécessité de maintenir la « discipline virile ».

Les commissaires soviétiques de l'armée Rouge invoquent la « discipline bolchevique ».

Les combats – offensifs ou défensifs – atteignent aussi une violence extrême, une sauvagerie infernale.

Un soldat allemand décrit le champ de bataille après les combats du saillant de Koursk :

« Chaque arbre, chaque buisson a été déchiqueté, un terrain entièrement recouvert d'épaves, de pièces d'artillerie, de chars totalement brûlés, d'avions abattus… Des images de fin du monde qui risquaient fort de désespérer les hommes qui les avaient vues, sauf s'ils avaient des nerfs d'acier. »

Les Russes ont une telle supériorité en hommes et en armes, une telle volonté d'appliquer le « point de vue du boucher » qu'ils percent les lignes allemandes, ce mince rideau d'hommes.

Les colonnes de T34 sont ensuite libres de « naviguer » sur les arrières des unités allemandes qui, séparées les unes des autres, continuent de résister ou cherchent à se replier.

Léon Degrelle, qui est à la tête de la brigade SS Wallonie, essaie ainsi d'échapper à l'encerclement.

« Dans cet affreux combat, écrit-il, les véhicules étaient renversés, projetant à terre, pêle-mêle, des blessés. Une vague de chars soviétiques s'abattit sur les premières voitures et s'en prit à plus de la moitié du convoi ; elle avançait au milieu des fourgons, les détruisant sous nos yeux, un par un, comme des boîtes d'allumettes, écrasant les hommes blessés, les chevaux... Nous n'eûmes un moment de répit que lorsque la colonne de chars finit par se trouver embouteillée et en difficulté pour arriver à s'extraire de l'enchevêtrement de centaines de voitures plus ou moins écrasées sous leurs chenilles. »

Les SS wallons réussissent, sous le feu des chars et des canons russes, à rouler durant une dizaine de kilomètres jusqu'à une rivière de huit mètres de large et deux mètres de profondeur.

« [...] Les attelages d'artillerie qui avaient échappé à la destruction plongèrent les premiers dans le courant, au milieu des glaçons flottants. L'autre rive était trop escarpée pour les chevaux, qui ne purent faire demi-tour et se noyèrent. Les hommes se jetèrent à l'eau et traversèrent la rivière en nageant. Mais à peine avaient-ils pris pied de l'autre côté qu'ils se transformaient en blocs de glace, leur uniforme gelé sur leur corps. Quelques-uns tombèrent morts. La plupart préférèrent se débarrasser de leurs vêtements ; ils essayèrent de les jeter sur l'autre rive ; mais sans pouvoir toujours y arriver, et le courant entraînait effets et équipements.

Bientôt des centaines de soldats, complètement nus et rouges comme des homards, se pressaient sur l'autre rive. Beaucoup d'hommes ne savaient pas nager. Affolés par l'approche des blindés russes qui descendaient la pente et tiraient sur eux, ils se jetèrent pêle-mêle dans l'eau glacée. Certains échappèrent à la mort en s'accrochant à des arbres qu'ils avaient hâtivement abattus... Mais des centaines se noyèrent. Sous le feu des chars ennemis, des milliers et des milliers de soldats, ruisselants d'eau glacée, à peine vêtus ou bien nus comme au jour de leur naissance, couraient sur la neige vers les premières maisons de Lysianka. »

Bon nombre de ces survivants vont être faits prisonniers, et leur destin, mourir de faim et de froid, est tracé.

Les Russes sont à peine moins inhumains avec leurs compatriotes faits prisonniers par les Allemands qu'ils « libèrent ». Mais le NKVD veille. Tout soldat pris par l'ennemi est soupçonné d'avoir déserté.

La mort au combat absout seule le soldat russe.

Quant aux blessés, aux mutilés, ils sont, en dépit du dévouement des infirmières et des médecins, devenus des « inutiles ».

Le bon soldat est celui qui peut se battre, tuer et mourir.

En fait, les conditions atroces de guerre ne favorisent pas les sentiments et d'abord la compassion ou la reconnaissance de l'humain chez l'ennemi.

Quand les Russes libèrent une région, une ville, un village, ils constatent d'abord les destructions systématiques.

Les Allemands ne laissent derrière eux que la « dévastation ». Parfois, surpris par la rapidité de l'avance des tanks russes, les Allemands s'enfuient sans avoir eu le temps de détruire.

Un officier russe découvre ainsi, dans la petite ville qu'il libère, des véhicules abandonnés dont la provenance raconte l'histoire de la guerre depuis 1939.

« On aurait dit un garage. Des voitures de toutes marques et de tous modèles étaient alignées en rangs serrés, le long des rues, dans les cours et les cerisaies. Il y en avait de tous les pays d'Europe. Depuis les énormes sept tonnes Demag qui abritaient tout un atelier de réparation jusqu'aux petits tricycles Renault, depuis les luxueuses Horch jusqu'aux vieilles Citroën. Toutes étaient camouflées en vue d'un prochain mouvement par voie de terre. Sur les voies de garage, il y avait des rames de wagons de farine, de sel, de munitions, de chars, d'essence. Devant un silo-élévateur, un train était chargé, prêt à partir. La destination était marquée sur les wagons : Cologne, Tilsit, Königsberg. »

Mais le plus souvent, la barbarie de l'occupation nazie recouvre une tout autre réalité.

Vassili Grossman, né à Berditchev, en Ukraine, retrouve ainsi les paysages de son enfance, et son pays mis à feu et à sang. Il interroge les survivants, des vieux pour la plupart.

« Celui qui a entendu, écrit-il, le récit véridique de ce qui s'est passé en Ukraine durant les deux ans de domination allemande comprend de toute son âme que désormais cohabitent sur notre terre deux mots sacro-saints. L'un est *amour*, le second *vengeance*. »

Il croise dans un village de la région du Dniepr un jeune garçon de treize ou quatorze ans.

« Sa maigreur est extrême, sa peau terreuse est tendue sur ses pommettes, de grosses bosses pointent sur son crâne, il a les lèvres sales, exsangues comme celles d'un mort tombé le visage contre terre. Son regard est las, on n'y lit ni joie ni chagrin. »

Vassili Grossman l'interroge :

« Où est ton père ?

— Ils l'ont tué.

— Et ta mère ?

— Elle est morte.

— Tu as des frères et des sœurs ?

— Une sœur, ils l'ont emmenée en Allemagne.

— Il te reste de la famille ?

— Non, ils les ont brûlés dans un village de partisans. »

Grossman regarde ce jeune garçon se diriger vers un champ de pommes de terre, avançant sur ses pieds nus, noir de boue, tirant sur les lambeaux de sa chemise déchirée.

Grossman n'oubliera pas cette silhouette.

Mais l'émotion, la révolte, l'accablement, le désespoir le submergent quand il rencontre des fugitifs qui arrivent de Kiev, encore tenue par les nazis.

« Ils racontent que les Allemands ont encerclé d'un cordon de troupes une énorme fosse dans laquelle avaient été enfouis les corps des 50 000 Juifs assassinés à Kiev à la fin du mois de septembre 1941. Ils déterrent fiévreusement les cadavres et les chargent sur des camions qui les emmènent vers l'ouest. Ils s'efforcent de brûler sur place une partie de ces cadavres. »

Cette fosse est le ravin de Babi Yar où près de 100 000 personnes – Juifs pour plus de la moitié, tsiganes, partisans, communistes – furent contraintes de donner leurs biens puis de se dévêtir avant d'être abattues.

Le massacre de Babi Yar, en 1941.

Quand il rentre à Kiev, Grossman écrit à sa femme : « Hier, j'étais à Kiev. Il est difficile de traduire ce que j'ai ressenti et ce que j'ai vécu pendant ces quelques heures en faisant le tour des adresses de la famille et des amis. Ici, il n'y a que des tombes et la mort. Aujourd'hui, je vais à Berditchev… »

C'est sa ville natale.
Il écrit à son père.
« On dit que toute la population juive de la ville a été massacrée, que la ville est presque entièrement

détruite et vide. Je t'embrasse fort, mon très cher. J'ai sur l'âme un poids affreux. Ton Vassia. »

Il fait le tour de la ville, recueille les témoignages de rares survivants.

« Je suis Khaim Roïtman. Je suis de Berditchev. Maintenant, j'ai treize ans. Les Allemands ont tué mon père, ils ont tué ma mère. J'avais un petit frère, Boria. Un Allemand l'a tué avec son pistolet-mitrailleur, il l'a tué sous mes yeux… C'était bizarre, la terre bougeait ! J'étais debout sur le bord de la fosse, j'attendais, là, ils vont tirer… »

Ce jeune garçon bondit, échappe à ses poursuivants, est recueilli et caché par un vieil homme.

C'est « le massacre des Juifs de Berditchev », que raconte Vassili Grossman.

« À Berditchev, ont été massacrés environ 30 000 Juifs… » Grossman n'hésite pas à révéler comment une partie de la population ukrainienne a collaboré avec les Allemands qui, depuis leurs véhicules, criaient « *Jude kaputt !* ».

L'article sera censuré par les autorités soviétiques. Il faut minimiser la collaboration des Ukrainiens avec les Allemands et il faut éviter de donner trop d'importance au martyre des Juifs.

La plume trempée dans l'amertume, Grossman écrit :

« Il n'y a pas de Juifs en Ukraine. Nulle part dans aucune grande ville, dans aucune des centaines de petites villes ou des milliers de villages, vous ne verrez les yeux noirs emplis de larmes des petites filles ; vous

n'entendrez la voix douloureuse d'une vieille femme ;
vous ne verrez le visage sale d'un bébé affamé.

« Tout est silence.

« Tout est paisible.

« Tout un peuple a été sauvagement massacré. »

SEPTIÈME PARTIE

Novembre

décembre 1943

« *Toute la puissance des armées allemandes reposant sur quelque 50 000 – ou peut-être 100 000 – officiers, il suffira de les faire fusiller pour extirper définitivement le militarisme allemand.* »

STALINE, à la conférence de Téhéran
29 novembre 1943

« *Devant l'étoile de la Victoire qui brille maintenant à l'horizon, Français, Françaises ! Unissons-nous pour les efforts suprêmes ! Unissons-nous pour les suprêmes douleurs !* »
Discours de DE GAULLE, radiodiffusé d'Alger
24 décembre 1943

« *[...] Hier, j'ai passé la soirée avec les officiers de mon état-major, puis avec mes soldats ; mais il est difficile d'être bien gai en ce moment.* »

Lettre du Feldmarschall ROMMEL
à sa femme
25 décembre 1943

36.

De tout ce peuple juif « sauvagement massacré » et dont le souvenir hante Vassili Grossman, personne ne s'est soucié lors de la préparation de la conférence internationale qui doit réunir à Téhéran, à la fin du mois de novembre 1943, ceux qu'on appelle les Trois Grands : Roosevelt, Churchill, Staline.

Les Juifs ensevelis dans le ravin de Babi Yar et des centaines d'autres fosses communes, plaies ouvertes dans le sol de l'Ukraine, de la Biélorussie, de la Russie, Staline ne veut pas qu'on en fasse un peuple martyr.

Il a d'autres préoccupations que de pleurer sur des Juifs morts.

L'ouverture du *vrai* second front, le déclenchement de cette opération *Overlord* qui doit débarquer sur les côtes françaises des centaines de milliers d'hommes, voilà son objectif.

Il peste dans le train qui le conduit de Moscou à Bakou, d'où il rejoindra Téhéran en avion.

Il n'a jamais volé, il n'aime pas l'idée de confier sa vie à un pilote. Il ne veut pas monter dans l'appareil qui lui est destiné. Au dernier moment, il choisira l'avion prévu pour Beria.

Il houspille ce chef de toutes les polices, Géorgien comme lui.

« Regardez-le, regardez ces yeux de serpent ! Beria ferait mieux de porter des vraies lunettes au lieu de ce pince-nez ridicule avec des verres blancs ! »

Mais outre l'angoisse qui le tenaille à l'idée de prendre l'avion, Staline est irrité par les lenteurs de ses alliés à s'engager réellement, à lancer l'opération *Overlord* !

Il les soupçonne d'arrière-pensées : ils veulent que la Russie soit saignée par la guerre, qu'elle s'épuise à écraser le Reich, soit victorieuse, mais en lambeaux !

Churchill évoque toujours un débarquement dans les Balkans !

Imagine-t-il, ce vieil antibolchevique, qu'on ne voit pas le but de sa manœuvre : bloquer l'avance de l'armée Rouge, dominer la Yougoslavie, sauvegarder l'indépendance de la Pologne !

Roosevelt paraît plus résolu à tenir les promesses au sujet du second front. Mais aucun général n'a encore été désigné pour diriger cette opération décisive.

C'est Roosevelt pourtant qu'il faut circonvenir, convaincre, et d'autant plus que l'entente russo-américaine est le moyen de saper l'influence de Churchill.

Il est prévu qu'on célèbre ici, à Téhéran, le soixante-neuvième anniversaire du Premier ministre britannique. Mais ce doit être l'unique satisfaction qu'on lui accorde !

Staline invite Roosevelt à résider à l'ambassade

soviétique située avec plusieurs villas et bungalows à l'intérieur d'un grand parc ceint de hauts murs. Le domaine a appartenu à un prince persan.

Staline argue que la sécurité du président des États-Unis sera facile à assurer, puisque les déplacements de Roosevelt seront peu nombreux.

Les agents américains en doutent mais Roosevelt hausse les épaules : il veut avoir un tête-à-tête avec Staline. Le Géorgien, le grand partenaire de l'après-guerre, et non Churchill, un allié sûr, mais le temps des empires coloniaux est révolu. Ce qui vaut pour de Gaulle vaut pour Churchill.

Staline, de sa résidence, regarde la voiture de Roosevelt entrer ce 28 novembre dans le parc.

Les agents des services secrets américains, mitraillettes appuyées à la hanche, sont installés sur les marchepieds de la voiture présidentielle.

Beria, retirant son lorgnon, secoue la tête, murmure avec dédain que ces Américains sont des amateurs !

Staline le rabroue.

« Savent-ils que nous les avons mis sur écoute ? » demande-t-il.

Beria balbutie et Staline le perce d'un regard méprisant.

C'est vers 15 heures que les deux hommes d'État se rencontrent dans les appartements du président des États-Unis.

« Bonjour, maréchal Staline », dit Roosevelt.

Il tend la main, le buste droit, assis dans son fauteuil roulant, élégant dans un costume bleu.

Staline, en uniforme, l'étoile dorée de l'ordre de

Lénine épinglée sur la poitrine, paraît venir d'un autre monde, selon le diplomate américain Bonlen.

Avec sa peau mate et grêlée, ses cheveux gris, ses yeux jaunes, sa démarche pesante et aussi pataude que celle d'un ours, Staline ressemble au modèle parfait d'un « ancêtre asiatique ».

Le « tour d'horizon » entre les deux hommes est bref, mais suffisant pour que l'un et l'autre laissent entendre qu'ils sont les seuls Grands. Roosevelt a évoqué le premier l'affaiblissement de l'Empire britannique. Staline l'a approuvé et a insisté sur la nécessité de l'ouverture du second front. Roosevelt a trouvé l'exigence légitime.

À 16 heures, les Trois Grands se retrouvent. Staline et Churchill s'accordent pour que Roosevelt préside la réunion.

« Bien sûr, dit Roosevelt, puisque je suis le plus jeune.

— L'avenir de l'humanité est entre nos mains », dit Churchill.

Staline lève lentement le bras, comme un élève appliqué qui demande la parole.

Il ouvre la bouche, laisse voir ses dents noires et cariées, puis il parle d'une voix sourde.

« Nous sommes privilégiés par l'Histoire qui nous a conféré un grand pouvoir ainsi que d'immenses possibilités », dit-il.

Il attend que les traducteurs achèvent de traduire pour ajouter, solennel :

« Messieurs, la conférence est ouverte. »

Staline et Roosevelt à Téhéran.

On discute de l'opération *Overlord* et Churchill, qui défend l'idée d'une nouvelle opération en Méditerranée, découvre avec effarement et colère que Roosevelt appuie Staline, allant jusqu'à lui faire des clins d'œil complices !

Il constate sans surprise que Staline, qui sait être urbain et charmeur, brutalise ses collaborateurs, traite le maréchal Vorochilov comme un chien : comment se fier à un tel tyran ? Roosevelt est un naïf.

Lorsque Roosevelt, sujet à un malaise, est contraint de se retirer, Churchill et Staline restent face à face. On s'observe. On se défie. Le Premier ministre britannique répète que Dieu protège les Alliés.

« Le diable est avec moi, dit Staline tout sourires,

Dieu est un bon conservateur, le diable est un communiste. »

Le 29 novembre, Churchill, en uniforme de la Royal Air Force, offre à Staline de la part de Sa Majesté George VI une épée où sont gravés les mots :
« Au courage héroïque des citoyens de Stalingrad, en signe d'hommage du peuple britannique, ce cadeau du roi George VI. »
Staline paraît ému, passe l'épée à Vorochilov qui laisse tomber le fourreau, et Staline l'assassine d'un regard.

Puis les discussions reprennent, tendues, entre Staline et Churchill.
Le tyran géorgien menace de se retirer parce que l'engagement de Churchill à propos de l'ouverture du second front lui paraît incertain !
Staline se lève.
« Ne perdons plus notre temps ici, rentrons, dit-il à Vorochilov, nous avons suffisamment à faire sur le front. »
Il n'accepte de rester qu'à la condition qu'on nomme un général en chef, commandant les troupes d'*Overlord*.
Il se montre inflexible, fumant sans arrêt et dessinant avec son crayon rouge des têtes de loup sur son carnet.
Roosevelt promet de choisir dès le lendemain de la conférence le général américain chargé d'*Overlord*.
Aussitôt Staline redevient aimable, et le sera tout au long du banquet somptueux qu'il offre à sa résidence.
Mais les amabilités de Staline sont comme les dragées, enrobées de sucre et fourrées de poison.
En levant son verre, Staline déclare ainsi :

« Toute la puissance des armées allemandes reposant sur quelques 50 000 – ou peut-être 100 000 – officiers, il suffira de les faire fusiller pour extirper définitivement le militarisme allemand. »

Churchill, qui a toujours pensé que Staline a donné l'ordre de tuer, à Katyn, des milliers d'officiers polonais, s'indigne.

« Le Parlement et l'opinion britanniques ne toléreront jamais des exécutions de masse, dit-il.

— Il faudra en fusiller 50 000 ou 100 000 », répète Staline.

Churchill bondit, exaspéré, indigné.

« J'aimerais mieux qu'on me fusille, ici et maintenant, dans ce jardin, plutôt que de souiller l'honneur de mon pays et le mien propre par une telle infamie. »

Roosevelt, sur un ton moqueur, lance :

« J'ai un compromis à proposer, qu'on en fusille non pas 50 000 mais 49 000 ! »

Le fils du président des États-Unis, Elliott, d'une voix hésitante d'ivrogne, approuve Staline, déclare que de toute façon les 50 000 ou 100 000 officiers mourront dans les combats !

Staline trinque avec lui.

« À votre santé, Elliott ! »

Churchill quitte la pièce, lançant à Elliott :

« Comment osez-vous ? On dirait que vous faites tout pour briser l'entente entre les Alliés. »

Churchill raconte qu'au moment de franchir la porte, on lui « tape sur l'épaule. C'est Staline, flanqué de Molotov, qui me fait un grand sourire m'assurant que tout cela n'est qu'une blague. »

Churchill se laisse convaincre et Staline fait rire tous les convives en lançant :

« Viens Molotov, raconte-nous comment tu as signé en 1939 le pacte avec Hitler ! »

Plus tard, Churchill regagne ses appartements, d'un pas lourd, la tête baissée.

Cette soirée lui laisse un sentiment d'amertume. Roosevelt s'est rangé du côté de Staline, de ce tyran criminel, qui a été et qui sera toujours une menace pour la démocratie.

Il pense au massacre de Katyn, à l'avenir des Polonais.

« Le Premier ministre, note le médecin de Churchill dans son *Journal*, est consterné par sa propre impuissance. »

Le lendemain soir, 30 novembre, on fête à l'ambassade britannique le soixante-neuvième anniversaire de Churchill et la fin de la conférence. Staline et Roosevelt célèbrent le courage et l'obstination de Churchill, grand inspirateur de la croisade contre le nazisme.

Staline est détendu, joyeux.

Il l'a emporté.

Overlord sera lancé au printemps de 1944.

Il ne s'est engagé sur rien de précis, concernant la Pologne, le partage de l'Allemagne, le sort des pays d'Europe centrale.

Il a promis de prendre part à la guerre contre le Japon après la capitulation allemande, mais les conditions de cette participation restent à définir.

Le communiqué officiel se borne à proclamer :

« Nous avons harmonisé nos plans pour la destruction des forces allemandes... Notre offensive sera impitoyable et multiple. »

Derrière ces mots vagues, il n'y a ni *Overlord* ni

un second débarquement envisagé dans le sud de la France.

Staline, alors qu'on apporte deux pyramides de crème glacée, salue « Churchill, mon partenaire dans la guerre et mon ami, enfin si l'on peut appeler M. Churchill un ami ».

On rit.

Staline traverse la salle, trinque avec le Premier ministre anglais en lui passant le bras autour des épaules.

Et Churchill, levant son verre, lance d'une voix forte :

« Au grand Staline. »

Staline, Roosevelt, Churchill à la conférence de Téhéran.

37.

Staline, dans l'avion qui vient de quitter Téhéran, ce 2 décembre 1943, paraît somnoler.

Mais derrière ses paupières mi-closes, il aperçoit le crâne chauve de Beria, la large nuque de Molotov.

De temps à autre, ces deux-là, qui le connaissent bien, se tournent vers lui.

Ils sont sur leurs gardes. Ils savent que leur vie est entre les mains du camarade Staline.

Un battement de paupières peut décider de leur sort.

Il est le grand Staline !

Il se repaît de ces deux mots lancés par Churchill, ce vieux conservateur antibolchevique qui trouvait dans les années 1930 que Mussolini était le plus grand chef d'État du XXe siècle, et osait alors faire l'éloge du fascisme.

Aujourd'hui, il lève son verre à la santé du « grand Staline » et il honore le peuple de Stalingrad.

Les vapeurs de l'orgueil envahissent l'esprit de Staline.

À Bakou, il quitte son uniforme de parade, bon pour M. Churchill et M. Roosevelt.

Il remet son grand manteau sombre, ses bottes souples, sa casquette. Churchill était ridicule avec ses insignes de pilote de la RAF !

Quant à Roosevelt, Staline a le sentiment qu'il a berné ce patricien et ce politicien paralytique.

Il les a vaincus.

Dans le train qui le conduit de Bakou – où l'avion s'est posé – à Stalingrad, le Maréchal éprouve un sentiment d'ivresse.

Lui, le Géorgien, les a dominés comme il avait imposé sa loi à ces vieux bolcheviks léninistes, écartés, soumis, fusillés ! Qui peut lui résister ?

Il regarde défiler les amoncellements de ruines qui constituent Stalingrad. Il entre dans ce qui fut le quartier général de Paulus.

Maintenant, ce Feldmarschall parle à la radio du Comité de l'Allemagne Libre.

Qui peut résister au grand Staline ?

Il donne son accord à Beria pour que les populations des territoires libérés soient épurées de tous ceux qui n'ont pas, pendant l'occupation allemande, montré leur fidélité à l'Union soviétique.

Beria estime qu'il devra arrêter, déporter près d'un million et demi de personnes.

En Ukraine, des bandes de nationalistes ukrainiens attaquent l'armée Rouge et, comme la famine règne, que les habitations sont détruites, le mécontentement gonfle les rangs des ennemis du pouvoir soviétique.

Même chose au Caucase, en Crimée, en Biélorussie. On s'en prend même aux Juifs survivants !

Il faut se méfier aussi des Tchétchènes, des Kalmouks, des Tatars, de tous ces peuples non russes :

une partie d'entre eux avait été déplacée dès 1941 ; il faut tous les déporter !

Staline approuve. La terreur est le seul remède efficace. Il faut fusiller sans remords.

Sa voiture roule dans les rues de Stalingrad, ces sortes de vallées entre les ruines.

Elle heurte un véhicule militaire dont la conductrice se met à trembler, à sangloter, quand elle reconnaît le grand Staline.

Staline s'approche de la jeune femme.

« Ne pleurez pas, voyons, dit-il. Ce n'est pas votre faute. Tout ce qui arrive est cause de la guerre. Notre voiture est blindée et n'a subi aucun dommage. Vous n'avez plus qu'à faire réparer la vôtre. »

« Ce Staline est un homme anormal », dit Churchill qui a regagné Le Caire, le 2 décembre 1943.

Le Premier ministre est fiévreux, mais refuse de céder à la maladie.

Il convoque les généraux, leur demande d'étudier la possibilité d'un nouveau débarquement en Italie, à Anzio, près de Rome, puis d'une action dans le nord de la Norvège !

Il sait que le chef d'état-major, le maréchal Brooke, a déclaré à Téhéran, après avoir assisté à des conversations « militaires » entre les Trois Grands :

« J'ai envie de m'enfermer dans un asile de fous ou dans une maison de retraite. »

Churchill s'emporte :

« Staline, lance-t-il, a de la chance de pouvoir faire fusiller tous ceux qui sont en désaccord avec lui ! Et il a utilisé beaucoup de munitions à cet effet ! »

La respiration tout à coup lui manque, la fièvre et une pneumonie le terrassent. On le transporte à Carthage.

Le 15 décembre, alité, il dit à sa fille Sarah :

« Ne t'inquiète pas. Si je meurs maintenant, c'est sans importance. Tous les plans ont été faits pour la victoire, et ce n'est plus qu'une question de temps. »

Mais cet homme de soixante-neuf ans est indestructible. Il a passé quelques jours alité à Carthage, puis il gagne Marrakech où il reprend une activité fébrile.

Il se déchaîne contre de Gaulle qui, à Alger, président du *Comité Français de Libération Nationale*, serait responsable de l'arrestation de trois anciens vichystes, ministres ou gouverneurs de territoires coloniaux.

Churchill défend ces hommes – Pierre-Étienne Flancin, Peyrouton, Boisson – accusés de collaboration avec l'ennemi.

Le Premier ministre anglais avertit Roosevelt, dont il connaît les sentiments sur de Gaulle.

À Téhéran, Roosevelt s'est souvent exprimé, condamnant de Gaulle, ce militaire traditionnel qui « agit comme s'il était à la tête d'un grand État alors qu'en réalité il n'a guère de pouvoir ».

Staline a partagé ce point de vue.

Roosevelt a même confié à ses généraux chefs d'état-major qu'il voyait la France ravalée pour plusieurs décennies à une condition inférieure. Et l'amiral Leahy – ancien ambassadeur des États-Unis auprès de Pétain – prédit même qu'il y aura, après la fin des hostilités, une guerre civile en France.

Roosevelt approuve et ajoute :

« Il se pourrait fort bien que nous soyons obligés de maintenir certaines divisions en France. [...] Il faudra peut-être un État tampon entre l'Allemagne et la France. Il pourrait s'étendre du nord de la France, disons Calais, Lille et les Ardennes, jusqu'à l'Alsace et la Lorraine – en d'autres termes, de la Suisse jusqu'à la Côte. »

Cela correspond presque exactement à la « zone interdite » créée par les autorités allemandes.

Mais cela ne trouble pas Roosevelt.

Pour lui, « le général de Gaulle est un soldat, un patriote certes, dévoué à son pays, mais c'est un politique, un fanatique et je crois qu'il a pratiquement tout du dictateur ».

Ce jugement de Roosevelt porté après la conférence de Casablanca en janvier 1943 est encore plus sévère en décembre.

De Gaulle, en menaçant d'arrestation les personnalités vichystes, montre qu'il veut s'emparer du pouvoir.

« Le moment est venu d'éliminer de Gaulle », dit Roosevelt.

Et Churchill partage ce point de vue :

« Il est essentiel que nous soutenions le Président », dit le Premier ministre anglais.

« De Gaulle est arrogant, il est égoïste, poursuit Churchill. Il se prend pour le centre de l'univers. »

« Je vous assure que cet individu ne reculera devant rien s'il a des forces armées à sa disposition. »

La tension entre de Gaulle et les Anglo-Américains est en ce mois de décembre 1943 à son comble. Les trois vichystes ont été arrêtés.

Mais la situation est délicate pour Roosevelt et Churchill. C'est le *Comité Français de Libération*

Nationale, représentatif de la Résistance, qui a ordonné leur arrestation.

Et le *Conseil National de la Résistance* est à l'origine de cette mesure.

Alors, en réaliste, Roosevelt recule et Churchill le suit.

« Le Président, note MacMillan, le ministre anglais en poste à Alger, a complètement abandonné la partie. Pas d'ultimatum au Comité Français et à de Gaulle. C'est à nous, diplomates, qu'est laissé le soin de traiter du problème des procès politiques. Un véritable triomphe ! »

C'est aussi un triomphe pour de Gaulle.

À Alger, il reçoit à la villa des Glycines, le 27 décembre 1943, le général américain Eisenhower qui a été choisi comme commandant en chef des troupes engagées pour l'opération *Overlord*. Il sera assisté du général Montgomery qui commandera les troupes terrestres.

Au moment où le général américain va quitter Alger pour l'Angleterre, il faut que rien ne reste dans l'ombre. Les combats en Italie sont importants, mais il faut des Français, au moment du débarquement en France ! La division de la France Libre commandée par Leclerc !

Eisenhower est un homme direct et lucide. Il devrait comprendre.

« Il nous faut au moins une division française en Angleterre, dit de Gaulle. Je vous le répète, n'arrivez pas à Paris sans troupes françaises ! »

Il observe Eisenhower qui approuve d'un hochement de tête.

« Soyez certain que je n'imagine pas d'entrer à Paris sans vos troupes », dit-il.

Eisenhower semble hésiter, puis reprend :

« Je demanderai maintenant au général de Gaulle de me permettre de m'expliquer avec lui sur le plan personnel. On me fait une réputation de brusquerie... Je n'ai qu'un but : mener la guerre à bonnes fins. Il m'a semblé que vous ne vouliez pas m'apporter votre entier concours... Je reconnais aujourd'hui que j'ai commis une injustice à votre égard et j'ai tenu à vous le dire. »

L'émotion qui tout à coup serre la gorge. Quand enfin un homme apparaît, vrai, juste.

« Je suis très touché de ce que vous venez de dire. *You are a man* », murmure de Gaulle.

Il toussote.

« Tout cela compte peu... poursuit-il. Nous ferons tout pour vous aider. Quand une difficulté surgira, je vous prie de me faire confiance et de prendre contact avec moi. Par exemple, je prévois déjà, et vous aussi, que c'est cela qu'il faudra faire quand se posera sur le terrain la question de Paris. »

Eisenhower approuve.

De Gaulle sent que se noue avec cet homme une relation franche, il lui semble qu'il peut faire confiance à ce soldat.

« Pour la prochaine campagne de France, dit Eisenhower, j'aurai besoin de votre appui, du concours de vos fonctionnaires, du soutien de l'opinion française. »

Ton nouveau !

Eisenhower poursuit :

« Je ne sais encore quelle position théorique mon gouvernement me prescrira de prendre dans mes rapports avec vous. Mais en dehors des principes, il y a les faits. »

De Gaulle regarde Eisenhower droit dans les yeux. Le général américain ne baisse pas la tête.

« Je tiens à vous dire, continue-t-il, que dans les faits, je ne connaîtrai en France d'autre autorité que la vôtre. »

De Gaulle lui serre longuement la main.

Enfin ! De Gaulle a le sentiment de disposer d'un appui essentiel. Eisenhower est l'homme qui, au moment décisif pour la France, jouera le rôle capital.

« Si nous avons éprouvé quelques difficultés dans nos rapports, ce n'est ni votre faute ni la mienne, dit de Gaulle. Cela a dépendu des conditions qui ne sont pas en nous-mêmes... Quand nous aurons gagné la guerre, il n'en restera plus trace (il sourit) sauf naturellement pour les historiens. »

**Dwight David Eisenhower, ici avec George Patton
pendant la campagne d'Italie.**

38.

Ni de Gaulle ni Eisenhower ne savent encore que Hitler, en ce mois de décembre 1943, a confié au Feldmarschall Erwin Rommel le soin d'organiser la défense du territoire français contre une invasion.

Et Rommel a consacré tout ce mois de décembre à inspecter les côtes, à prévoir des champs de mines sur les plages, des pieux surmontés d'une charge explosive et reliés entre eux par des fils de fer barbelés qui, heurtés, déclenchent des explosions.

Il a examiné les éléments du Mur de l'Atlantique, cet ensemble de fortifications.

Il a établi la position des emplacements d'artillerie, ceux des divisions d'infanterie et des divisions de panzers. Il est persuadé que c'est « le front de l'Ouest qui compte avant tout ».

On peut arrêter les Russes par une défense « rigide », dit-il.

« Mais si nous arrivons à rejeter Anglais et Américains à la mer, il s'écoulera du temps avant qu'ils ne reviennent. »

Il commence son périple d'inspection au Danemark. Il écrit à son épouse.

8 décembre 1943
« Très chère Lu,
« Nous sommes en route aujourd'hui vers le point le plus septentrional des défenses côtières. Dans quelques jours, la tournée sera terminée ; c'est alors que commencera le travail de paperasserie. À l'Est et au Sud, nos troupes livrent de violents combats. Inutile de vous dire quels sont mes sentiments, moi qui vois de loin la situation. J'ai appris qu'à l'avenir l'ordre de mobilisation s'étendra aux jeunes gens de quatorze ans ; ils seront versés dans le service du travail ou affectés à la défense, compte tenu de leur taille et de leur développement physique. »

11 décembre 1943
« Nous revenons maintenant de la capitale (Copenhague). Encore quelques jours de travail de bureau et je reprends mes occupations.
« Au Danemark, on trouve encore à acheter tout ce que l'on veut, mais, bien entendu, les Danois ne vendent qu'à leurs compatriotes. J'ai fait quelques achats en prévision de Noël, jusqu'à épuisement de mon allocation de devises. »

Le 14 décembre 1943, il arrive en France.
15 décembre 1943
« Suis bien arrivé hier. On m'a donné pour résidence [près de Fontainebleau] un ravissant château qui appartint jadis à Mme de Pompadour. Malheureusement, je ne resterai pas longtemps ici. Je dois déjà repartir demain en tournée, comme vient de l'annoncer

la radio. On croirait vraiment qu'ils sont impatients d'informer les Anglais et les Américains de ma présence ici.

« Déjeuner aujourd'hui [avec Rundstedt].

« Il semble satisfait et je pense que tout va bien. Cependant, je tiens à me rendre compte par moi-même de la situation et à contrôler la réalité des faits. Ce vieux château est ravissant. Les Français d'il y a deux siècles voyaient grand lorsqu'ils bâtissaient pour leur classe dirigeante. En comparaison, nous sommes vraiment des provinciaux. »

25 décembre 1943

« Quelle chance que le téléphone ait si bien fonctionné hier au soir et que je sache maintenant que tout va bien pour vous deux. La grande nouvelle a été celle de l'incorporation de Manfred prévue pour le 6 janvier. Je ne doute pas que notre fils s'en réjouisse, mais pour moi, et davantage encore pour vous, c'est dur de voir notre enfant quitter le foyer familial. Il vous faudra certainement longtemps avant de pouvoir vous y habituer.

« Je vous souhaite à tous deux un joyeux Noël. Profitez bien du temps que vous avez encore à rester ensemble… Hier, j'ai passé la soirée avec les officiers de mon état-major, puis avec mes soldats ; mais il est difficile d'être bien gai en ce moment. »

39.

En cette fin d'année 1943, comment la gaieté pourrait-elle éclore, fleurir dans ce continent européen martyrisé et dont Rommel semble ignorer qu'en tant de ses lieux il est devenu un abattoir ?

Les SS exterminent à Auschwitz, à Birkenau. Ils massacrent mais ils ont peur.

Le ghetto de Varsovie s'est insurgé et les combattants juifs ont choisi de mourir les mains nues contre une troupe SS surarmée.

Plus angoissant encore pour les bourreaux, les Juifs des camps de Treblinka et de Sobibor se sont soulevés.

À Sobibor, un groupe de prisonniers soviétiques, ayant à leur tête un lieutenant juif de l'armée Rouge, ont « liquidé » un SS, 300 détenus ont réussi à s'échapper, à gagner les forêts voisines. Les Russes ont traversé le Bug et rejoint les partisans.

Face à l'ébranlement de son empire, Himmler donne l'ordre de tuer, de tuer encore et de plus en plus vite.

Dans le camp de Maidanek, le 3 novembre 1943, les SS tuent 10 400 détenus.

Les haut-parleurs déversent des flots de musique afin de noyer les détonations et les cris des assassinés.

Les SS ont donné comme nom de code à cette tuerie : « Fête de la moisson » !

Et la mort fauche partout.

Sur le territoire du Reich, on vide les prisons en transférant les détenus dans des camps de concentration, où l'on tue d'une balle dans la nuque, à coups de pioche, par pendaison.

Au camp de Mauthausen, les déportés ont dû tailler dans la paroi d'une carrière cent huit hautes marches.

Ils doivent les gravir, portant des pierres d'une cinquantaine de kilos.

Les SS souvent les poussent afin qu'ils basculent dans la carrière où d'autres détenus creusent la roche.

Et les SS donnent l'ordre de verser sur eux les pierres contenues dans les bennes des camions.

Des dizaines de milliers de travailleurs forcés meurent dans les usines souterraines de faim et d'épuisement. Souvent, ils sont battus à mort.

Francfort, Brême, Berlin reçoivent, au mois de décembre 1943, 2 000 tonnes de bombes lâchées par des centaines de bombardiers de l'US Air Force et de la Royal Air Force.

La France n'est pas épargnée.

Les miliciens, la Gestapo y torturent et y fusillent.

Et les avions alliés bombardent les gares, les villes industrielles. Des centaines de morts sont retirés des décombres d'Ivry, de Bois-Colombes, d'Asnières.

Ce n'est pas de cela qu'on se soucie à Vichy.

Le maréchal Pétain et son entourage hésitent encore à s'opposer ouvertement aux Allemands.

Le message que Pétain voulait, le 13 novembre, adresser aux Français est toujours censuré par l'occupant.

Le 2 décembre au soir, Maurice Sarraut, directeur du journal radical *La Dépêche de Toulouse*, est assassiné alors qu'il rentrait chez lui dans la banlieue de la ville.

Courbevoie bombardée en septembre 1943.

Il a été un des notables de la IIIe République et pouvait établir un lien entre l'État français et les républicains modérés qui, en juillet 1940, ont voté les pleins pouvoirs à Pétain, mais qui, conscients de la défaite allemande que tout annonce, veulent organiser la transition en écartant de Gaulle et « ses » communistes.

« C'était un grand Français en réserve », commente le Maréchal.

Ce crime ne peut profiter qu'aux « collaborationnistes », qui savent que leur sort est lié à celui de l'Allemagne nazie.

Les soupçons se portent sur des miliciens de Darnand, qui n'ont pu agir qu'avec l'assentiment ou même l'instigation des Allemands.

Les automitrailleuses chargées de SS entrent à Vichy le 4 décembre 1943. À 11 heures du matin, elles prennent position devant l'hôtel du Parc.

Les gardes mobiles, les policiers mêlés à des agents de la Gestapo entourent l'hôtel.

On assure que de forts détachements de la Wehrmacht occupent les environs de la ville.

D'une voiture escortée de motocyclistes de la Feldgendarmerie descend l'ambassadeur du Reich, Otto Abetz. Il remet au maréchal Pétain une lettre du ministre des Affaires étrangères Ribbentrop.

Le ministre doit faire connaître un ultimatum en cinq points établi par le Führer.

Abetz, durant l'entrevue avec Pétain qui dure une demi-heure, les résume.

Pas question de retour à la République. Laval est chargé de remanier le gouvernement.

« Aujourd'hui, redit Abetz, le seul et unique garant

du maintien du calme et de l'ordre public à l'intérieur de la France et par là aussi de la sécurité du peuple français et de son régime contre la révolution et le chaos bolcheviques, c'est la Wehrmacht allemande. Je vous prie de prendre acte de ce que l'Allemagne saura sauvegarder ses intérêts dans toutes les circonstances, d'une façon ou d'une autre. »

Mais ajoute Abetz :

« Le Führer vous laisse entièrement libre de tirer les conclusions qui vous paraîtront utiles... »

Pétain reste immobile, les mains posées l'une sur l'autre, les avant-bras appuyés à son bureau, le buste droit.

Il dit seulement à Abetz :

« Je comprends parfaitement le sens de cette lettre et, comme soldat, je ne peux admettre ce que vous exposez... Je vous demande de vous revoir demain pour vous donner ma réponse... »

Pétain paraît sûr de lui. Il confie à son entourage :

« Décidément, les hitlériens sont de peu profonds politiques et ce M. Laval est tout à fait ridicule de s'accrocher au pouvoir. S'il croit que M. Churchill et les Américains voudront s'asseoir à une table avec lui, il se trompe bien. Il m'empêchera de les recevoir, c'est tout ce qu'il aura gagné. S'il était intelligent, il aurait saisi l'occasion de s'envoler en Argentine ou ailleurs. »

Le 5 décembre au matin, Pétain paraît encore résolu. « Je ne veux pas de M. Laval. Je n'ai pas confiance en lui. Qu'il s'en aille... J'ai quatre-vingt-huit ans, je ne peux plus longtemps admettre cette situation... »

Mais au fil des heures et des jours, cette résolution s'effiloche. Pétain revoit Abetz, reçoit Laval.

« Laval est démoniaque, raconte Lucien Romier, ministre d'État de Pétain. Il voit quatre fois par jour le Maréchal. Il faut constamment défaire ce qu'il a fait. Je tourne la clef d'une montre sans ressort… Je n'en puis plus. »

Pendant ce temps, Marseille est bombardée par les Alliés. Le nombre des victimes des raids aériens atteint plusieurs milliers. On évoque même le chiffre de 30 000 victimes. Mais à l'exception de la presse ultra-collaborationniste, la population semble accepter comme une fatalité nécessaire que la guerre emporte la France dans un abîme de douleurs.

C'est le prix à payer pour le Débarquement, la Libération. On écoute Radio-Londres. On vomit l'occupant et ses sbires criminels qui se prétendent encore français.

Le maréchal Pétain, lui, dévide l'écheveau de ses capitulations.

Dans une lettre du 11 décembre 1943, il assure à M. le chancelier Hitler qu'il soutiendra tout gouvernement « qui pourra reprendre en main le pays ».

Il accepte donc le gouvernement de Pierre Laval qui comportera les « Ultras » de la Collaboration, Déat, Doriot, Philippe Henriot.

« Je ne puis avoir, monsieur le Chancelier, poursuit Pétain, d'autre politique que celle que je viens de définir. Par la lutte contre le communisme et le terrorisme, elle contribue à la défense de la civilisation occidentale. Elle est la seule de nature à sauvegarder les chances de cette réconciliation de nos deux peuples qui est la condition de la paix en Europe et dans le monde. »

Le 18 décembre 1943, dans une seconde lettre au Führer, le maréchal Pétain se soumet, sans retenue, aux exigences allemandes, puisque Hitler ne s'est pas satisfait des formules générales de la lettre du 11 décembre.

« Monsieur le Chancelier,

« Comme suite à ma lettre du 11 décembre et au désir que vous avez exprimé, je précise que les modifications des lois seront désormais soumises avant la publication aux autorités allemandes. »

On ne peut aller plus loin dans la capitulation.

Ce 18 décembre 1943, Pétain a renoncé à être autre chose qu'un vaincu, soumis aux ordres du Führer.

Le 19 décembre 1943, au Vélodrome d'Hiver, en ce lieu même où avaient été rassemblés les Juifs au terme de la grande rafle du 16 juillet 1942, les « Ultras » – Marcel Déat, Philippe Henriot, Jacques Doriot – en uniforme de la Milice ou des Waffen-SS tiennent meeting, sous l'emblème de la croix gammée.

Ils invitent l'assistance à s'enrôler pour aller combattre sur le front russe.

Ce même 19 décembre 1943, Pétain, pour la première fois depuis la mi-novembre, assiste à la cérémonie du lever des couleurs. Quelques dizaines de personnes surveillées par une section de gardes mobiles l'applaudissent.

Puis Pétain rentre à l'hôtel du Parc.

Tout, en mode mineur – aucune voix ne crie « Vive le Maréchal » –, semble être rentré dans l'ordre.

Le 28 décembre arrive à Vichy l'Allemand Cecil von Renthe-Fink.

Le Führer a exigé la présence, auprès de Pétain, de ce « délégué spécial diplomatique ».

Ce « surveillant » doit contrôler tous les propos, toutes les activités de celui qui fut maréchal de France.

De ce titre qui lui valut tant d'adhésions, Pétain ne garde plus que l'uniforme et le képi.

40.

Pétain, en cette fin décembre 1943, n'est plus qu'un fantoche.

Les Allemands dressent deux listes contenant les noms des personnalités du gouvernement et de l'administration jugées indésirables par les autorités d'occupation.

Les Allemands exigent le renvoi – et annoncent l'arrestation et la déportation, pour certains d'entre eux – de plusieurs centaines de hauts fonctionnaires (préfets, directeurs d'administration).

Après d'âpres négociations, Laval obtient d'Abetz que cette liste soit réduite à quarante noms ! Mais les généraux Laure et La Porte Dutheil – proches de Pétain – sont arrêtés et promis par la Gestapo à la déportation.

René Bousquet, secrétaire général de la Police, doit abandonner son poste alors qu'il a été, collaborant directement avec les SS, l'un des organisateurs de la grande rafle du Vél' d'Hiv' en juillet 1942.

En décembre 1943, il donne l'ordre à ses services de détruire de nombreux dossiers. Bousquet sait qu'il va être arrêté par les Allemands, et que son successeur est désigné.

Les Ultras entrent en effet au gouvernement.

Le Waffen-SS Joseph Darnand devient secrétaire général au Maintien de l'Ordre.

Philippe Henriot, la « voix » des Ultras, le propagandiste talentueux, est nommé secrétaire d'État à l'Information et à la Propagande.

Pétain n'a pas accepté l'entrée au gouvernement de Marcel Déat – coupable d'avoir dans de nombreux éditoriaux fustigé les attentistes de Vichy.

Mais ce n'est que partie remise puisque Pétain a décidé de ne pas signer lui-même – or il est chef de l'État – les nominations au gouvernement dont Laval est ainsi le seul maître.

Et Pétain, ce jeudi 30 décembre 1943, en buvant paisiblement une infusion chaude, se félicite de la « victoire » qu'il vient de remporter en se désolidarisant de décisions qui lui déplaisent, mais en laissant Laval les mettre en œuvre !

Mais qui, hors du cercle étroit des Ultras, prête encore attention à cette guerre des antichambres que se livrent à l'hôtel du Parc Pétain et Laval ?

En fait, les Français sont suspendus aux nouvelles qui parviennent depuis les émetteurs de la BBC à Londres en dépit des brouillages.

Et chaque auditeur est certain que l'année 1944 sera celle du Débarquement, de la Libération.

Au 30 décembre 1943, sur le front de l'Est, l'armée Rouge enfonce les lignes allemandes tout au long de

300 kilomètres. Elle progresse en profondeur de 50 à 100 kilomètres, et reprend mille agglomérations.

Dans le Pacifique, les Américains chassent île après île les Japonais des territoires qu'ils avaient conquis en 1941-1942. L'US Air Force est maîtresse du ciel et commence systématiquement à bombarder le Japon.

Sur le front d'Italie, la bataille est engagée par les Anglo-Américains et le corps expéditionnaire français dans les Apennins, sur le fleuve Garigliano. C'est le sort de Rome qui se joue.

Sur mer, les Alliés ont déjà remporté la victoire.

Jamais autant de convois n'ont traversé l'Atlantique avec aussi peu de pertes.

Et le 26 décembre, au large du cap Nord, la Royal Navy coule le croiseur *Scharnhorst*, le fleuron de la marine allemande.

Quant au ciel d'Europe, il appartient aux Alliés.

Dans les derniers jours de décembre, ils déversent des milliers de tonnes de bombes sur l'Allemagne, au cours de 3 000 sorties de bombardiers !

Dans chaque nation d'Europe occupée, la Résistance multiplie les sabotages, les attentats.

En France, le *Conseil National de la Résistance* affirme :

« La Résistance doit se battre ou disparaître.

« Après avoir agi de façon défensive, elle a pris maintenant un caractère offensif et seul le développement offensif des Français contre l'ennemi permettra à la Résistance de subsister et de vaincre. »

En ce mois de décembre 1943, la Résistance livre jour après jour la « bataille du rail ».

Lignes et ponts coupés, locomotives sabotées dans

les dépôts des gares, trains allemands détruits sont quotidiens.

Le maquis de Bourgogne fait « sauter » plus de 200 permissionnaires dans un train de la Wehrmacht. À Dieppe, 17 locomotives sont endommagées. Plus de 220 coups de main ont lieu durant le seul mois de décembre contre le système ferroviaire dont 109 sur le réseau sud-est ! Les grandes lignes sont interrompues souvent pour plusieurs jours.

Les pertes allemandes sont élevées ; plusieurs dizaines de soldats tués à chaque déraillement d'un train de permissionnaires.

Aux réseaux de résistance, aux maquis s'ajoutent les réseaux anglais du *Special Operation Executive* (SOE) qui organisent, dirigent, arment des milliers de Français qui échappent ainsi au contrôle et aux directives de la France Combattante, suscitant parfois la suspicion du Bureau Central de Renseignements et d'Action (BCRA) gaulliste.

En fait dirigés par des Britanniques, les groupes du SOE mènent une action efficace, créent des stocks d'armes en vue de leur intervention le jour du Débarquement.

Les représailles allemandes, les attaques menées par les forces de l'ordre de Vichy répondent à ce développement rapide des effectifs et des actions de résistance.

Les troupes allemandes, assistées de miliciens, de Groupes Mobiles de Réserve (GMR), commencent à encercler les maquis des Glières, du Vercors, de l'Ain.

On rafle, on torture, on déporte, on exécute.

Ce qui se passe en Haute-Savoie, en ce mois de décembre 1943, annonce les massacres à venir, révèle aussi la confiance – et l'inconscience – des jeunes « réfractaires » qui imaginent que l'ennemi a accepté sa « défaite annoncée ».

Le soir de Noël, une colonne allemande guidée par une « indicatrice » qui a promis de leur livrer les maquisards de la vallée de Boëge, en Haute-Savoie, cerne la salle des fêtes du village d'Habère-Lullin.

De jeunes maquisards y dansent, célébrant Noël, insouciants.

On les a prévenus de l'avance d'une colonne allemande de SS. Ils n'ont pas tenu compte de l'avertissement.

Les SS hurlent, et l'indicatrice désigne 22 garçons, les « maquisards » : alignés face au mur, ils sont abattus à la mitraillette.

Et alors que montent encore des cris et des gémissements de l'amoncellement des corps, les Allemands mettent le feu à la salle des fêtes.

Ils attendent que celle-ci soit consumée pour regagner Annemasse en emmenant les autres jeunes gens. Emprisonnés, leur identité ne sera révélée à leurs familles qu'après plusieurs jours.

La dénonciatrice, connue seulement sous le sobriquet de « la Marseillaise », a été arrêtée par les Allemands, pour donner le change, en même temps que les jeunes gens. Libérée quelques jours plus tard, elle est abattue par un Groupe Franc de la Résistance.

Tout au long du mois de décembre 1943, des patriotes sont ainsi trahis, livrés, massacrés.

Mais l'élan n'est pas brisé. La nécessité et l'impatience poussent vers le maquis les « réfractaires » au Service du Travail Obligatoire.

« Souvent, le dimanche, dans cette France occupée, on rencontre sur une route isolée du Vercors un autocar arrêté. On entend des coups de feu : ce sont des volontaires des "compagnies civiles" qui viennent de Grenoble, de Romans, de Die, faire leur instruction militaire sous la direction des cadres du maquis.

« Des équipes volantes composées de professeurs, de médecins, d'architectes, d'officiers de réserve, viennent dans les maquis faire des conférences, tenir les maquisards au courant de la situation politique et de la guerre, maintenir leur moral, briser leur isolement. »

Débarquement, insurrection nationale, Libération : les mots enivrent les jeunes patriotes.

De Gaulle, le 24 décembre 1943, dans un discours radiodiffusé à Alger, exalte leur engagement, unissant ensemble les résistants et les soldats engagés aux côtés des Alliés, en Italie.

« Tous, ils sont notre peuple, le fier, le brave, le grand peuple français dont nous sommes.

« Qu'importe, dans le drame présent, nos divergences et nos partis. Estimons-nous ! Aidons-nous ! Aimons-nous ! »

Mais de Gaulle veut les avertir.

« Devant l'étoile de la Victoire qui brille maintenant à l'horizon, Français, Françaises ! Unissons-nous pour les efforts suprêmes ! Unissons-nous pour les suprêmes douleurs ! »

Table des matières

CRÉDITS PHOTOGRAPHIQUES

GETTY

CORBIS

POCKET N° 10787

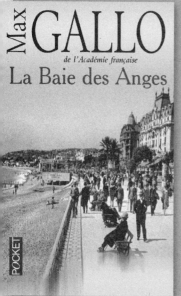

*Trois frères
à la conquête
de leur destin*

Max GALLO
LA BAIE DES ANGES -
TOME 1

Ils sont trois. Trois à quitter leur terre italienne, où ils viennent d'inhumer leur mère. L'aîné, Carlo, fier et décidé, marche devant. Le deuxième, Vincente, vient ensuite. Puis Luigi qui peine, du haut de ses dix ans. Ils ne s'arrêteront pas avant Nice, et s'ils cheminent ensemble, c'est déjà chacun pour soi. Vers cette Baie des Anges qui les accueillera peut-être et décidera de leur sort.

Également chez Pocket :
• *Le Palais des fêtes* (tome 2)
• *Les Promenades des Anglais* (tome 3).

Retrouvez toute l'actualité de Pocket sur :
www.pocket.fr

Composé par Nord Compo
à Villeneuve-d'Ascq (Nord)

Imprimé en Espagne par Liberdúplex
à Sant Llorenç d'Hortons (Barcelone)
en février 2013

POCKET – 12, avenue d'Italie – 75627 Paris cedex 13

Dépôt légal : février 2013
S22609/01